KB053644

저항의 도시,
타이베이를
걷다

저항의 도시,
타이베이를
걷다

왕즈훙 외 지음
곽규환 · 한철민 외 옮김

산지니

이동은 도시를 알아가는 하나의 방식이다. 패키지여행이나 배낭여행 혹은 평범한 일상 속 이동에서도 도시를 만나고, 또 도시와 관계를 맺는다. 우리는 이 과정에서 일련의 사물을 보게 된다. 눈이 닿는 곳의 신호등과 도로 표지판, 광고 간판 혹은 지표성의 풍경이 우리의 시계로 끊임없이 스며든다. 지역의 관광 마케팅, 이미지화된 관광 안내서, 테마 여행 지도, 가이드 정보들이 우리를 시각경험의 세계로 인도한다. 이러한 주류서사는 우리에게 어떤 도시의 모습을 보여주는가?

자본주의의 세계화는 도시 간 경쟁을 격화시켰다. 이러한 추세 속에서 도시 마케팅과 이미지 구축 및 문화 보존·발전 등은 모두 경쟁에서의 비교우위를 점하려는 수단으로 차별성을 강조한다. 도시 성장과 기업 투자 유치뿐만 아니라 여러 관광객을 유인하는 것 역시 매우 중요한 목적이다. 단체관광이나 배낭여행, 혹은 스포츠대회나 축제, 국제회의 등은 모두 도시 마케팅이 적극적으로 흡인하려는 대상이다. 각종 재현과 가이드 장치를 통해 시선과 이동의 동선을 유도하고, 사람들의 눈길을 끄는 아름다운 풍경을 적극적으로 만들어낸다. 이는 도시에 대한 모종의 경험과 특정한 인지, 체험, 상상을 지향한다.

우리는 국가권력, 자본주의, 이성애주의 등과 같은 주류적인 힘과 그 기반에 맞서 '사람들이 주변적인, 틈새의, 취약한, 낮은 계층의, 대안의, 반역의 모습들을 볼 수 있게 할 수 없을까?', '도시에서의 이질적 경험으로 도시생활 속의 정의와 불의, 욕망과 상처, 불안과 억압의 갈등을 깨닫게 할 수 있지 않을까?', '어떻게 이런 결의 대안적 도시 형태를 그려낼 수 있을까?'라고 생각했다.

이 책은 바로 이런 개념에 기초한 실험적 기획이다. 우리는 대안적 도시가이드 기획을 시도한다. 이를 통해 어쩌면 주류적으로 익숙한 감각과 지각의 유형을 연결할 수 있을 것이다. 혹은 차별화된 경험의 방법을 만들어낼 수도 있다. 그래서 우리는 대大타이베이 도시구역을 선택했다. 청나라 지배시기에서 일제시대, 그리고 지금에 이르기까지 사람들의 각종 저항 사건과 해당 장소를 대상으로 하는 일종의 도보 가이드 장치를 마련했다. 이를 통해 이전과는 다른 도시의 기억과 체험의 장을 만들었다. 이 가이드 장치는 한 권의 책 속에 몇 장의 지도를 포함하고, 몇 개의 도보답사 일정을 염두에 두고 기획됐다. 도시의 대안 역사와 기억의 단서들을 제공한다. 이는 독자로 하여금 지역 내외의 다층적 충돌과 모순에 대한 이해를 돕고, 주류서사 밖으로 도망간 '반민 도시叛民城市'를 목격하게 할 것이다.

앞서 언급한 구상으로 인해 책 전반의 저술 계획은 딱 하나로 정확하게 정의하기 힘든 문제로부터 출발한다. '반민叛民'은 무엇인가? 대상을 어떻게 선택하고, 또 수많은 도시반민의 경험을 어떻게 재현할 것인가? 이 책에서 반민은 두 가지를 암시한다. 먼저 반민은 각종 대항체제의 항쟁조직 혹은 저항운동에 투신한 인민을 뜻한다. 여기에는 정치권리운동, 성별운동, 농민 및 노동자운동과 님비NYMBY, 보존, 반개발 등의 문제도 포함된다. 다음으로 반민은 도시의 주류적 풍경에 저촉되는, 차별받고 배척당하는 오명의 집단 혹은 사물을 뜻한다. 그들은 사회가 주류 가치체계에 내재된 충돌과 모순에 직면하도록 강제하고, 주류질서의 표면적 평화를 들추어낸다. 이러한 의미에서 '존재란 곧 반역'이다.

이 두 반민 정의에 기초해 우리는 대 타이베이 도시구역의 범위 안에서 52곳의 지점 혹은 사건을 선택했다. 각각의 맥락과 논쟁을 소개하며 독자의 답사를 안내할 것이다. 이를 통해 도시 풍경 속에 숨겨진 저항反叛의 영혼을 드러내려 한다. 하지만 지면의 한계 때문에 개별 사건과 개별 지점만을 중점적으로 소개할 수밖에 없었다. 때문에 독자들은 비교적 거시적 관점에서, 맥락화된 타이베이 반민의 흐름을 이해하기 어려울 수도 있다. 이를 보완하기 위해 4편의 칼럼을 부가했다. 칼럼은 항쟁 승勝/성聖지, 정치권리, 강제이주 반대 운동, 역사보존 등의 주제로 구성됐다. 칼럼에 비교적 많은 지면을 할애한 것은 관련 주제에 대해 전문적 내용과 비교적 거시적인 관점의 타이베이 반민 맥락을 제공하려 했기 때문이다.

저자들은 앞서 언급한 이 가이드 책의 내용 외에도 두 개의 테마여행을 기획해 실제로 운용했다. 첫 번째 여정은 '타이베이를 뜯어내다臺北好好拆, Taipei Fucking Suck'다. '철거민과 강제이주 반대'가 핵심 주제다. 화광華光 및 샤오싱紹興 공동체 구역과 바오창옌寶藏巖, 그리고 14, 15호 공원을 둘러본다. 서로 다른 시기에 발생한 철거민 사건들을 상호 참조하는 것이다. 이로써 도시 공간 질감의 이동·삭제와 표본화된 보존, 사회적 네트워크의 해체와 재조합 간의 긴장을 고민하고, 타이베이라는 도시가 강제이주라는 벽돌 위에서 어떻게 건축됐는지를 고찰한다. 두 번째 실험구상은 '권력의 길 위에 핀 작은 들꽃權力之路上的小野花'이다. 이는 온전한 도보 답사 가이드다. 박애博愛특구라는 권력의 중추에서 출발해 일제 식민시대부터 형성된 권력의 길인 중산북로中山北路를 따라 걷는다. 권력이 중심을 차지하는 주류서사 아래서 주변적이고 대안적인 도시경험을 이야기한다. 2·28 공원의 남성동성애자 경험, 타이베이 역에 집중된 외국인 노동자의 모습과 인도네시아 거리印尼街, 그리고 천윈린陳雲林의 타이완 방문과 그 때문에 발생한 상양레코드上揚唱片行 사건, 여러 가두시위 등이 포함된다. 물론 독자 스스로 이 책에서 소개하는 지역과 사건을 조합해 자신만의 반민도시의 여행을 설계할 수 있다. 한 걸음 더 나아가 여전히 먼지에 덮여 있거나 가려진, 도시의 주변적 기억을 발굴할 수 있을 것이다.

이탈리아 소설가 이탈로 칼비노Italo Calvino, 1923-1985는 일찍이 『보이지 않는 도시Le città invisibili, 1972』에서 먼 타향 도시의 훌륭한 경관을 흥미진진하게 이야기한다. 그러고선, 사실 이런 훌륭한 도시의 풍경은 이미 우리 곁에 존재하고 우리 일상의 일부분으로 구성되어 있지만 익숙함 때문에 새로움이 보이지 않거나, 봤음에도 인지하지 못하는 것일 뿐이라고 일갈했다. 우리의 이 작은 실험적 책도 익숙함 때문에 보이지 않던, 그리고 보면서도 닿지 못하는 것들로 구성됐다. 제각기 다른 시공時空의 반민들에게 기대 비로소 책을 완성할 수 있었다. 이 책의 집필 과정에서 우리를 위해 길잡이를 자청하신 분들, 그리고 사진과 자료를 제공해주신 분들, 또한 찬조글*을 보내주신 모든 분들에게 깊이 감사드린다. 우리는 이 실험적인 작은 책이, 독자들에게 각기 다른 시선을 갖고 스스로 도시를 답사할 수 있게 돕는, 반복적인 텍스트가 되길 소망한다. 유행을 따라 급변하는 눈부신 풍경들 속에서, 계속해서 희미하게 빛나는 저항反叛의 영혼을 볼 수 있게 되길 바라며.

---

* '좋은 두꺼비 공작실(好蟾蜍工作室)'의 린위원(林郁文) 님께서 본문「두꺼비산(찬추산, 蟾蜍山) 마을 보존 운동」의 사진과 글을 제공하셨다.

편안함과 불편함 사이를 서성이며

두 개의 도시는 완전히 같을 수 없다. 차이는 여행자의 호기심을 유발한다. 그러나 세계 공통의 편의 시설과 관광 형식이 만들어내는 여행 프로그램은 해외여행의 특별한 매력을 강조하면서도 종종 유사한 관광 경험을 만든다. 우리는 규격화된 공항, 지하철, 관광버스, 호텔, 백화점, 맛집, 해수욕장, 지도, 영문 안내판 사이를 쉴 새 없이 드나들면서 동시에 지역의 역사를 드러내는 풍경과 맛집, 그리고 이질적인 경험을 찾아내려 노력한다. 하지만 결국 끊임없이 모습을 드러내는 익숙함에 실망하고야 만다.

당연한 이야기이지만, 일련의 편의 시설과 관광 방식이 제공하는 쾌적함이 없다면 여행에 대한 흥미조차 잃게 될지 모른다. 폭발적으로 성장 중인 각종 영상 정보가 텔레비전, 컴퓨터, 스마트폰으로부터 끊임없이 흘러나온다. 마음만 먹으면 세계 어느 곳에 대해서도 상세한 자료를 얻어 직접 현장에 가는 것보다 더 깊게 체험할 수 있다. 여행이 피곤한 일이라면 괜스레 돈을 써가며 그 길을 나설 필요가 있을까?

다행히도 많은 이들은 편안한 여행 프로그램 사이에서 어느 정도의 모험 정신을 드러낸다. 직접 외국으로 떠나 자신을 모종의 낯설고 불편한 상황에 몰아넣기도 한다. 당신 앞에 놓인 이 책은 틀에 박힌 관광 코스에서 과감하게 벗어나고자 하는 분들께 저항과 변경邊境의 목소리가 담긴 타이베이의 경험을 통해 하나의 우회로를 제공하려는 것이다. 이 책은 한 권의 안내서인 동시에 도시사史 책이며, 나아가 이질적 시공간으로의 초대장이다.

그러나 이 책이 제공하려는 낯선 풍광이 한국의 독자들에게는 일찍이 목격했던 익숙한 장면으로 느껴질 수 있다는 사실을 안다. 한국과 타이완, 이 두 공간에서 시민들의 운명은 일제강점기, 전란과 냉전의 대치, 급속한 산업화와 도시화, 그리고 풍파 속에서 분연히 떨쳐 일어난 민주화의 과정을 통해 몹시 유사한 구조와 결을 가지게 되었기 때문이다.

편안한 여정 속에서 낯섦과 당혹을 느낄 수 있다면, 이 이질적인 도시 안에서도 고향의 익숙한 길모퉁이를 만날 수 있다. 우리는 반민성시의 다크투어리즘Dark Tourism에 당신을 초대하고자 한다.

한국 독자들에게, 왕즈훙王志弘 올림

타이베이

타이베이는 한국 및 세계의 여느 도시처럼 정계의 정치논리와 재계의 자본논리, 이 날줄과 씨줄로 개발됐다. 이 교합은 오랜 시간 다양한 이름으로 오늘날의 타이베이를 만들었다. 권력과 자본이 만들어낸 타이베이 공간과 이미지는 아름답다. 이 '아름다움'이 한국이 타이베이를 소비하는 주된 방식이고, 타이베이가 생산하는 콘텐츠의 중심이다. 하지만 여느 도시처럼, 타이베이에도 주름이 있다. 이 주름 안에는 도시의 변방, 비주류, 도시가 거부하는 도시, 빈민층, 그리고 이들의 저항이 꿈틀거린다. 이 책은 바로 그간 알려지지 않았던 '타이베이의 꿈틀거리는 주름'을 소개한다.

타이베이를 살아가는 한국인과 타이베이를 알아가는 한국인들 모두에게 도시의 이면을 안내한다. 화려한 욕망, 그 이면에 존재하는 상처의 포효. 도시에는 권력과 자본이 기획하고 구성한 공간만 존재하는 것이 아니다. 권력과 자본이 필연적으로 잉태하고선 돌보지 않는, 그들의 사생아적 공간도 존재한다. 욕망 공간이 낳는 상처 공간. 이 공간을 겪는 것은 도시 공간을 종합적으로 체험하고 이해하는 분수령이다. 왜 지배, 건설, 개발만을 찬미하는가? 그들의 형제인 저항, 파괴, 몰락의 이야기들은 어디 있는가? 한국의 대對 타이베이 심상지리心象地理는 너무나 협소하다.

한국인, 대만으로

한국인이 대만으로 향하고 있다. 2009년 미국발 경제 위기 전까지 소폭으로 증가하던 연간 대만 방문 한국인 수는 2013년을 기점으로 50만 명을 돌파했고, 현재는 80만 명에 이르렀다. 2013년이 주요 분기

점이다. 예능 프로그램 〈꽃보다 할배: 대만 편〉이 한국에서 공전의 대
히트를 치면서 대만이 유력 관광지로 부상했다. 한국관광공사에서 집
계한 통계를 보면 2009년 경제 위기 여파에서 서서히 벗어나며 약 40
만 명에 이르던 대만 방문 한국인의 수가 2014년 50만 명을 돌파했고,
2016년 기준으로 벌써 80만 명에 달한다. 중복 방문자를 70~80% 수
준으로 높게 가정하고 시기를 2013년 이후만으로 한정해도, 몸으로 대
만을 체험한 한국인은 벌써 100만 명 이상이다. 한국의 현재 인구는
5,100만 명이니 2013년 이후 한국인 50명 중 최소 1명 이상이 대만을
몸으로 체험했다고 추정할 수 있다.

당연히 대만 관련 여행서적도 급증했다. 특히 대만 수도 타이베이
관련 여행서적이 우후죽순 출판됐다. 화려한 타이베이의 도심, 군침이
절로 나는 타이베이의 맛집, 아기자기하고 소박한 타이베이의 골목길,
한국과는 다른 풍광의 타이베이 근교 등을 주요 테마로 한 가이드북들
이다. 현지 교통, 숙소, 주요 관광지 관람시간 등 여행에 필수적인 정보
도 상세하다. 몇 권의 책이 1~2년 주기로 개정판이 나오는 걸 보면 이
제 타이베이는 한국인들이 참 좋아하는 여행지로 자리매김한 셈이다.

묵혀진 이야기, 잊히는 이야기

이 상황이 바로 (혹은 역설적으로) 역자들이 그 많은 가이드북에 또
하나의 책을 굳이 더 추가하려는 이유다. 게다가 이 책은 기존 가이드
북처럼 친절하지도 편안하지도 않다. 먹거리와 볼거리는 없다. 오히려
식욕을 저하시키고 골머리를 앓으며 생각해야 할 '거리'들을 내놓는다.
그럼에도 역자들은 이 책을 한국에 소개하려 노력했다. 이미 양적으로
어마하게 증가한 타이베이 여행의 작은 질적 변화라도 도모하고 싶었

기 때문이다. 역자들이 닿았던 고민들을 독자들이 닿아갈 타이베이에 접목하길 기대했다.

역자들은 제각기 타이베이의 속살을 헤집으며 삶의 한 구간을 지나왔다. 어디에서든 '속살의 이야기'들은 현지의 다수도 보지 않으려는, 묵혀지고 잊히는 것들에 가깝다. 본래 묵혀지면 익어간다. 그러나 도시, 그것도 자본과 권력의 합종연횡으로 달려가는 도시에서는 묵혀질수록 오히려 잊히기 마련이다. 고루한 문제에서 망각으로 이어지는 그 자연스러운 과정. 타이베이의 몇 사람이 거기 항의하는 글을, 마음과 걷기로 써냈다. 역자들의 마음을 후려친 결정적인 대목은 이 책이 '지금의 여행은 나쁘다'가 아닌 '우리의 여행은 어떠한가?'란 방식으로 구성됐단 점이었다. 반대에 그치지 않고 반격을 기획하는 힘.

저항의 도시, 타이베이를 걷다

이 책은 '도시 가이드북'이다. 막강한 권력과 자본에게 작지만 깊게 저항해온 도시 반민叛民처럼, 범람하는 '욕망 공간 가이드북'들에게 작지만 즐겁게 대안代案하는 실험적 기획이다. 이 책은 기존의 한국인이 표상하는 타이베이와 다른 형태의 타이베이를 소개하면서 동시에 한국 독자로 하여금 유사한 이야기들을 가진 한국의 도시와 사람을 연상시킬 것이다. 이로써 타이베이 및 대만과 서울 및 한국은 공간의 물리적 거리를 초월해서 연결될 수 있다. 이 책을 읽은 한국인에게 타이베이는 더 이상 '타자적 공간, 관광의 대상'일 수 없다.

또한 이 책은 인문적 여행서이고, 여행적 인문서다. 전반부는 반민의 이야기를 52곳의 장소와 관련 사건들과 연계한 안내로 구성했다. 골목과 거리, 장소와 지역에 걸친 타이베이의 주름과 핵심을 간명하게 소개한다. 후반부는 저항의 의미, 정치적 권리, 강제 이주 반대 운동, 유적 보존 등 네 가지 주제에 대한 칼럼으로 타이베이의 다른 결을 소개한다. 타이베이를 다른 각도에서 경험하고 조망했다. 또한 도보 답사가 가능할 수준의 간략한 정보제공을 포함한다.

번역과 번안의 사이에서

역자들은 모두 '한국-대만의 징검다리, 窓 프로젝트'의 구성원이(었)다. 각자 다른 결의 삶을 살아온 이들이 모여 한국에는 대만의 속살을, 대만에는 한국의 속살을 소개하고 안내하기 위해 공부하고 걸어왔다. 그 움직임이 우왕좌왕에서 좌충우돌로 조금 발전하던 찰나 이 책의 번역이 결정됐다. 쉽지 않은 결정을 해준 한국 산지니 출판사와 대만 유격문화출판사에 깊은 감사를 전한다.

이 책은 '번역飜譯'된다. 하지만 실제로는 '번안飜案'에 가깝다. 현재 한국 내 출판된 대만·타이베이 서적의 유형에 이 책이 배치되는 것 자체가 '묵혀지며 잊히는 것'에 대해 즐겁게 반격하려는 저자와 역자의 의도와 상상이 반영되는 것이기 때문이다. 이번에는 번역의 방법으로 번안을 시도했다. 이제 또 다른 방법으로 번안을 노려볼 것이다. 이 책을 번역하며 대만과 한국의 즐겁고 다양한 번안을 생성하고 싶다는 욕망이 다시금 불끈 치밀어 올랐다. 욕망은 권력과 자본만의 소유물이 아니므로.

역자를 대표하여, 곽규환

13

차례

일러두기

1. 각주는 모두 역자 주이다.
2. 자체 촬영한 사진은 출처를 밝히지 않았다.
3. QR코드를 스캔하면 각 지역의 구글 지도로 연결된다.
4. 중국어 표기 관련은 다음과 같다.
   * 인명은 국립국어원 중국어 표기 규정에 따른다. 단, 과거인은 우리말 한자 독음으로, 현대인은 중국어 표기법에 따라 표기했다.
   * 도로명과 행정구역명칭은 중국어 발음으로 표기하되, 도로의 방향이나 규모를 나타내는 동서남북 혹은 항(巷), 가(街), 로(路), 도(道) 등과 행정구역 단위 시(市), 구(區), 리(里) 등은 우리말 한자 독음으로 표기했다.
     예) 永康街 = 융캉+가, 台北市 = 타이베이+시, 大安區 = 다안+구, 忠孝東路 + 중샤오둥로
   * 지명은 국립국어원 중국어 표기 규정에 따른다. 단, 우리말 표기 관용(慣用)이 있는 경우 우리말 한자음으로 표기했다.
     예) 맹갑(艋舺), 대도정(大稻埕), 삼읍(三邑), 시먼딩(西門町)
   * 기관 및 단체, 건물 등의 명칭은 국립국어원 중국어 표기 규정을 따르되, 이해를 돕기 위해 일부 명칭은 의역했다.
     예) 중화상가(中華商場), 헤이숭(黑松)
   * 사원은 모두 우리말 한자 독음으로 표기했다.
     예) 용산사(龍山寺), 하해성황묘(霞海城隍廟), 청수조사묘(清水祖師廟)

제1구역

완화 萬華
다퉁 大同

다리가 탕부 문화구역과 런지요양원
– 님비^{NIMBY}에서 보존까지

용산사^{龍山寺} 지하철 역에서 출발해 다리가^{大理街}를 따라 아이아이원 愛愛院을 끼고 돈다. 시끌벅적한 도심 속, 사람의 키보다 높게 자란 사탕 수수 숲이 보인다. 여기가 바로 탕부^{糖廊}, 제당공장공원과 세 동의 창고 유 적이다. 붉은 벽돌로 쌓아 올린 돔^{dome}형의 고풍스런 입구와 담장, 우 안창^{牛眼窗1}이 달린 특색 있는 건물, 활력 넘치는 공동체의 풍경이 탕부 문화특구가 가장 자랑스러워하는 자산이다. 새벽과 초저녁, 노인들이 삼삼오오 고적 옆에 앉아 담소를 나누며 가벼운 운동을 한다. 보다 어 린 친구들은 세월 묻은 철도 플랫폼 위에서 신나게 뛰어논다. A동 창고 를 들여다보면 주민들이 공동체 사무를 논하거나 공동체 교육과정 수 업을 듣고 있다. B동 창고에선 열정적인 현지 주민이 당신을 위해 탕부 문화특구의 역사를 설명해준다. 그들은 당신을 탕부역사전시관, 기관 차, 철도 유적으로 안내한다.

1   식민지 건축에서 자주 확인할 수 있는 채광
    창. 사람을 쳐다보는 소의 눈과 같다 하여
    우안창(牛眼窗)으로 불린다. 우안창은 채광
    이나 통풍보다는 장식용으로 쓰인다.

완화 다리가의 탕부 지역 주민들은 수차례의 투쟁을 통해 악화되는 마을 환경에 대한 위기의식을 실제적인 운동으로 발전시켰다. 이는 타이베이 시 풀뿌리 공동체 운동의 대표 사례로 손꼽힌다. 2012년 탕부 문화특구는 '리브컴 어워즈LivCom Awards'가 발표한 '세계에서 가장 살기 좋은 공동체The International Awards for Liveable Communities'에서 타이베이 시를 대표해 3위로 선정됐다. 이는 몇 년 동안 줄기차게 이어진 주민들의 적극적인 노력이 맺은 성과였다. 그러나 이 결실의 이면에는 결코 간단하지 않은 지역사회 분권운동의 역사가 존재한다.

다리가 지역사회의 항쟁

다리가 지역사회 운동은 1990년 타이완 전력공사가 진행한 변전소 확대 건설 반대로부터 시작됐다. 그 후 1995년 완화-반차오板橋 도시고속도로 고가구간 건설계획 반대, 1997년 말 사립 시위안西園 병원의 대형 노인요양원 건설 반대와 탕부 창고 및 구舊 기차역 플랫폼 보존 운동으로까지 이어졌다. 이 기간 동안 다리가 주민 운동의 성격은 님비NIMBY에서 지역 공동체 구축으로 달라졌다.

1997년 말, 사립 시위안 병원은 타이완당업糖業공사의 토지를 빌려 대형 노인요양원을 설립하려 했다. 이 계획을 추진하려 시위안 병원과 타이완당업공사는 궈빈國賓호텔에서 만찬을 준비하고 비밀리에 마을 이장과 지방인사 등을 초대했다. '이里장이 이里민을 팔아넘긴' 이 사건은 곧 알려졌다. 주민들의 불만과 저항은 요양원 개발 반대운동으로 이어졌다. 이는 탕부 주민들의 공동체 의식이 보다 견고해지는 계기가 되었다.

다리가 공동체 작업실

하지만 사설 요양원에 반대하는 저항적 운동은 지역 이기주의인 님비로 비판받고 공공 안건에 대한 사회적 지지를 확보하지 못했다. 한편 이때 타이완 전력공사는 변전소 확대 안건을 재차 시도한다. 지역사회는 대응 전략을 논의한 후 문화보존이라는 새 의제를 제기하며 반전을 꾀했다. 이 지점이 운동의 목표가 지역 공동체 내부를 넘어간 전환점이었다. 먼저 주민들은 지역공원을 확보하려 했다. 1999년은 타이베이 시장선거가 있던 때였다. 주민들은 여야당의 시장 후보들을 찾아다니며 다리가 수정 도시계획안의 공약화를 요구했다. 수정 도시계획안은 탕부 일대 토지의 공원용지화와 타이완당업공사 용지 내 창고나 기차역의 역사건축물 지정 등을 포함하고 있었다. 연임 압박을 받으며 경선 중이던 민진당 천수이벤陳水扁 시장은 민정국 직원들에게 현장조사를 명령했으나 이후 수정 도시계획안의 두 번째 요구만 수용하기로 결정해 주민들의 지지를 잃고 만다. 한편 국민당 마잉주馬英九 후보는 지역사회의 요구에 긍정적인 반응을 보여 주민들의 지지를 얻어냈다. 1999년 4월 27일, 다리가 도시계획 수정안이 내정부內政府, 치안·토지 관리 등의 업무를 맡고 있는 행정원 소속 부서 도시계획위원회 심의를 통과했다. 이로써 다리가는 지역 내 공원을 확보했고 전문가와 함께 참여식 도시계획을 진행할 수 있었다. 탕부문화공원 보존 및 복원 과정을 통해 지역사회는 보다 탄탄해졌다.

설탕 창고가 고적으로 지정된 후 현지의 인문, 역사 관련 활동이 왕성해졌다. 주민들은 구술사, 향토교육, 설탕공예 전승 활동 등을 통해 제당시대의 생활모습을 복원하고 탕부를 향토문화전승의 거점으로 발전시키려 했다. 그러나 2010년, 문화국은 밍화위안明華園 극단을 초청해 탕부의 C창고를 제공했다. 이들은 현지 주민들과 논의도 하지 않고 극단 무대를 설치, 옛 기차역 승강장을 철거하고 펜스 자리에 경비초소를 세워버렸다. 당연히 주민들은 격렬히 항의했다. 이후 지역사회는 밍화위완 극단과 탄력적 공간개방을 합의하고 승강장을 복구했다. 현재 공원 한쪽에는 주민들이 조성한 사탕수수 숲이 있는데 매년 제당製糖 역사를 기념하는 사탕수수 축제를 개최한다. 그러나 아직 주민들과 밍화위안 극단 사이에는 미묘한 긴장이 흐르고 있다.

녹지와 현대화 공원을 원한다!
병원의 유적화는 거부한다! - 런지요양원

탕부문화특구에서 몇 걸음 되지 않는 곳. 교통량이 많은 맹갑艋舺대로와는 당최 어울리지 않는 삼각형의 녹지. 여기에 1922년 설립된 런지仁濟요양원이 있다. 런지요양원은 타이완 최초로 설립된 정신질환자 전문 수용 요양원이다. 이곳은 타이완 초기 위생의료사 및 맹갑 지역 발전사와 그 맥을 함께했지만, 지역주민들은 오히려 이곳을 완화 일대의 오점으로 치부한다.

2006년 타이베이 시정부는 시위안루西園路 2단段에 위치한 런지요양원 건축물 세 동을 역사건축물로 지정하는 안건을 통과시켰다. 해당 건축물은 행정동, 제1동, 제5병동이다. 여기에는 런지병원 사회복지사업 발전 기념 관련 내용뿐 아니라 완화문화특구의 전체 계획도 포함됐다. 그러나 이 안은 해당 지역인 허핑리和平里 주민들의 강렬한 반대에 부딪혔다. 주민들은 고적보존이 공원을 파괴하고 지하주차장 건설을 방해하며, 일대의 사유토지 개발에 악영향을 끼친다고 아우성쳤다. 그러나 현지 주민들이 반대하고 나선 진짜 이유는 런지요양원이 과거 '정신병원'이었기 때문이다. "정신병자들이 사용하던 공간을 우리가 어떻게 사용하겠나!" 같은 목소리다. 재활성화로 사용 가능한 역사 유산인 '병실'이 님비의 대상이 된 것이다. 지역사회의 현대생활 구상이 위치한 지점을 명백히 보여준 셈이다.

도시발전국과 문화국은 지역주민 및 향토사학자들과 수차례 회의를 통해 소통과 수습에 나섰다. 유적이 지역사회에 활동 공간을 제공할 수 있단 점을 강조해 주민들에게 '고적 보존'에 대한 동의를 구했다. 새 기획으로 조성된 런지요양원 일대 부지는 공원개발과 역사보존이라는 두 마리 토끼를 모두 잡아냈다. 제1병동 안에는 런지요양원 사진자료와 관련 역사문물을 전시해 타이완 정신질환 의료사의

산 증거로 활용한다. 두려움의 대상이었던 이 일대를 완화 청초차^{靑草茶} 거리²의 기존 이미지와 연동해 '화평청초원^{和平靑草園}'으로 개명했다. 현재 그 일대는 햇살을 머금고 다양한 종류의 향과 약초를 재배하는 싱그러움의 공간이다. 의료, 질병, 약초. 얼핏 어울리지 않는 이 세 요소가 뒤섞여 나름의 공간 이미지를 형성한다. 마찬가지로 지역사회사^{社會史}에 대한 주민들의 모순과 충돌도 협력과 화해로 나아가는 중이다.

臺北市萬華區大理街一三二之七號

2 청초차는 중국 남부 및 동남아 등 아열대 지역에서 즐겨 마시는 차로 해열에 좋다. 여러 가지 약초를 배합하며 맛은 대체로 쓰고 검은색을 띤다. 용산사 앞 광장에 모인 노동자들은 사원 동편에 있는 청초차 거리에서 청초차 한잔을 마시며 하루의 피로를 녹였다.

02 맹갑공원과 유민 - 하늘과 땅을 집으로 삼고, 거리를 마당으로 삼아

어느덧 250년의 역사를 지닌 완화 용산사. 언제나 신에게 참배하는 이들로 가득하다. 관광객을 태운 버스는 꼬리를 물고, 사람들은 너나 할 것 없이 기념사진을 찍고 있다. 용산사 일대는 타이베이 시 발전 초기에 가장 번화했던 지역이었다. 이곳에서 더위를 식히고 간을 보호한다는 청초차를 한잔 마신 후, 백여 년의 역사를 자랑하는 불교용품점 거리와 맹갑 청산궁靑山宮, 청수조사묘淸水祖師廟에 들러 예로부터 전해온 신앙의 세례를 받는다. 이어 화시가華西街에서 현지 먹거리를 먹고 광저우가廣州街와 시창가西昌街에서는 구도심의 활력을 만끽한다.

용산사 방문, 맹갑공원을 지나칠 순 없다

지하철 용산사 역을 빠져나오면 맹갑공원에 삼삼오오 모여 있는 사람들부터 눈에 들어온다. 바둑에 푹 빠져 있는 사람들, 복권 번호를 맞추는 이들, 좌판을 깔고 시끌벅적 물건 파는 장사치들. 공원 회랑 아래 벤치 상단은 스테인리스강으로 된 팔걸이가 일정 간격을 두고 늘어섰다. 낮은 나무들이 벤치를 울타리처럼 감싸고, 그 밖을 '공사 중'이라는 황색 글씨가 둘러싸고 있다. 기묘한 분위기가 가득 찬 공기. 주인을 알수 없는 땅에 들어선 듯한 느낌이다. 이곳 사람들은 많든 적든 짐 보따리를 갖고 있다. 몇 사람들은 둥글게 모여 앉아 모종의 음모를 꾸미는 듯 보인다. 또 다른 이들은 세상 돌아가는 이야기를 소리 높여 제각기 분석하고 다른 노인들은 반갑게 인사를 나누는 중이다. 눈을 돌리면

공원 주춧돌 위에 혼자 우두커니 웅크리고 앉아 있는 사람과 길바닥에 널브러진 담배꽁초를 수색하는 이들이 시야에 잡힌다. 그렇다. 그들은 바로 우리가 말하는 '거리의 벗'이자 유랑인, 즉 노숙인들이다.

이들은 왜 하필 여기로 모여들었을까? 완화는 타이베이의 발전 초기, 하항河港의 유리함을 활용해 변화·발전한 시가지였다. 그래서 각종 산업과 삶들이 응집했다. 이 시기, 즉 청대부터 용산사 앞 광장은 '시급 노동자'들의 집결지였다. 과잉된 노동인구가 구직을 위해 이 거리로 몰려들면서 일용직 문화와 노숙인들도 동시에 도래했다. 당시 용산사는 번성한 사찰이었다. 많은 신자들이 사원 인근에서 빈민구제를 위해 시주했다. 일제시대 초기, 완화 다리가 일대는 '거지촌'으로 불렸다. 스첸施乾은 이곳에 '야쯔랴오鴨仔寮'를 설립해서 부인 스미즈 데루코清水照子와 함께 맹갑 빈자들을 대상으로 위생 사업을 했다. 타이완 최초의 민간 구제사업이다. 이후 이곳은 무의탁 노인들을 수용하는 '아이아이원愛愛院'으로 발전했다. 1976년 아이아이원은 '타이베이 시 사립 아이아이원'으로 이름을 바꿨다. 타이완 최초의 유랑인 보호 시설이다.

시 중심지가 동쪽으로 이동하면서 도심 완화는 나날이 쇠락해갔다. 하지만 장기간에 걸쳐 형성됐던 지원 네트워크는 계속 작동해 하층인민을 보호했다. 교통이 편리하고 비바람을 피할 수 있는 타이베이 기차역에서도 유민의 그림자를 볼 수 있지만 완화구, 특히 용산사 일대가 여전히 타이베이 유민의 최대 집결지이다.

공원 옆의 중고 노점. 항상 손님들로 붐빈다.

지워내야 할 도시 유민의 모습

　동서 불균형 발전의 축선軸線을 뒤집자는 시정 구호 아래 완화지역
도 점차 변화했다. 새롭게 구성해 나갈 도시 풍경에서 유민의 자리는
없었다. 그들은 도시가 치워내야 할 대상에 불과했다. 2011년 12월, 시
정부는 춥고 비 내리던 그 밤에 '지면청소'란 명목으로 유민들을 향해
고압 물대포를 쐈다. 차갑게 젖어버린 지면. 유민들은 몸을 누이고 밤
을 넘길 수 있었던 장소를 상실했다. 매체의 폭로를 통해 등장한 '살수
보너스' 제안자는 바로 잉샤오웨이應曉薇 시의원. 그는 사회 각계의 비
난에 직면했다. 하지만 성매매 여성과 조직폭력배 등이 사라져가던 당
시 사회 분위기에서 유민(노숙인)들은 지역민들에게 목에 걸린 가시와
같았다. 살수를 제안해 각계의 비난에 직면한 시의원이 지역민들에겐
마을의 수호천사 같은 존재로 부상한 이유다. 유민 축출은 이미 중산
계급의 광범한 지지를 획득하고 있었다. 흔히 말하는 '현대성'은 서구
도시 발전에 기댄 허구적 상상에 기반한다. 이는 청대 이래 민간 스스
로 옛 맹갑에서 주도해왔던, 인애仁愛와 자애慈愛에 기반한 유민 구제 시
스템을 경시했다.

　2013년 3월 8일 잉샤오웨이는 용산사 지하상가가 성매매 장소 및
홍포장紅包場[3]에 불과하고, 상가조약을 위반한다고 지적했다. 동시에 시
장관리처의 불성실한 관리감독에 대하여 책임을 물어야 한다고 날뛰
었다. 결국 시장관리처는 4월 9일 경영법규위반을 이유로 용산사 지하
상가 대표 푸공잉蒲公英, 민들레 협회[4]와의 계약을 해지했다. 직원들의 생
계는 위태로워졌고 결국 거리로 내몰려 유민으로 전락하고 말았다.

3　홍포장은 1960년대에 형성된 타이완 특유
　의 민간 가요 무대이다. 가수들은 화려한 옷
　을 입고 초기에는 상하이 가요를 1980년대
　부터는 타이완 가요를 주로 불렀다. 중년남
　성들이 홍포(紅包), 즉 붉은 봉투에서 돈을
　꺼내 무대 위 가수에게 건네줬고, 이로써 이
　곳은 홍포장으로 불리게 된다. 타이완 타이

베이 완화 일대에 주로 분포되어 있다.
4　재단법인푸공잉희망기금회(財團法人蒲公英
　希望金會)는 1995년 설립된 기독교 계열
　의 사회복지단체이다. 아동 등 사회적 약자
　를 위한 지원 활동을 주로 한다. 푸공잉은
　민들레로 작은 씨앗이 날려 도처에서 꽃을
　피우는 것에 착안했다.

영화 〈밀리언 달러 호텔〉[5]의 실사판 같았던 맹갑공원과 지하상가를 노숙인들은 '용산호텔'이라고 부르며 자조한다. 사실 '용산호텔'은 지면 위의 공원녹지 및 광장 같은 '공간'만을 의미하지 않는다. '용산호텔'은 용산사 역 에스컬레이터를 따라 내려가면 볼 수 있는 완화 사람들의 오래된 로큰롤rock 'n' roll 영혼을 뜻하기도 한다. 하지만 대다수 사람들은 용산사 지하 상가를 부정적으로 바라본다. 완화 지구의 소비능력은 낮았다. 유민들은 지하 상가로 몰려 유흥에 빠졌고 또한 이 일대는 치안의 사각지대가 됐다. 하지만 이 현상을 뒤집어 보면, 주류적 의식이 스스로를 어떻게 '단정'하게 만들어나가는지 알 수 있다. 일상에서 '보고 싶지 않은 것들'을 지하 깊숙한 곳으로 묻어버린다는 사실도.

황혼이 드리워지자 참배객들과 관광객의 물결이 뿔뿔이 흩어져 사라진다. 행인들이 맹갑공원을 걷고 있는 모습을 가만 지켜보면, 다들 서둘러 이곳을 벗어나려 한다는 게 느껴진다. 많은 사람들은 거리의 유민이 자신의 인생을 포기했다고 여긴다. 또 유민들이 타락한 도시의 상징이라고 생각한다. 하지만 뜻밖에도, '유민이 된다는 것'은 삶의 선택이기도 하다. 이는 일종의 특수한 삶의 존재 양태다. 오랜 기간 완화에서 활동한 사회복지사는 말한다. "늘, 제게는 그들이 더 즐거워 보입니다. 어쩌면 유민들이 선택한 것은 우리들이 예전부터 바라던 자유일지도 모릅니다." 발전주의가 주도하는 현대사회는 부단한 물질적 풍요로의 욕망을 조성하고 만들었다. 매일 반복되는 그 고단한 업무는 생활에서 발생하는 필요를 더 많이 충족하기 위한 것이다. 그러나 유랑인들의 단출한 생활방식은 이와 반대다. 최소한의 자원으로 생존을 유지한다. 매일의 모험은 일종의 용기다. 이는 신체로 저항하는 유랑인들의 노래기도 하다.

---

5 〈밀리언 달러 호텔〉(The Million Dollar Hotel, 2000)은 사회로부터 배척되고 소외된 부랑자들이 거주하는 미국 LA 도심지의 밀리언 달러 호텔을 배경으로 벌어지는 사건을 다루는 스릴러 영화이다.

넘쳐 흐르는 자유로움, 노래를 불러 음을 알고
술을 마시고 세상의 일을 이야기하고,
차를 마시며 인생을 논한다.
좋으면 그것으로 족하다. (어느 유민)

어둠이 내려앉으면 용산호텔에서는 은밀하게 잠자리 쟁탈전이 벌어진다. 바람과 비를 피할 수 있는 기루騎樓[6]와 회랑 쪽 자리는 편안함의 표상이다. 공공장소, 즉 CCTV가 녹화되는 곳은 안전함을 상징한다. 노숙인들이 몸을 누인 곳에서 하층계급이 권력에 맞선다. 우리는 맹갑공원과 유민의 서사가 바로 반민도시의 장력張力이 꿈틀거리는 곳임을 깨닫게 된다.

 臺北市萬華區西園路一段一四五號

---

6 중국남부와 타이완, 동남아 등 아열대 지역에서 발견되는 특수한 건축 형태로 건물 1층 바깥으로 비와 햇빛을 피할 수 있는 아케이드를 기루라 한다. 강우량이 많고 습하며 햇빛이 강한 타이완에서 쉽게 찾아 볼 수 있는 건축구조이다.

용산사 민주강연
– 지방의사당에서 계엄 해제의 성지로

계엄 37주년 '기념'

계엄령 해제를 1년 앞둔 1986년 5월 19일 월요일. 용산사 주변에서 떠들썩하게 영업하던 가게들이 웬일인지 서둘러 철문을 내렸다. 경찰의 고지에 따라 영업을 정지한 것이다. 몇몇 상점은 '지역질서를 어지럽히지 마세요', '우리의 생업을 방해하지 마세요'와 같은 항의문구를 붉은 천에 적어 내걸었다. 이날은 바로 계엄령 시행 37주년. 당외黨外[7] 인사 정난롱鄭南榕,[8] 장평젠江鵬堅[9] 등은 '타이완 계엄의 그날을 기념하다' 행사를 위해 519 녹색 실천을 호소했다. 당시 용산사 밖 광장에는 수백여 명의 당외黨外 민중들이 집결해 계엄 해제를 요구하는 시위를 준비하고 있었다.

이른 아침의 용산사 광장. 민중들은 저마다 항의 문구가 적힌 플래카드를 들었다. 몸에는 '계엄취소' 등의 표어가 적힌 천을 걸치고 머리에는 녹색 두건을 둘렀다. 시위대는 총통부 앞에서 가두행진을 준비하고 있었다. 그러나 짧디짧은 2km의 노정임에도 단 한걸음도 나아가지 못했다. 당외 인사들이 모여 출발하기 전, 정부가 이미 대규모의 경찰 병력을 파견해 용산사를 포위했기 때문이다. 경찰 때문에 시위군중들을 단 한 발자국도 움직이지 못했다. 당시 항의 인사 중 1인인 장가이

---

7 계엄령하 타이완에서는 국민당 이외의 반대 세력이 당을 조직할 수 없도록 제한하였다. 이에 국민당 정권에 반대하는 정치인사들은 당 이외, 즉 당외로 명명되었다.

8 정난롱(鄭南榕, 1947~1989)은 타이완 언론인으로 독재시대 언론의 자유를 주장했고, 〈자유시대〉 등 잡지를 발간해 반독재 민주화 세력을 결집했다. 그는 반란혐의로 법정 출석을 요구받았으나, 스스로를 잡지사

사무실에 감금하다가 최후 강제 체포가 집행될 때 몸에 휘발유를 끼얹고 분실자살했다. 그는 타이완 민주화의 화신으로 추앙받는다.

9 장평젠(江鵬堅, 1940~2000)은 타이완 정치인이다. 인권 변호사로 메리다오 사건의 변호를 맡았다. 이후 민주진보당의 첫 번째 주석에 올랐고, 국회의원, 감찰위원 등을 지냈다.

스江蓋世의 기억에 의하면, 고조된 분위기 속에 결집했던 민중들도 내심 '우리가 과연 저 밖으로 나갈 수 있을까?'라며 걱정했다고 한다.

갑작스런 포위와 공중보급

경찰 측은 인벽人壁을 만들어 용산사 투쟁을 외부와 격리하고, 동시에 용산사 밖에 있던 지원 민중들을 저지했다. 갑작스런 포위지구전은 시위 민중의 예상을 벗어난 것이었다. 음식과 식수가 부족한 가운데 경찰 병력은 당외 인사를 겹겹이 에워쌌다. 내리쬐는 5월의 뜨거운 햇살과 줄기차게 쏟아졌던 한낮의 소나기를 그대로 맞았던 사람들. 그들은 그저 마이크를 붙잡고 경찰 포위 너머의 민중들에게 긴급구호를 요청할 수밖에 없었다.

앞서 도착한 투쟁 지원 민중들은 경찰벽을 뚫고 진입할 수 없다고 판단하고 다른 방도를 강구하기 시작했다. 위안옌옌袁嫏嫏도 그중 하나였다. 그녀의 부친은 후베이湖北 출신 국민당 장군이었지만 그녀는 여성운동·노동자운동·타이완 독립운동에 적극적으로 참여했다. 위안옌옌은 부근의 상점으로 달려가 만두와 토스트를 한 봉지씩 샀다. 그리고는 그 음식들을 힘을 다해 '공중으로 던져' 경찰병력의 봉쇄를 넘기고서 시위 민중들에게 보급했다. 뒤따라 이어진 시위 지지 민중들의 '공중보급' 덕분에 용산사 광장의 시위대와 경찰 측의 대치상황은 아침부터 저녁까지 이어질 수 있었다. 결국 쌍방은 합의로 이 지구전은 종결됐다.

용산사 광장은 사회운동가들의 연설무대였다. 현재에는 각지에서 몰려드는 관광객들의 발길이 멈추는 곳이다.

지방의사당에서 계엄해제의 성지로

용산사 광장의 정치성은 5·19 녹색행동에서 처음 출현한 게 아니다. 용산사는 1738년(청 건륭 3년) 중국 삼읍三邑 출신 이민자들이 합자해 창건한 사찰이다. 타이완은 청 제국의 변경에 위치했고 중앙정부의 힘은 지방사회까지 미치지 못했다. 지방의 교상郊商[10]과 사신士紳[11] 세력, 그리고 사원을 중심으로 한 신앙 네트워크가 사회를 안정시켰다. 용산사는 청대 지방권력 네트워크의 핵심으로 관부官府에 영향을 끼쳤을 뿐 아니라 지역의 인구를 장악하고 요충지를 통제했다. 분류계투分類械鬥[12]와 청불전쟁 당시 군사지휘부의 역할을 담당하고 민병을 조직하기도 했다. 청대의 용산사 앞마당은 신앙의 중심이자 지방의 의사, 정치, 군사 등 권력이 운용되는 핵심장소였던 것이다. 이후 용산사 광장의 '지방의회' 기능은 일본 식민지배와 국민정부 현대적 통치의 과정에서 점차 모호해졌다. 그러나 공공 영역 관련 정치성은 민주화 운동을 통해 계승됐다. 타이베이 도회구역의 현대화 과정을 전반적으로 검토하면

---

10 교(郊)는 청대 타이완 각지에 있던 상업공회 조직이다. 민남어 교(郊)는 교역의 '교(交)'을 뜻하며, 이런 공회조직에 속한 상인단체나 집단을 교상(郊商)이라 한다. 이들은 주로 중국대륙과 타이완을 오가는 무역에 종사했다.

11 사신(士紳)은 신사(紳士)로도 불린다. 명청시대 지방 재력가나 권력자 혹은 사회 지배층을 일컫는 단어다.

12 분류계투(分類械鬥)는 18세기 중엽부터 19세기 말엽까지 타이완에 발생한 에스닉(ethnic) 간 무장충돌이다. 중국 동남연안 출신지역에 따라 가령 장저우(漳州)인과 취안저우(泉州)인들이 다투거나, 같은 취안저우 출신이더라도 고향 마을에 따라 안시(安溪)인들과 퉁안(同安)인들이 갈등하기도 했다. 그러나 충돌 원인에 에스닉 정체성뿐 아니라 경제적 이익 등이 작용했다는 주장도 있다.

과거 경찰이 시위대를 포위하고 문을 걸어 잠갔던 용산사 대문. 지금은 활짝 열려 있는 문이 참배객들을 환영한다.

지방사원의 전통적인 공공의회적 역할은 상당 부분 사라지고, '오락화' 되는 문화적 풍경으로 전환됐음을 알 수 있다. 그럼에도 타이베이 도시 발전의 주요 기점인 용산사는 민주화 물결 속에서 당외 군중이 집결하고 연설하는 중요한 공간으로 기능한 것이다.

1987년, 장징궈蔣經國 총통은 38년간 지속된 계엄령 해제를 선포했다. 그 후 용산사 광장은 민주화운동의 성지로서 계엄해제 기념활동의 주요 장소로 자리매김한다. 민진당 역시 이곳에서 이미 수차례 기념활동을 개최한 바 있다. 그러나 용산사는 지방의사당에서 민주성지로, 타이완은 제국 변경에 위치한 지방사회에서 민주체제로 전환됐을 뿐이다. 완화는 발전의 시대를 거치며 '번영했던 타이베이 제1가'에서 사회적 약자의 비율이 가장 높은 곳으로 점차 몰락해갔다. 온갖 멸시로 점철된 하나의 구舊 도심지로 전락한 것이다. 민주화의 후광으로 겹겹이 감싸진 용산사 광장은 개보수를 거친 후 맹갑공원에 모여든 빈곤 노인층과 유민을 마주하고 있다. 타이완 사회의 진짜 모순은 여전히 해결되지 않았다는 진실을 날것으로 드러내는 현장이다.

臺北市萬華區廣州街二一一號

2014년 서비스 무역 협정 반대 시위 당시 시민들은 국회를 포위했다. 소시지 노점상이 바로 옆에 들어섰다. 이것이 바로 민주 소시지다.

04 보피랴오 역사거리
– 박제된 일상

맹갑은 일찍이 타이베이에서 가장 번화했던 지역이었으나 현재는 그 명성이 사라진, 오히려 쇠락과 낙후의 대명사로 인식되는 구도심 공간이다. 하지만 완화에서는 서민들의 역사를 볼 수 있다. 흥성한 사원들, 현지 먹거리가 깔린 노점들, 서민들이 어울리는 찻집 문화까지. 용산사 근방 보피랴오 옛 거리는 청나라 시대의 거리를 그대로 보존하고 있어 신흥관광지로 떠올랐다. 오늘날 보피랴오의 예스럽고 소박한 공간은 사실 수년에 걸친 항쟁의 성과다. 보피랴오에서 고풍스런 건축미를 즐기는 것뿐 아니라, 대대로 흘러온 주민들의 일상을 목격하고 보피랴오 보존 운동의 이야기를 들어보는 것도 나름 가치가 있다.

2009년 영화 〈맹갑(艋舺)〉 상영 이후,
보피랴오의 영화촬영세트장은 유명세를 탔다.

일본인은 이곳을 학교부지로 지정하고, 발전은 60년간 정지하다

보피랴오의 옛 명칭은 '푸피랴오幅皮寮, 베이피랴오北皮寮'다. 청대 구팅古亭과 징메이景美로 왕래하는 경작도로였다. 일제시대 식민정부는 효율적 토지관리를 위해 현대도시계획을 입안하고 '시구개정市區改正'[13]을 시행했다. 이에 따라 자연발생한 시가지 위로 획일화된 바둑판식 도로를 놓았다. 원래 비스듬하게 형성된 보피랴오 거리도 잘려나가 반듯한 테두리의 정방형正方形으로 뻗은 도로의 일부로 편입된다. 1940년대 일본인은 보피랴오를 라오숭老松공학교(오늘날의 라오숭초등학교) 부지로 선정했고, 전후 국민당 정부까지 장기간 개발이 금지됐다. 보피랴오는 마치 시간이 정지한 것처럼, 청대와 일제시대의 가옥과 거리를 유지했다.

전후 베이비붐으로 라오숭초등학교의 학생 수가 만 명을 넘어서자 오전·오후반으로 나누어 수업을 할 만큼 공간이 절실했다. 부지 확장을 고려했지만 정부는 재정부족을 이유로 거주민 토지 징수를 꺼렸다. 1980년대 말, 학생은 천여 명 정도로 줄었지만 수영장과 체육관 같은 공공시설 건설을 위해 시청 교육국은 주변부지 징수사업을 시작하고 보상금도 지불했다. 하지만 주민들의 즉시이주를 요구하진 않았다. 1997년 말, 법정징수 연한에 다다랐다. 1998년 5월 1일, 그제서야 교육국은 공문으로 주민들에게 강제철거를 통지했다.

철거위기 - 문화를 보존의 전략으로

강제철거의 위기에 직면하자 주민들은 자구회自救會를 조직하고 정부 각 부처에 진정서를 넣었다. 자구회는 타이완대학교 건축·도농연구소 및 기타 전문가들의 추천을 참고해 '문화보존'을 전략으로 삼아 보피랴오의 '역사풍경특정구' 지정을 추진했다. 마을 활성화 등의 개념을 빌려 주민생활, 거리, 건축 보존을 시도한 것이다. 자구회는 역사조

---

13 일제시대 총독부에 의해 타이완에 시행된 도시계획. 도로망을 건설하고 시가지를 반듯한 바둑판 모양으로 만들어 전근대 도시를 통제 가능한 근대도시로 바꾸었다. 약 5년에 한 번씩 공표하고 진행됐다.

사, 구술사 정리, 옛 사진 수집 등의 작업을 진행하며 현지의 역사문화 가치에 대해 재해석했다. 이외에도 여행지도 제작, 공동체 신문 발행, 스토리텔링 등의 활동을 통해 시민들의 지지와 매체의 관심을 유도해냈다. 이로써 철거는 유예될 수 있었다.

전문가들의 조사와 해설, 주민들의 왕성한 활동, 그리고 언론의 우호적인 보도로 옛 거리의 역사문화적 가치는 점차 재구성되고 널리 알려졌다. 일부 주민들은 평범한 일상에서도 문화적 가치를 발견했다. 문화가 보존운동의 수단과 전략을 넘어 대중이 추구하는 목표로서 자리매김한 것이다. 그러나 보피랴오가 역사건축으로 지정되려 하자 라오숭초등학교 측과 학부모, 그리고 주변 지역사회는 법에 근거해 보피랴오를 철거하고 활동센터 등의 공공시설을 배치해야 한다고 주장했다. 또한 이들은 보피랴오의 역사적 가치에 의문을 제기하고, 보존운동은 그저 현지 주민들이 토지재구매를 통해 부동산을 개발하려는 명분에 불과하다고 여겼다.

집은 남고 사람은 떠났다 - 문화는 가파르게 사라진다

이 논쟁의 끝에서, 시정부는 보피랴오의 역사적 가치를 승인했으나 결국 1999년 6월, 주민들을 강제 이주시켰다. 울타리를 치고 임시천막 등의 부가건물을 철거해가며 개보수 공사를 진행했다. 2010년, 향토교육센터 및 예술문화활동 장소로 가꿔진 보피랴오가 대중의 눈앞에 등장한다. 자구회와 전문가들의 '주민 일상 및 기존 건축 공간 보존'이란

2009년 보피랴오 전 구역 개보수 완성, 간판과 임시천막 등 부가건물은 철거. 사진은 캉딩로(康定路) 쪽 입구다.

이상은 무너졌다. 하지만 보존 운동 과정에서 그들이 발견하고 구성한 문화적 가치는 거리에 펼쳐진 전시들 속에 여전히 살아 있다. 장식이 유지된 건축입면과 붉은 벽돌로 이뤄진 아치형 기루騎樓, 혹은 과거의 찻집, 여행사와 상가가 들어선 건물이 바로 그것이다.

대도정大稻埕의 '생생한 보존'과 비교하면 보피랴오는 박제된 표본에 가깝다. 사람들의 생활은 텅 빈 거리 가운데 멈췄다. 가옥은 남았지만 사람은 남지 않았다. 주민들은 떠났고 문화는 가파르게 쇠락했다. 보피랴오역사풍경특정구촉진회剝皮寮歷史風貌特定區促進會 회장 쉬쉬황許旭晃은 종종 이곳에서 산책을 하며 떠나기 전 화기애애하고 상부상조하던 과거의 공동체 생활을 반추한다. 그는 "실질적인 생활이 있어야만 옛 거리의 느낌이 드러난다. 정부는 향토문화를 보급한다고 말하지만 이곳의 생활은 비워버렸다. 아이들은 허공에 기대어 문화를 상상해야 하는가? 게다가 그 많던 전통 제과점과 찻집들은 영업할 곳을 찾지 못해 결국 망해버렸다."고 말했다.

밤이 되면 보피랴오의 생기도 함께 저문다. 여행자들이 돌아간 거리는 유령도시처럼 적막과 어둠에 잠긴다. 이 쓸쓸한 밤에는 이면도 있다. 완화지역 조직폭력배의 이야기를 다룬 영화 〈맹갑艋舺〉[14]이 히트를 쳤다. 영화 제작진이 이곳에 지은 영화 세트와 영화 촬영장면을 정부와 민간은 앞다퉈 재구성했고 이것들이 현지 이미지의 일부분이 됐다. 매우 기괴한 일이다. 역사보존의 최초 목표는 원래 생활과 일상의 가치를 만나는 것이다. 그러나 이곳 보피랴오에서는 공간을 보존하기 위해 생활하는 주민을 쫓아냈고, 그 빈 공간에 여러 상업화된 문화창작활동을 채워 넣었다. 사람들은 이곳을 참관하는 동시에 정부의 빈곤한 문화적 상상을 추모한다.

臺北市萬華區廣州街'
康定路交接區域

---

14 영화 〈맹갑(艋舺)〉은 2010년 개봉한 타이완판 〈친구〉(2001, 한국)라고 볼 수 있다. 1980년대 타이베이 완화(구 명칭 맹갑)를 배경으로, 조직폭력배들의 우정과 배신을 다룬 영화로 약 100억의 수익을 거둬들였다. 실제 있었던 방명관(芳明館)파의 이야기를 각색했고, 당시 타이완 사회와 조직폭력배, 하층민의 삶을 사실적으로 풀어내 많은 호응을 얻었다.

05

중화상가
– 기억으로 망각에게 대항하다

어떻게 할 것인가? 시간은 계속해서 앞으로 나아가는데 나는 다만 기억에 의지해 과거로 돌아갈 뿐이다. 과거에 발생한 모든 것들은 멀어지면 멀어질수록 점점 모호해진다. 때로 나는 의심한다. 일찍이 발생한 과거는 정말로 확실한 것인가? 아니면 원래 존재한적이 없었던 것일까?

— 리궈슈李國修『경극계시록京戲啟示錄』

1992년 10월 20일, 2년간의 재산 소유권 및 임대 논쟁에 시달린 시정부는 상당한 경찰력을 동원해 중화상가를 철거했다. 타이베이 기차역에서 용산사까지의 지하철 공사 진행은 순조로웠다. 서양 지하도를 따라 만든 지하철 연결통로와 파리 샹젤리제 거리 스타일을 본뜬 중화로中華路가 개통됐다.

오고 가는 사람이 끊이지 않는 중화로,
다른 시대에 다른 모습으로 드러나다

이곳에 청대 타이베이 성벽이 세워졌다. 성벽은 성내와 맹갑, 대도정大稻埕과 당시 늪지대였던 시먼딩西門町의 경계였다. 일본은 타이완을 식민지로 삼고 대규모 토목공사를 통해 시먼딩의 늪지대를 평평하게 메워 '아사쿠사淺草[15] 이미지'를 갖춘 일본인 거주공간을 건설했다. '오랫동안 살고픈 마음'이 생기도록 고려한 것이다. 동시에 기존의 성벽을

---

15 아사쿠사는 도쿄 지역의 명칭으로 일본 에도시대 들어 본격적으로 발전한 곳이다. 현재 도쿄의 대표적 관광지로 예전부터 장사, 문화, 예술의 중심지였다. 당시 아사쿠사에는 극장, 영화관, 만담 극장(寄席) 등이 20여 곳이 있었다.

철거하고 철도를 건설했다. 성벽이 있던 자리는 주요 교통로가 됐다. 그리고 시장(현재의 시먼훙러우西門紅樓)과 공원 등의 공공시설을 배치한다. 가로수로 차선 간 경계를 나눈 3차선 도로(현재의 중화로)는 당시 만남의 광장으로 자리매김했다.

국민당 정부가 타이완으로 건너올 때 많은 군인과 민간인들 역시 타이베이로 밀려들어 왔다. 시먼딩은 중심 상권지대가 됐고 현대화된 백화점, 커피숍, 극장, 댄스홀 등 유흥문화가 번성했다. 한편, 시먼딩과 인접한 철도 맞은편에는 외성인外省人[16] 정치 이민자들과 본성인本省人[17] 이주민들이 지은 누추한 판잣집들이 늘어서 있었다. 주민들은 그 집들을 임시 주택 및 작은 가게로 만들어 정착했고 20~30년 동안 삶을 꾸려갔다.

1959년, 정부는 '신新 민간인 거주구역'으로 불렸던 중화로의 임시 건물들을 철거하고 중화상가를 건설하고, 일부 공간에 거주민과 노점상의 진입을 허락했다. 이 입체적인 쇼핑센터는 시먼딩의 관문으로서 당시 핵심적인 소비 공간으로 자리매김했다.

중화상가의 탄생과 해체

1961년, '중화상가'가 정식 개장했다. 여덟 채의 3층 시멘트 건물이 줄줄이 이어졌고, 북쪽에서부터 순서대로 건물에 충忠, 효孝, 인仁, 애愛, 신信, 의義, 화和, 평平이란 이름을 붙였다. 중화상가 건축 경비는 거의 5,000만 위안[18]에 달했고, 20년에 걸쳐 분할 납부하는 방식으로 거주민들이 부담했다. 이는 후일 재산권 분쟁의 원인이 된다.

---

16 1949년 국민당 정권은 국공내전에서 공산당에 패배하고 타이완으로 넘어가 정부를 세웠다. 이때 정부와 함께 타이완으로 건너온 중국대륙 출신의 사람들을 지칭한다. 이들은 1949년 이후 타이완에서 정부 요직, 교육계 및 언론계를 장악했고, 국민당의 지지근간이기도 하다. 본성인(本省人)과는 대척점에 서 있다.

17 1945년 이전까지 타이완에서 출생하고 거주하고 있던 집단을 통칭한다. 해당 용어는 이른바 외성인이 타이완에 유입된 후 그들과의 구별을 위해 1945년 이후 생겨났다. 민진당의 지지근간이기도 한 본성인은 타이완 고유의 문화와 전통을 강조한다. 이들 본성인과 외성인은 모두 정치적 함의로 사용된다. 특히 선거철이 되면 한국의 영·호남 갈등을 넘어서는 양상을 보인다.

18 당시 한화로 계산하면 약 18억 원, 오늘날 화폐가치로 환산하면 약 658억 원에 달한다.

'1층. 협소하다. 물건으로 가득 찬 상점들. 2층 복도. 휴식 중인 사람, 옷 말리는 이들, 사방팔방 뛰노는 아이들, 바쁜 걸음의 행인들이 모두가 뒤섞여 있다. 오래된 가게와 새로 단장한 가게가 나란하다.' 중화상가는 개장 후 유행을 선도하는 상품, 오래되거나 새로운 상품들을 모두 갖췄다. 전자기기, 양복, 담배 파이프, 심지에 경극에 사용하는 신발까지 다양한 전문 상점들이 영업했다. 그 외에 장강 남북 각지의 다채로운 요리와 전베이핑真北平, 디엔신스지에點心世界 등 당시 이름을 날리던 식당들이 모두 한자리에 있었다. 1980년대 후반, 중화상가는 타이베이 골동품 시장에서도 중요한 위치를 점했다. 밤이 되면 건물 옥상에 있는 '파나소닉', '헤이쑹黑松 사이다' 같은 대형 네온사인 간판이 번쩍번쩍하며 중화상가의 불야성을 만들어갔다.

그러나 이런 번성은 오래가지 못했고 중화상가는 개장 당시의 위상을 잃어갔다. 유민, 범죄, 노점상 관리 등의 문제로 시정부는 골머리를 앓았고, 타이베이 시 동구東區가 새로운 소비 지역으로 부상하며 중화상가의 지위를 대체한다.

1989년, 도시환경재건계획과 지하철 건설로 인하여 시정부는 중화상가를 회수해 철거 작업에 들어갔다. 1,700여 호의 거주민들은 건축 경비를 자신들이 납부했다는 사실에 근거해 상가 일부에 대한 사유권을 주장했다. 거주민과 시정부 사이에 재산권 분쟁이 야기된 것이다. 철거민들은 중화상가 재개발 과정에서 자신들의 권리에 대한 합리적 보상을 요구했다. 그러나 당시 시장 황다저우黃大洲는 '샹젤리제 거리 비전', '눈과 마음을 즐겁게 하는 녹화사업', '국제도시로 나아가는 타이베이의 지표' 등으로 대표되는 도시계획을 강행하며 강제 철거를 집행하고 철거민을 분산 이주시켰다. 이렇게 한때 번창하던 중화상가의 시대가 저물었다.

중화상가 철거는 타이베이 서구西區 재발전을 이끌었다. 지하철 개통, 중화로의 가로수길 조성, 시먼 지역 상권 개선 등이 진행됐다. 중화로는 파리의 샹젤리제 거리 스타일로 조성했다. 당시 젊은 층의 소비문화와 훙러우紅樓 문화콘텐츠시장 등의 소비구역은 도시 중심축의 동서 전환시기에 사람들을 타이베이 서구로 끌어당겼다.

기억으로 망각에 대항하다

중화로를 걷는다. 가로수 길 아스팔트 아래에 중화상가의 철근 콘크리트가 묻혔다. 철근 콘크리트 바로 밑에는 당시 임시 건물들의 벽돌과 기와가, 그 아래는 켜켜이 쌓인 과거 3선도로의 먼지, 그 먼지 밑에 과거 철거된 성벽의 기석이 누워 있다.

공간이 소비장소로 전환되는 과정은 공간 사용자들의 필요와 배제를 표상한다. 청대 성벽은 성내의 정치 중심과 성 바깥의 상업 중심지역을 가로지르며 서로를 구분했다. 일본인은 도시 조성의 시선으로 성벽을 허물고 도로를 내어 식민 지배자의 시각과 장악을 재현했다. 타이완에 있는 일본인들이 이곳으로 호출됐고 피식민자인 타이완인을 배제했다. 전후 천막으로 뒤덮인 이 촌락은 국민당 정부가 경제발전을 강조하면서도 주택 같은 기반 시설에 대한 고민은 등한시했음을 보여준다. 저층 이민자들은 생계를 위해 여기에 머무를 수밖에 없었다. 중화상가 설립은 현대 상업의 소비 역량을 증명했고 공업상품, 광고로 뒤덮인 네온사인은 사람들의 호기심을 불러일으켰다. 중화상가의 철거와 새 거리 조성은 신선한 유행과 창발적인 상품 개발을 추동하며 중산계급과 젊은이들의 소비 욕망을 만족시켰다.

도시사都市史는 정부의 계획과 서민의 생활이 교차하며 누적된다. 중화로의 변천에서 우리는 타이베이 성의 현실을 목격할 수 있다. 언제나 공간 전환을 추진하는 힘은 모두 국가와 자본으로부터 온다. 그들은 자신들의 의지에 따라 공간을 부수고 만든다. 이에 따라 사람들의 생활은 변화한다. 중화상가 철거는 투쟁을 불러왔다. 국가가 주도하는 공간 전형에 대한 반격인 셈이다. 사람들은 국가가 주도하려는 변화에 다시 순응하기를 거부했다. 상가 철거 후, 사람들은 끊임없는 기억을 통해 망각에 대항하는 방식으로 투쟁해나갔다.

臺北市萬華區中華路一段

06

바오더우리, 문맹루와 매춘 폐지 논란
– 꾀꼬리와 제비가 연지골목을 날다

타이베이 시 완화구 환허남로環河南路와 화시가華西街 사이. 인근 야시 장의 어두컴컴한 좁은 골목 안에서 외관이 비슷비슷한 '홍등 달린 집紅 燈戶' 몇 곳이 어렴풋이 모습을 드러낸다. 소박한 외관의 건물 안쪽에서 는 노랫소리와 웃음소리가 퍼져온다. 바로 이곳이 한때 유명했던 바오 더우리寶斗里 공창公娼 구역이다.

바오더우리는 홍등가와 화시가의 뱀고기로 유명세를 자랑했다. 전 성기의 공·사창가에는 80곳 이상이 영업했고, 24시간 손님이 끊이지 않았다. 지금도 바오더우리의 몇몇 어두컴컴한 골목 안에는 얼마 되지 않는 가게가 남아 있지만 예전 잘나갔던 시기의 번화한 모습은 찾을 수 없다. 북쪽의 완화와 마찬가지로, 구도심 대도정大稻埕의 강산루江山樓 도 옛 명성을 되찾기란 쉽지 않아 보인다.

문맹루 내부. 과거 매춘부들의 성매매 공간

대도정과 맹갑의 성산업性産業은 단수이 강淡水河의 수운水運[19] 발전과 매우 밀접한 관계가 있다. 맹갑에는 주로 푸젠 성福建省 취안저우泉州 사람들이 정착해 살았다. 다한 강大漢溪에 토사가 쌓이면서 맹갑 부두는 신쫭新莊 부두의 역할을 대신했고, 이로써 북부지역 최대 부두로 자리 매김할 수 있었다. 이 발전의 시기, 거상들이 모여들었고 기루妓樓와 예달간藝姐間, 기방이 연이어 생겨났다. (청나라) 광서 15년(1889년)을 전후로 대도정은 무역이 발달하고 외국상인들이 진주하며 대도정이 맹갑의 위치를 대체해나갔다. 사창가 역시 점점 증가했다. 일본 다이쇼 시기(1912~1926)에 대도정의 발전은 절정에 달한다. 춘풍득의루春風得意樓, 봉래각蓬萊閣, 강산루江山樓 등으로 대표되는 대형 기루들이 줄줄이 들어섰고, 예달간과 토창관土娼館은 200여 곳을 넘겼다. 음악과 노래, 곡조와 선율이 멈추지 않고 흘러나왔다.

몸을 파는 것보다 구걸이 더 부끄럽던 시절, 기루 여성 대다수는 빈곤층 출신이었다. 여성이 몸을 드러내고 손과 발을 흔드는 것 모두 생계의 연장선상이었던 것이다. 한 명의 간판 스타가 배출되면 기루는 생계를 그녀의 명성에 의지할 수 있었다. 따라서 기루는 여성들을 돌보고 가르치는 데 전력을 다했다. 시조, 문장, 그리고 노래에 대한 재능과 고상하고 우아한 말투와 몸놀림. 이 모두가 유명인사와 상인들을 매료시키는 필수 조건이다. 이 여성들의 최후 종착지는 돈을 벌어 다시 자유의 몸이 되는 게 아니라 기루의 경영을 물려받는 것이었다.

성 노동권과 반 매춘

다양한 계층의 요구와 신분의 특성에 대응하는 방편으로 청淸 시기에는 '예단藝旦, 학문과 예술을 겸비한 기생'과 '토창土娼, 사창私娼'을 구별했다. 일제 시대에는 정부 당국의 관리검사를 수반한 제도화된 '공창公娼'이 설치됐다. 매춘 폐지에 대한 목소리 역시 이때부터 등장한다. 1920년대 타

---

19 타이베이 일대는 강을 따라 평지가 형성돼 있지만 배후지는 습지라서 육로 교통이 불편했다. 따라서 초기 타이베이는 단수이 강 지류의 수운을 따라 점의 형태로 발전, 각 지점을 수운으로 연결했다.

이완 지식인들은 인권, 국민 보건, 국민 산업의 세 방면에서 매춘 폐지를 주장했다. 급진적 여성주의자들은 여성의 존엄과 자유를 반드시 보장해야 하고 불평등한 제도에서 해방돼야 한다고 외쳤다. 공창 제도는 그 불평등 제도 중 하나로 간주됐다. 매춘 폐지론자들은 창기娼妓들을 사회적 약자로 봤다. 그들은 그 여성들 대다수가 불가피하게 이 직종에 종사하고 있으며 오직 매춘을 폐지하는 것만이 그 여성들을 성적 억압으로부터 벗어나게 할 수 있다고 생각했다.

창기란 이름의 오명

종전 후 홍등가는 축소됐고 타이완 여성단체들은 일본 식민지 시기 등장했던 반매춘 담론의 연장선상에서 공창제의 폐지와 성 산업 여성들의 구제를 주장했다. 관련 사회적 논의가 분분했다. '공창제 폐지는 매춘 반대와는 다르다. 창기를 차별하는 것은 더욱 아니며, 빈곤한 여성이 창기로 전락하는 것을 반대하는 것이다.' 창기 문제는 인권문제이면서 동시에 사회·생활 문제이기도 하다. 1950년에서 1960년대까지 공창제 폐지는 실패했고, 오히려 사창과 여성 접대부가 증가해버렸다. 이에 정부는 정책 방향을 바꾸어 위생관리에 중점을 뒀다. '사창 금지와 성병 예방'이라는 구호 아래 성매매 종사자들에 대한 강제적 정기검진과 타이완 성省 창기 관리법을 입안·시행했다. 이로써 구제의 대상이자 '사회적 약자'로서 위치하던 매춘부는 손님을 '유혹'하고 미풍양속을 해치며 전염병을 잠재적으로 보유한 '범죄자'로 인식됐다. 이들에 대한 기존의 사회적 오명·오해가 심화된 것이다.

1970년대 이후 '공창 유지'를 주장하는 목소리가 등장한다. 이들은 창기에 대한 관리와 유지가 창기를 금지하는 것보다 수월하고, 공창은 성병 전염을 예방할 수 있으며 사창을 근절할 수 있다고 주장했다. 공창 폐지를 주장하는 사람들은 되려 매춘의 제도화는 인권에 위배되고 나아가 성매매가 사회적 도덕과 미풍양속을 해칠 것이라고 봤다. 하지만 이런 매춘 폐지에 대한 의견들과 상관없이, 이 토론은 성매매 종사자에게 조폭, 범죄, 성병의 이미지를 덧씌웠다. 성매매 종사자들의 존재는 도시발전 과정에서 깨끗하게 정화·처리해야 할 주요 대상으로 인식됐다. 1990년대부터 중산계급의 여성단체들은 인도주의에 입각해 매춘반대운동 '여형勵馨, 재단법인 여형사회복리사업 기금회'을 추진한다. 이어 도시 내 미성년 원주민 성매매 문제 해결에 대한 공론이 등장했다.

성욕의 무대. 도덕과 노동권은 멈추지 않고 충돌한다. 1997년 천수이볜 시장은 재임 기간 중에 공창제도를 폐지했고 이에 대한 투쟁이 발생했다. 공창관 문맹루는 당시 공창 자구운동自救運動의 총본부였고 이곳이 바로 르르춘관회호조협회日日春關懷互助協會의 전신이다.

구이수이가(歸綏街) 문맹루(文萌樓)의 거리 모습

매춘부 권리 운동에서부터
도시개발 패권에 대항하기까지 - 문맹루

구이수이가 문맹루는 1925년 일본 건설회사 '호라이사蓬萊會社'가 지었다. 이곳은 근래 100년의 타이베이 풍류사風月史의 증거이자 타이완 성노동의 최초 상징이며 매춘부 권리 운동의 역사적 장소다. 마잉주馬英九는 시장에 취임한 후, 공창폐지까지 2년간의 유예기간을 설정했다. 그 후 각종 우여곡절을 겪은 공창은 1999년 3월 27일, 마침내 다퉁구大同區와 완화구萬華區에 공창관公娼館이라는 정식 간판을 걸고 영업할 수 있게 됐다. 이로써 1년 7개월간의 오랜 투쟁은 종결되는 듯 보였다. 기존 영업 허가증이 있었던 공창관들은 영업 재개를 신청할 수 있었다. 그러나 수정된 '타이베이 시 공창관리 조치'에 의거한 공공안전법규의 설립표준에 부합해야만 했다.

지금 문맹루를 가면 당시의 공창 여성들이 일하던 전용 공간을 볼 수 있다. 영업 허가증, 여성 휴게실, 좁고 작은 복도, 주차장 크기의 판잣집 위에 칸을 나눠 만든 세 곳의 전업 공간 등, 당시 흔적이 남아 있다. 가만, 자그맣게 뚫려 있는 환기창에서 갑작스런 교성이 들려올 것만 같다.

2000년, 문맹루는 도시 재개발 지구에 편입됐다. 2006년 말, 문화국은 문맹루를 고적으로 지정하는 공고를 냈다. 하지만 도시 재개발을 통한 폭리의 유혹에는 저항할 도리가 없었다. 르르춘협회는 새 건물주의 요구로 퇴거됐고 아직까지도 법원에서 소송을 이어가는 중이다. 공창 폐지 사태로 야기된 성 노동권 항쟁은 문화보존과 재개발 반대 투쟁으로 이어졌다. 바오더우리와 문맹루는 이 여운이 아직 남아 있는 장소다.

 文萌樓：臺北市大同區
歸綏街一三九號

 日日春：臺北市大同區
歸綏街一二八號

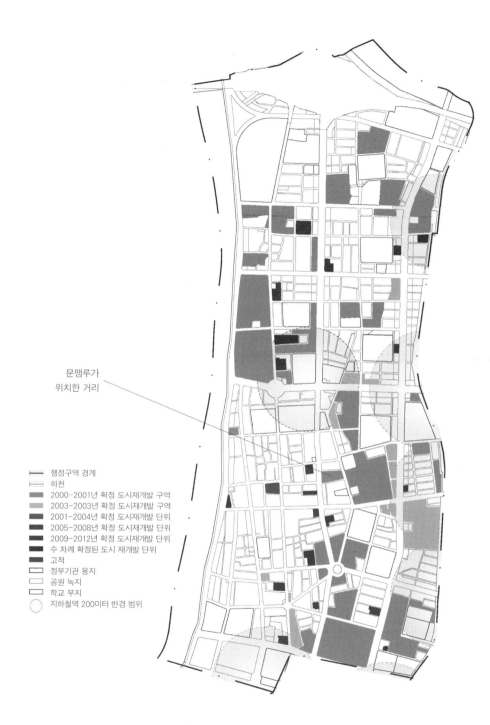

문맹루가
위치한 거리

행정구역 경계
하천
2000-2001년 확정 도시재개발 구역
2003-2003년 확정 도시재개발 구역
2001-2004년 확정 도시재개발 단위
2005-2008년 확정 도시재개발 단위
2009-2012년 확정 도시재개발 단위
수 차례 확정된 도시 재개발 단위
고적
정부기관 용지
공원 녹지
학교 부지
지하철역 200미터 반경 범위

다퉁구(大同區) 획정 도시재개발 구역 범위도
_천리쥔(陳俐君) 제작

07

대도정 역사거리
– 공간보존과 생활보존

디화가迪化街를 오갈 때면 코로는 한약 냄새를 맡고, 귀로는 긴 세월을 머금은 거리가 내뱉는 역사의 소리를 듣는다. 기루騎樓를 따라 나 있는 회랑을 걸을 때면 양옆으로 가득 진열된 각종 잡화들이 보인다. 가끔 인파를 피해 큰길 가로 나가 고개를 들면 눈에 담기는 2, 3층의 서양식 건물은 사람들로 하여금 자연스레 과거를 회상하게 만든다. 주말이면 하해성황묘霞海城隍廟와 융러시장永樂市場 부근으로 수많은 참배객과 휴일을 즐기러 온 인파가 가득하다. 해외에서 온 관광객들 역시 삼삼오오 거리를 거닌다. 이름이 알려진 현지 먹거리, 100여 년의 세월을 거친 건물에서 영업 중인 가게들의 진열 상품, 상인들의 인심을 즐기며 역사의 생명력을 만끽한다.

대도정 거리 한 건축물의 정면.
화려한 조각과 문양에는 각각의
역사와 이야기가 담겨 있다.

동서 교류의 창구

사실 오늘날 이렇게 번화한 디화가 역시 몰락의 스산한 빛을 내던 시절이 있었다. 청말 이래 대도정은 단수이 강 수운에 기대 발전했다. 이곳에서 타이완의 물산은 세계 각지로 팔려갔고, 이곳으로 서구 근대 문화가 유입됐다. 이는 디화가의 건축 양식에 영향을 끼쳤을 뿐 아니라 우체국, 금융 등의 근대적 서비스업 발전도 이끌었다. 세계와의 잦은 연결은 당시 사회 엘리트와 사신土紳 상인들이 대도정으로 집결하게 했다. 또한 대도정은 일제시대 항일인사들의 근거지였다. 일제시대 장웨이수이蔣渭水 등 타이완 출신 엘리트들은 대도정에서 타이완문화협회臺灣文化協會를 설립하고, 〈타이완민보臺灣民報〉를 발행했다.

강변에 모래가 쌓였을 뿐이다. 그러나 이 모래 때문에 대도정은 상업항구로서의 무역기능을 상실한다. 전후 정부가 공업화 발전 정책을 확립·추진하고, 타이베이 시 또한 동쪽으로 빠르게 확장되면서 대도정은 빠르게 쇠퇴했다. 대도정에서 창업한 기업들도 디화가의 배후지가 협소했기 때문에 줄지어 본사를 동구東區의 빌딩으로 이전해 갔다. 1960년대 정부는 타이베이 시가지와 기타 위성도시(산충三重, 신좡新莊, 반챠오板橋 등)를 연결하기 위해 자동차 전용 고가도로를 건설했다. 이 도로는 대도정을 경유하지 않았고 사람과 차량의 흐름을 가져가버렸다. 강변에 높이 솟은 두꺼운 제방은 인간과 강이 공존했던 생활을 나

최근 강변 레저활동이 유행하면서 정부는
대도정 부두를 수리하고 불꽃축제를 개최하여
사람과 활기를 구도심으로 되찾아 오려 했다.

넓고 사람들의 역사적 기억도 끊어버렸다.

철거위기 - '나는 디화가를 사랑한다' 운동

대도정을 둘러싼 도로들이 확장되면서 디화가는 시내에서 얼마 남지 않은, 길이 협소한 거리로 전락하고 말았다. 길의 폭이 몹시 좁았기 때문에 사람과 차량이 왕래하기 불편했다. 손님들은 자취를 감췄고 상점들도 연이어 다른 곳으로 이전해 갔다. 지금이야 독특한 정경으로 대우받는 상가들이 디화가에 줄지어 있지만, 20여 년 전엔 이 건물들이 낙후의 상징 그 자체였다. 1980년대 말 디화가 재개발을 위해 타이베이 시정부과 지역 인사들은 디화가 도로 확장 계획을 입안한다. 도로를 확장한다는 건 기존 건물들의 철거와 역사성을 가진 거리가 파괴된다는 뜻이었다. 결국 이 계획은 언론의 관심을 끌었고 나아가 예술계·문화계·건축학계의 항의로 이어졌다.

당시 러산문교기금회樂山文敎基金會 등 전문가 단체들이 디화가 보존 운동에 참여했고 학계, 언론, 민간단체가 힘을 모았다. 이들은 8일 동안 〈연합보聯合報〉에 '영원한 디화가를 구하자'라는 기사를 게재해 디화가의 역사와 현재를 소개하고, 다른 한편으로는 전문가들에게 글을 기고하여 거리 보존의 중요성을 계속 언급해달라고 요청했다. 이들은 또한 '나는 디화가를 사랑한다' 가이드 활동을 진행하고, 현지에서 오랫동안 생활한 노인들을 초청해 현지 역사에 대한 상세한 해설을 제공했

다. 타이완 전국 각지의 시민들이 이 활동에 참여하면서 커다란 사회적 압력이 누적되자 시정부는 도로 확장 계획을 유보하고야 만다.

거리의 일상을 보여주는
디화가 기루

전문가, 공동체 그리고 정부 - 각양각색의 보존 상상

항쟁 과정에서 전문가들이 조직한 보존연맹, 지역사회 조직, 그리고 타이베이 시정부는 디화가의 철거·보존에 대해 나름의 구상을 갖고 있었다. 전문가들은 디화가의 독특한 건축양식과 공간형식, 그리고 거리에 남은 생활방식이 현대화된 도시 한가운데서 찾아보기 힘든 '역사문화거리구역'이라고 생각했다. 반면, 타이완대학교 건축·도농연구소는 주민생활보존을 강하게 주장했다. 공간은 사람이 생활할 때 의미가 있다고 여긴 것이다. 그러나 '보존'은 건물주의 사유재산권을 제한하게 된다. 일단 고적으로 지정되면 재개발 기회가 사라지기 때문이다. 결국 건물주들의 반대로 이어졌다.

건물주를 중심으로 한 주민들은 디화가 확장을 요구했다. 당시의 좁은 도로와 골목이 상업활동에 불리하다고 생각한 것이다. 하지만 확장을 반대하는 세입자 위주의 현지 조직들은 기존의 도로 폭이 인파 집결과 관광 발전에 오히려 적합하다고 주장했다. 확장은 도리어 인파를 유실하고 시장을 분산하는 위기로 이어질 것이란 얘기였다.

'용적'으로 제한된 개발권 이양

마지막으로 전문가 위주의 보존연맹은 영미에서 전파된 '개발권 이양제도' 개념을 차용했다. 보존 허가로 상실되는 개발권익을 다른 도시공간으로 이양해 보존과 발전의 교착 상태를 해결하려 시도한 것이다. 이후 개발권 이양제도는 다른 보존 논의에도 적용됐고, 나아가 '용적장려정책'[20] 추진으로 이어졌다. 이 방식으로 사부문의 공공건설 투입을 장려했다. 그러나 개발권을 '용적'으로만 국한하고 상품과 자본에 등호를 매기는 것은 발전에 대한 다양한 상상을 제한하는 것이다.

大稻埕歷史街區泛指臺北市大同區迪化街
一段周邊, 包括貴德街與延平北路等地

---

20 용적은 개발권에 대한 구체화된 측량단위로 토지 위에 건설 가능한 층수면적을 의미한다.

08 천마다방
– 공공기억의 먼지

타이베이 시 태평정太平町 삼정목三丁目 1에 위치했던 천마다방은 잔텐마詹天馬 선생이 일제시대에 개설했다. 잔텐마 선생은 당시 저명한 변호사였다. 또한 흑백무성영화 해설자이기도 하다. 그는 주로 일본영화를 해설했고 번역도 맡았다. 천마다방은 개업 이후 많은 지식인들의 집결장소가 됐다. 제2차 세계대전 직후에도 이곳은 여전히 많은 사람들이 모이는 지식인 살롱이었다.

아침부터 저녁까지, 낯선 이들과 익숙한 사람 모두가 천마다방을 들락날락거리며 이곳을 열기로 가득 채웠다. 다방 대문 옆에선 사람들이 작은 담배 좌판을 깔고 행인들을 상대로 영업했다. 그중에 린쟝마이林江邁라는 여성이 있었다. 그녀는 1남 1녀를 둔 과부였다. 이른 아침 그녀는 지룽基隆 기차역 앞에서 담배를 팔다가 다시 타이베이로 이동해 담배좌판을 펼쳤다. 저녁이 되자 린은 천마다방 앞에서 좌판을 깔고 조용히 앉아 손님을 기다리고 있었다. 가로등이 켜지자 천마다방 앞 거리에도 담배를 팔려는 이들이 많아졌다. 그다지 넓지 않은 쪽마루에 약 10여 명의 사람들이 모여 담배를 팔면서 서로의 안부를 물었다. 당시에는 린쟝마이처럼 큰 거리나 작은 골목에서 담배를 팔아 가족을 부양하며 근근이 생계를 유지하는 사람들이 많았다.

1947년 2월 27일 저녁 7시, 공매국[21] 조사원이 태평정 천마다방 앞

---

21 공매국은 오늘날 타이완담배주류공사(臺灣菸酒股份有限公司)로 공기업이다. 1901년 타이완총독부전매국(專賣局)으로 출발했으며, 1945년에는 타이완성전매국, 1947년에 타이완성담배주류공매국이 되었다. 전후 타이완의 실업 및 인플레이션 문제가 심각할 때, 천이(陳儀) 타이완 성 행정장관을 위시한 국민당 간부와 군인들은 공매국을 이용해 부정부패를 저질렀다. 당시 타이완 특산품인 석탄, 사탕수수, 수산화나트륨, 소금부터 담배, 주류에 대한 판매를 모두 정부의 통제 아래 뒀다. 천이 정부는 관련 이익을 타이완 재건에 쏟지 않고 자신들의 치부를 위해 사용했다.

에 도착해 불법 담배 판매 수사를 시작했다. 담배를 파는 사람들은 재빠르게 좌판을 거둬 그곳을 떠났다. 하지만 고령이었던 린쟝마이는 동작이 다소 느렸고 게다가 당황한 와중에 좌판을 거두려니 행동이 더 둔해졌다. 결국 수사원 일행 중 두세 명이 그녀의 좌판을 둘러쌌다. 그들은 모든 담배와 현금을 몰수하겠다며 으름장을 놨다. 린쟝마이는 결국 새벽녘부터 필사적으로 번 단돈 6천 원을 단번에 뺏겨버렸다. 그녀는 수사원을 붙잡고 제발 한번만 봐달라고 애원했다. 상황은 급박했지만 서로 언어가 통하지 않았다.[22] 이들은 뿌리치고 붙잡고 늘어졌다. 먼저 도망갔던 사람들이 이 장면을 보고 바로 돌아와 린쟝마이가 뺏긴 담배를 돌려받을 수 있도록 도왔다. 주변으로 더 많은 사람들이 몰려들었다. 바로 이때, 수사원 푸쉐통傅學通이 개머리판으로 린쟝마이를 때렸고 그녀는 피를 흘리며 길바닥에 그대로 쓰러져 일어나지 못했다. 그러자 이들을 둘러싸고 있던 민중들이 분노해 길가의 돌을 주위 수사원과 군인들을 향해 던졌다. 군중들은 수사원에게 치료비를 지급하라고 요구했다. 혼란스런 와중에 총성이 울려 퍼졌다. 근처에서 이 광경을 보고 있던 주민 천원시陳文溪가 그 자리에서 즉사했다. 린쟝마이는 근처 의원으로 옮겨져 치료를 받은 뒤, 곧바로 자신의 고향인 타오위안桃園 구이산龜山으로 몸을 숨겼다. 당시 그녀는 무엇을 피해 숨었는지, 자신은 알지 못했다. 그것은 바로 역사의 거대한 파도였다.

하룻밤이 지난 1947년 2월 28일, 후대 사람들이 모두 알고 있는 '2·28사건'[23]의 막이 올랐다.

---

22 타이완인들이 이른바 만다린, 즉 표준 중국어를 사용한 것은 1945년 이후의 일이다. 그 이전 일제시대에 타이완 표준어는 일본어였고, 식민지배 이전 타이완에 통용됐던 언어는 중국 동남지역의 방언 중 하나인 민남어(閩南語)였다. 1945년 이후 국민당 정부는 타이완에 진주 후 가장 먼저 표준 중국어 교육을 실시했다. 당시 타이완인들은 표준 중국어를 몰랐고, 국민당 정부인사들과 군인들은 일본어와 민남어를 몰라서 서로 소통할 수 없었다.

23 2·28사건은 1947년 2월 28일 발생한 항쟁사건이다. 타이완 본성인들은 전후 타이완을 접수한 국민당 정부의 무능, 부패에 항의하며 항쟁을 일으켰다. 국민당 정부와 군대는 계엄령을 내리고 이 항쟁을 잔혹하게 진압했다. 이 계엄령은 1987년 해제 전까지 38년간 지속됐다. 이 기간 동안 2·28사건에 대해서 함구령이 내려졌다. 이는 본성인과 외성인 간의 극심한 정체성 분열로 이어졌다.

타이베이 시민들은 대규모 파업과 수업거부에 돌입했다. 오전 10시, 약 천여 명이 넘는 항의민중들은 전매국 수사원 푸쉐통이 근무하는 담배주류전매국 타이베이 분국으로 이동해 린장마이와 천원시 등의 피해자를 위한 심판을 요구한다. 이 과정에서 공매국 인원이 다치고 일부는 사망했다. 점심시간, 행정장관 청사 앞 시위대는 경찰의 총성을 들었다. 약 십수 명의 시민들이 총을 맞고 쓰러졌다. 이때부터 민중들은 길가에서 마주치는 외성인들을 마구잡이로 공격하기 시작했다. 오후 2시, 분노한 민중들은 타이베이신공원(오늘날 2·28화평기념공원) 안에 있는 타이완라디오방송국臺灣廣播電臺(현재 2·28기념관)으로 몰려가 다음과 같이 울부짖었다.

"오늘 2월 28일, 우리의 동포들은 모두 함께 장관청사에 가서 항의합시다. 천이 정부의 군대는 놀랍게도 우리의 행렬을 향해 기관총을 발포했습니다. 그 자리에서 우리의 동포들은……."

이 울부짖음은 라디오를 통해 전 타이완의 인민들을 각성시켰다. 저 항의 움직임은 북쪽에서부터 남쪽으로 번져 전 타이완으로 확대됐다.

그 후 국민당 정부는 진압 작전을 전개한다. 군대는 각 도시와 마을로 진입해 용의자들을 체포하고 무력으로 민중들의 항의를 억눌렀다. 민주 불꽃의 시발점이 된 천마다방 역시 백색테러에 진압당한 시민들처럼 침묵하며 역사의 그림자 속으로 들어갔다.

2·28사건 관련 기밀보호가 해제되고 사건의 진상이 세상에 드러나자 천마다방 앞에서 벌어진 사건도 다시 서술·해석되고, 대형스크린으로 옮겨져 방영됐다. 천마다방의 역사적 무게는 매년 2·28기념일에, 그리고 관련 영화가 방영될 때마다 중첩되고 누적된다. 또한 대중의 2·28사건에 대한 기억 역시 천마다방과 함께 층층이 쌓여갔다. 그러나 천마다방의 주소가 태평정 삼정목에서 중산구 난징서로南京西路로 전환되는 과정에서 이 공공기억 공간은 지주의 개발이익 추구로 인해 철거되고야 만다. 이곳에 난징쌍둥이별南京雙子星 빌딩이 들어섰다. 이처럼 2·28사건 발생의 공간적 기원인 천마다방의 운명은 다른 관련 장소인 담배주류전매국이나 2·28기념관과는 완전히 달랐다. 도시 발전에 의

2012년 천마다방의 원적지

해 역사의 큰 흐름에서 소실된 것이다.

너무 많은 운명적 이야기를 짊어지고 타이완 인민이 공유하는 기억에 속해 있는 천마다방은, 어쩌면 도시개발로 한 동 한 동 세워지는 저 빌딩 아래의 깊숙한 곳에 묻혀버린 것일지도 모른다. 역사의 무게는 쌍둥이별빌딩 벽에 박혀 있는 '천마다방'이란 표기 위에 묵묵히 눌려 있다. 린장마이는 거대한 파도를 피해 몸을 숨길 수 있었지만 이후 사람들은 역사기억의 소실이란 큰 흐름을 피할 수 없었다.

2005년, 타이베이 시 태평정 삼정목 1, 천마다방,
불도저에 밀려서 먼지가 되었다.
2006년 타이베이 시 난징서로 189호,
난징쌍둥이별빌딩이 다음 차례의 미래가 됐다.

미래, 그것은 오고 또 올 것이다.
좋고 나쁘든 그것은 계속 올 것이다.

　　　　　　　　　　　　　　　　　　　　　── 「천마다방天馬茶房」 중에서

 現址為南京雙子星大樓：
臺北市大同區南京西路一八九號

제2구역

중정 中正
중산 中山

장미 고적, 차이루이웨 무용학원
– 신체를 매개로 한 여성의 사회실천

　중산북로中山北路의 한 작은 골목으로 들어가면 요처럼 깔린 잔디밭 위에 수수하면서도 고풍스런 분위기가 감도는 차이루이웨蔡瑞月 무용학원이 나온다. 이곳은 오랜 시간 무용인을 양성한, 타이완 현대 무용의 발전을 증명하는 장소. 50년 넘게 경영과 관리를 책임진 차이루이웨와 샤오워팅蕭渥廷. 이들은 무용의 힘으로 시대적 한계를 타파하려 도전했고 여성의 자주성을 강조했으며 사회실천에도 적극적으로 참여했다. 무겁게 짓누르는 정치적 박해는 껍질을 박차고 나오려는 차이루이

차이루이웨 무용학원과 지하철공사 건물. 1990년대 무용학원은 시정부의 지하철 컨트롤센터 건설로 인해 철거 위기에 직면했으나 민간예술단체의 다년간의 노력으로 끝내 보존됐다.

58

웨의 노력을 여러 차례 무산시켰다. 하지만 그녀의 제자이자 며느리인 샤오워팅이 선배들의 이야기를 기록하고 동시에 적극적으로 사회운동에 개입했다. 이 일련의 활약은 세상의 여성 신체 및 여성실천에 대한 상상을 풍부하게 만들었다.

정치적 박해 아래에서의 무용 창작

1920년대에 들어서자 전족을 금지하는 사회적 분위기가 형성됐지만 여성에 대한 사회적 태도는 여전히 보수적이었다. 무용에 대한 열정으로 가득했던 차이루이웨는 과감하게 일본으로 건너가 무용을 배운다. 제2차 세계대전 말기, 그녀는 일본에서 성공할 수 있는 기회를 포기하고 타이완으로 귀국해 무용 공연과 교육에 투신했다. 그 첫 번째 공연에서 그녀는 타이완대학의 교수 레이스위雷石榆를 알게 된다. 두 사람은 사랑에 빠졌으며 결혼에 골인했다. 하지만 2·28사건이 터지면서 레이스위는 단 한 통의 편지 때문에 공산당 분자란 죄목으로 고발당한다. 그는 반년간 수감을 당한 후 광저우廣州로 추방되고 말았다. 차이루이웨 역시 같은 죄명으로 연루되어 뤼다오綠島[24]에 2년 이상 수감됐다.

감옥에 수감된 동안에도 차이루이웨는 여전히 무용을 잊지 않고 다른 수감자들을 가르쳤다. 출옥 후, 그녀는 중산북로 골목의 일본식 기숙사에 무용예술연구단체를 만들었다. 그러나 '전과' 때문에 파출소에 정기적으로 활동 보고를 해야 했으며 수업, 공연 및 창작 등 모든 행동에 독재정부의 감시와 제약을 받았다. 이처럼 열악한 환경에서도 차이루이웨는 '쿠이레이상전傀儡上陣 - 꼭두각시의 출정' 등의 작품으로 억압받는 삶을 표현하고 여성 신체에 대한 속박에 도전했다.

---

24 뤼다오는 타이완 동남쪽 타이둥(台東)에서 약 33km 떨어져 있는 16km² 크기의 작은 섬이다. 아름다운 해변과 해저온천으로 유명하다. 하지만 과거의 정치범 수용소라는 아픈 역사를 가지고 있다. 해당 감옥은 현재 인권문화특구가 됐다. 정치희생자를 추모하며 민주화 및 인권 교육을 진행하는 공간이다.

무용학원 철거 위기 - 항쟁의 발아

차이루이웨의 생활공간이자 교육공간인 무용학원은 타이완 현대무용의 발전을 증명할 뿐만 아니라 차이루이웨가 직면했던 억압, 타협, 저항의 생생한 경험이 담겨 있다. 오늘날 이 공간은 과거 감금 시대의 무용 작품 '감옥과 장미牢獄與玫瑰'를 기념해 '장미고적玫瑰古蹟'이라고 불린다. 이 공간은 온갖 우여곡절이 낳은 결과물이다.

1980년대 말, 도시 위에 온갖 건설의 붓칠이 칠해지던 그때, 지하철 컨트롤센터 설립 문제로 무용학원은 철거의 위기에 직면했다. 강제 철거 하루 전날 밤, 샤오워팅과 여동생 샤오징원蕭靜文 두 사람은 역사 문화 매몰의 위기 앞에서도 포기하지 않았다. 이들은 '중산북로, 과거의 그림자와 오늘의 자취-무용 선구자 차이루이웨에게 경의를 표하며' 회고전을 계획했다. 이어진 미디어의 대대적인 보도로 예술문화계의 관심을 일으켰지만 무용학원 철거를 저지하기에는 역부족이었다.

예술계 최초의 단결 - 예술문화의 황량함에 맞서

철거 위기 앞에서 30개 이상의 예술 문화 단체와 200명이 넘는 예술 종사자들은 '1994 타이베이 예술운동'을 조직했다. 초기 투쟁 논리는 차이루이웨 개인의 삶, 경험, 무용에 대한 공헌을 강조하는 것이었다. 이는 점차로 도시예술문화의 화제로 확대 · 전환된다. 이들은 '표현예술 특구' 설립과 '중산북로 예술문화 라인' 기획을 통해 정부에 당대예술관(구 타이베이 시정부), 광뎬光點 타이베이의 집(구 미국대사관) 및 위안산圓山 시립미술관 등의 예술공간 연계를 호소했다. 오랜 기간 동안 문화정책을 경시한 정부에 도시예술문화발전에 대한 관심을 요구하자 더 많은 예술문화인사들이 이 운동에 참가한다.

이런 단결은 문화예술계 최초의 연대에서 보다 특수한 운동으로 진화돼 24시간이나 지속된 합동 투쟁 공연 등으로 이어졌다. 많은 공연

중에서도 샤오워팅, 잔야오준詹曜君, 쉬시링徐詩菱 3명의 무용가가 연출한 '우리 집은 공중에 있다我家在空中'가 가장 뜨거운 주목을 받았다. 자신들을 15층 건물 높이의 공중에 매다는 예술 공연으로 정부의 박해와 당면한 철거 위기에 대해 항의한 것이다.

차이루이웨는 무용을 활용해 정치적 억압에 대응하며 저항과 무언의 항의를 전파했다. 이에 반해 샤오워팅은 무용을 이용해 적극적으로 사회운동에 참여한다. 공공장소에 여성 신체를 전시해 사회에 대한 불만을 표현하기 시작했다. 샤오워팅은 '우리 집은 공중에 있다' 외에도 1995년, 무용가들과 자신을 함께 묶어 푸싱교復興橋 난간에 매달렸다. 그녀는 다리 아래를 오가는 차량들과 정면으로 마주하며 사회가 성매매 문제에 대해 경각심을 갖길 기대했다. 그 후 샤오워팅과 차이루이웨 무용학원은 2·28사건, 반핵운동, 여성운동 관련 가두 시위에 모두 참여한다. 이로써 무용은 자아 실현의 도구에서 사회 실천의 매개로 변화해 여성의 사회·정치 참여의 촉진제로 작동했다.

공간 보존의 사회적 의미

지속적인 운동과 투쟁으로 차이루이웨 무용학원은 1995년 10월, 타이베이 시 고적으로 지정됐다. 그러나 바로 3일 뒤 화재가 발생해 건물 대부분이 소실됐고 귀중한 사료 및 무용 복장들 역시 사라졌다. 2003년에 복원이 끝난 차이루이웨 무용학원은 현재까지 운영 중이다.

차이루이웨 문화기금회는 오랫동안 타이완 현대무용을 발전시켜 왔고 지금도 '타이베이는 루이웨를 사랑한다(臺北愛瑞月)' 활동, 각종 현대무용 수업을 진행하고 있다. 사진은 중학 무용단의 학생들이다.

무용학원 보존 운동은 몇 가지 의의를 갖는다. 먼저, 과거 자행된 정치적 압박을 기억하고 타이완 현대무용의 역사를 반추할 수 있다. 또한 최초로 문화예술계 연대를 조직해 문예와 공간문제를 연결했고, 이를 통해 예술문화 발전의 구체적 대안을 제시했다. 마지막으로 가장 중요한 것은, 이 기록을 보존하는 과정에서 여성 무용가가 무도舞蹈의 힘을 활용해 어떻게 시대의 한계를 돌파하고 사회적 실천에 적극적으로 참여했는지를 목격할 수 있다는 점이다.

 臺北市大同區中山北路二段四十八巷十號

1994의 타이베이 예술운동에서 3명의 무용가들이 '우리 집은 공중에 있다'를 공연하며 정부의 박해와 철거에 대한 항의를 표현했다. 2014년 10월 30일에 차이루이웨 기금회는 100개 이상의 NGO와 연대해 '반 억압의 기치를 높이 매달아, 모두 함께 악인과 투쟁하자(高吊反壓迫, 歹人攏總[**])' 20주년 기념 활동을 진행하며 토지주택, 노동자, 환경 등의 문제에 지속적으로 관심을 기울였다. 사진은 2014년 '우리 집은 공중에 있다'에 대한 경의를 표현한 것이다.

10 천룡국에서 작은 인도네시아까지
– 숨겨진 그 선을 넘어

작은 인니小印尼로 향하는 여행자 여러분 주의해주세요.

여러분께서 탑승하신 278번 버스는 천룡국天龍國에서 작은 인니로 운행합니다. 지금부터 여정을 시작합니다.

부디 귀중품들을 잘 챙기십시오. 즐거운 여행이 되길 바랍니다. 감사합니다.

여행자에게 천룡국(타이베이)은 매우 익숙한 곳이다. 하지만 아마도 많은 사람들은 천룡국 중앙역(타이베이 역) 동3번 출구를 나서며 만날 수 있는 새 세상의 존재를 모르고 있으리라. 출구에서 도로를 건너 약간 비탈진 길을 내려가면 JPK, SARI RASA 등의 광고판이 늘어서 있는 단층 건물의 식당들에서 고기 굽는 냄새가 풍겨 나오고 이국언어가 뒤섞여 혼잡스러운 곳과 만나게 된다. 여기가 바로 나라 안의 나라, 작은 인도네시아다.

작은 인도네시아는 2000년 무렵부터 발전한 구역이다. 초기의 많은 상점들은 타이베이 역 2층 진화金華백화점에 입점해 동남아 관련 잡화를 팔고 화물운송 서비스도 제공했다. 진화백화점이 폐업하고 역 내부 공간 리모델링 계획이 세워지자 대부분의 상점들은 '독립건국'을 결정한다. 필리핀계 상점은 중산북로中山北路[1]로, 인도네시아계 상점은 베이핑서로北平西路 일대로 이전했다. 베이핑서로는 도로망이 분할되면서 발생한 좁다란 공간이다. 이곳에 동남아 잡화점, 가라오케와 결합한 인도네시아식 식당, 은행, 미용원 등이 들어서 있다. 휴일이면 평소 좀처

---

[1] 일명 필리핀 거리로, 중산북로의 성둬푸(聖多福, Saint Christopher) 성당 인근을 지칭. 거리에는 각종 필리핀 식당, 잡화점이 들어서 있고 주말이면 성당 부근으로 노점상이 펼쳐진다.

럼 휴식하기 어려운 외국인 노동자[2]들이 각지에서 이 일대의 상점들로 모여든다. 친구들과 노래를 부르고, 파마를 하며, 모여 앉아 테이블 가득 음식을 시켜 먹는다. 수입식품 구매는 어느 정도 비용이 필요하지만, 약간의 돈을 써서 고향 음식을 먹고 향수를 해결하는 것이니 수지타산이 맞으리라.

타이완에서 여러 해 동안 일한 아티Ati는 이들 중 한 명이다. 그녀는 가냘프지만 거동이 불편한 고용주 할머니를 넉넉히 돌볼 수 있다. 평소 고용주 집에서는 샐러리두부볶음, 두부생선조림, 잡채요리 등을 자주 먹는다. 하지만 아티는 따로 인도네시아식 건면을 끓여서 매운 소스를 더해 먹는다. "어쩔 수 없어요. 할머니는 제 요리를 잘 못 드세요. 저 또한 할머니의 요리를 잘 못 먹어요." 그녀도 요리 솜씨를 뽐내고 싶지만, 평소에는 식탁 위에서 고향 음식의 그림자는 찾아보기 힘들다. 인도네시아 음식에 대한 얘기가 나오자 아티의 얼굴에는 밝은 빛이 맴돈다. "우리네 고기요리는 정말 맛있어요. 닭고기 카레도 있고요. 물론 맛은 타이완 카레와는 달라요. 그렇지만 평소에는 만들 수 없어요. 할머니가 너무 짜고 맵대요."

2   2014년 기준으로 타이완에 거주하는 등록된 외국인 수는 약 80만 명으로 그중 82%가 동남아에서 온 외국인 노동자 혹은 신부이다. 동남아 출신 노동자 중 42%가 인도네시아, 27%는 베트남, 20%는 필리핀에서 왔다. 3D산업에 종사하는 노동자, 유모 혹은 가사도우미, 외국인 신부 등으로 구성되어 있다. 이 수치에 불법 체류자는 포함되어 있지 않다.

인도네시아 식당의 간판과 뒤의 신광산웨(新光三越) 빌딩이 대비된다.

그래서 주말이 되면 아티는 타이베이에서 일하고 있는 사촌언니와 약속을 잡는다. 버스를 타고 타이베이 역으로 가서 다른 친구들과도 만나기도 한다. 역 대합실 한편에서 언니 동생들과 재잘재잘 이야기 나누다 보면 어느덧 오후는 저물어 있다. 그런 다음 근처 작은 인도네시아로 걸음을 옮겨 고국으로 돈이나 물건을 보낸다. 이때 한 박스의 인도네시아 라면을 사서 일하는 집으로 가져간다. 2012년 여름 휴가, 때마침 할머니와 가족들이 해외여행을 떠나면서 아티는 라마단을 지낼 수 있게 됐다. 그녀는 몇몇 친구들과 타이베이 이슬람 사원에 가서 예배를 드린다. 수많은 사람들이 줄줄이 사원을 나와 맞은편의 다안삼림공원大安森林公園으로 향한다. 예배가 끝나면 모두들 타이베이 역으로 이동해 귀가하거나 친구들을 기다려 모임을 가진다. 타이완에서 처음 라마단을 지낸 아티는 그날 모인 수많은 사람들을 보고 깜짝 놀랐다.

　라마단은 이슬람교의 양대 축제 중 하나이다. 그 무게는 우리네 설날과 비슷하다. 이 시기, 휴가를 받은 숱한 이슬람 교도들이 사방팔방에서 타이베이 역으로 모여든다. '무리'이자 '집단'이 모여 앉아 친구들과 함께 라마단의 즐거움을 나눈다. '설을 쇠는' 열정을 자랑하는 이 인파는 타이완을 방문한 많은 여행객을 놀라게 한다. 어떤 여행자가 타이완철로관리국(철도청)에 항의전화를 걸기도 했다. 이들은 군중이 모이는 행위가 대합실 내부의 동선에 영향을 끼친다고 생각한다. 그래서 타이완철로관리국은 대합실에 차단봉을 설치하고 붉은 벨트를 내걸었다. 그 이후 기다란 붉은 벨트는 주말마다 대합실에 등장한다. 이어 공공질서유지법과 '조직적 집회' 금지 공고로 역사 내 동선과 질서를 확보하려 했다. 언론들은 '노상의 패거리' 같은 제목의 기사로 외국인 노동자 모임에 대한 부정적 인식을 부추겼다. 그러자 타이완국제노동자협회 등의 단체는 역 대합실에서 노란 두건을 머리에 두르고 바닥에 앉아 항의를 시작했다. 2014년 4월, 행정원은 철로법 초안을 수정해 제71조에 명시된 벌금액 변경을 시도한다. 승객이 아닌 사람이 역 대합실, 통로, 승강장 등에서 머무르거나 여행객의 통행을 방해할 경우 최고 1,500~7,500위안의 벌금을 부과할 수 있게 하는 내용이었다. 이 수정법안은 과거 대합실로 모여드는 외국인들을 막기 위한 일종의 '외국인 차별법'으로 의심받았다.

라마단 전야의 주말, 사람들이 붐비는 역 대합실에서 X자로 내걸린 붉은 벨트는 이제 볼 수 없다. 자리를 찾아 앉은 사람들은 삼삼오오 대합실 모서리에 모여 앉아 공간을 차지한다. 붉은 벨트는 없지만 외국인 노동자의 생활공간은 여전히 보이지 않는 선으로 구분된다. 이 선은 향모香茅와 강황, 매운 고추가 끓여져 만들어진 선이며, 또한 가라오케의 노래, 축사, 말, 가창, 분위기 그리고 그리움의 선이기도 하다. 이렇게 거대한 천룡국 안에서는 끊임없이 선을 넘고 선이 그어진다.

小印尼為臺北市北平西路'中山北路'
忠孝西路與臺北車站圍成的街廓

위: 경찰이 모인 군중을 선도하고 있다. 가져온 음식을 먹으면 안되고 신발을 벗는 것도 허용되지 않는다.
아래: 매 주말이면 작은 인도네시아의 식당은 앉을 자리가 거의 없다.

창더가 사건
– 여름밤의 연꽃, 오늘 만개하다

2·28화평기념공원(신공원)은 일제시대부터 남성동지男同志, 게이들이 배회하거나 모여드는 공간이었다. 예전의 공원은 벽으로 둘러싸인 데다가 입구는 동서남북에 각기 하나씩만 나 있었다. 입구의 회전식 난간을 통과해야만 공원에 들어갈 수 있었던 것이다. 밤이 되면 각지에서 온 남성동지들이 여기로 모여든다. 어떤 이들은 담벼락 아래서, 또 어떤 이들은 나무숲 속에서 동반자를 찾고 있다. 공원 정자에서 시시콜콜한 생활 이야기를 하고 있는 이들도 보인다. BBS³가 유행하기 이전까지 신공원은 남성동지들에게 '회사'로 불렸다. 회사는 그들이 소수의 친구들과 교제하고 동지문화를 이해하는 장소였다.

창더가 사건

이미 어둠이 내린 야밤의 공원에도 국가 통제의 힘은 그림자처럼 드리워진다. 자정 12시, 아직 공원에 남은 시민들을 향해 정중하게 귀가를 독촉하는 방송이 시작되고 관리원은 입구의 철문을 닫아 올린다. 이 와중에도 끝까지 돌아가기 싫은 사람들은 창더가로 이동한다. 그들은 그곳의 난간과 나무 그림자 속에서 계속 이야기를 나눈다. 1997년 7월 31일 새벽, 총을 멘 한 무리의 사복경찰이 중산남로中山南路와 창더가에서 순찰을 돌며 단속을 했다. 그리고 아무런 근거도 없이 시민의

---

3 전자게시판(Bulletin Board System)은 PC 통신 시절의 네트워크 소통 프로그램이다. 오늘날 인터넷의 전신이라 할 수 있다. 타이완에서는 아직까지 BBS시스템을 이용해서 인터넷 포럼을 형성하고 정보를 교환하고 의견을 개진한다. 타이완대학 전자게시판 시스템 연구 동아리에서 운영하는 PTT가 가장 유명하다.

신분증을 압수하고 경찰지국으로 강제 연행해서 조서를 쓴다. 그날 밤 약 40~50명가량의 남성동지들은 경찰서로 끌려가 신상명세를 작성해야 했다. 심지어 많은 이들은 범인 식별용 얼굴 사진까지 찍혔다. 경찰은 그들에게 직접 경고했다. "너희 친구들에게 전해. 12시 이전에는 공원에 가도 되지만 12시 이후로는 안 돼", "사람들이 없어질 때까지 계속 단속을 할 거야."

이튿날 동지공민행동전선同志公民行動陣線은 재빠르게 자신들의 네트워크를 가동한다. 미디어계 인맥을 이용해 라디오 '타이베이의 소리臺北之音' DJ 리밍러우黎明柔와 차이캉융蔡康永에게 방송에서 창더가 사건을 다뤄줄 것을 부탁했다. 뒤이어 부녀신지기금회婦女新知基金會와 공동으로 공청회를 열었다. 그들은 계엄을 해제한 지 10년이 지났지만 경찰은 여전히 권력을 남용해 법을 집행하고 인신의 자유를 유린한다고 외쳤다. 당시 타이완 사회에 발생한 3대 형사사건(바이샤오옌 사건, 펑완루 살인사건, 타오위안현 현장 류방유 피살사건)[4] 때문에 경찰은 사회 불안 해소란 명목으로 도처에서 불심검문을 실시하고 무작위로 민간 주택을 수색

타이완 동지들의 자랑스런 시위행진은 이미
10여 년의 역사를 자랑한다. 많은 동지들이
과도하게 우스꽝스런 치장을 하고서 이성애 패권의
공공 공간에 도전한다._황아이루(黃艾如) 제공

했다. '법치의 타이완'이란 사회 분위기 속에서 창더가 사건은 저수지에 작은 돌을 던진 것처럼 별다른 파장을 불러오지 못한다.

타이베이에서 타이완 동지

1960년대부터 1970년대까지 진행된 공업화에 따라 타이베이 역시 이촌향도 현상으로 이주해 오는 노동자들이 점차 증가했다. 대도시에서 일한다는 것은 동성애자들에게, 고향의 전통적 유대관계의 속박으로부터 벗어나 자유로운 사교와 생활의 가능성을 뜻한다.

수출가공공단에서 일하는 여성들은 집을 떠나 기숙사에서 살게 됐다. 이들에게는 자신만의 수입이 있었고, 이는 타이완의 여성동지들이 커밍아웃을 할 수 있는 중요한 역사적 조건이었다. 당시, 이미 여성동지에 관한 통속소설이 출판되고 있었다.

남성동지들은 기차역 부근의 공원, 가령 타이베이의 신공원으로 모여들었다. 세계 주요 도시 대부분의 기차역 부근에는 남성동지들이 모이는 공간이 있다. 기차역은 이주노동자들이 도시로 진입하는 첫 번째 정류장이다. 각양각색의 집단과 계급을 대상으로 하는 다채로운 서비스 산업이 이곳에 존재한다. 하지만 값싼 음식, 숙소, 중개소 등의 수요가 발생하는 이런 장소는 중산계급 시민의 눈에 불안한 치안을 상징하는, 이를테면 문제적 풍경으로 인식됐다. 그럼에도 이런 이질성과 익명성 때문에 도시는 농촌에 비해 더 다양한 사람들을 포용할 수 있는 공간이었다. 각종 성소수자들도 바로 도시의 이런 틈새에서 생존을 도모할 수 있는 기회가 생겼던 것이다.

---

4 바이샤오옌사건(白曉燕撕票案): 1997년 4월, 범인이 여고생을 납치하고 돈을 요구한 사건. 결국 피해자는 성폭행을 당하고 사망한 채로 발견됐다. 범인은 주범 1인과 공범 2인으로, 진범은 사형 판결 후 총살에 처해졌다.
국회의원 펑완루 살인사건(立委彭婉如命案): 1996년 발생한 민진당 소속 국회의원 펑완루가 실종 후 시신으로 발견된 사건. 아직 미제사건으로 남아 있다.
타오위안현 현장 류방유 피살사건(桃園縣長劉邦友血案): 타이위안현 현장 류방유의 관저에서 현장 본인과 비서, 운전기사, 경비인원 등 8명이 총기에 의해 피살된 사건. 구급차와 소방대에 의해 현장이 훼손돼 초동수사에 차질을 빚었다. 역시 미제사건이다.

신공원은 전 타이완에서 동지들에게 유일하게 장기간 유지된 공공 공간이므로 나름의 독특한 역사적 의의를 가진다. 인터뷰를 했던 많은 동지들이 다음과 같이 말했다. 당시 사회적 분위기에서는 '도대체 어디에 동성애자가 있는지, 혹은 동성애가 무엇인지 도무지 알 수 없었고', '그저 바로 여기에 있다는 것만 알았으며, 그래서 타이베이에 오면 굉장히 흥분되고 긴장된 상태로 공원에 가서 거닐었다'고. 동지들을 위한 상업 공간이 즐비하고 가상공동체가 발달한 현대사회에서도 여전히 소비공간에서 배척되는 수많은 주체, 가령 노동자 계급, 노인, 이주노동자, 청소년 등 역시 신공원에 와서 온기와 지원 네트워크를 찾고 의지했다.

신공원은 타이완의 동지들에게 중요한 의미를 갖는 상징이었다. 당시 타이베이 시정부는 '수도핵심구역' 계획을 입안해 공원 벽을 전면 철거하고 넓게 뚫린 시민공간을 조성하려 했다. 남녀동지들은 공동투쟁으로 공원의 역사와 의미를 헤아려주길 시정부에 호소한다.

새로운 '신공원'을 찾아서

1996년, 타이베이 시정부가 도시계획에 근거한 물리력으로 동지들을 신공원에서 몰아내려 하자, 이를 반대하는 '동지공간행동전선同志空間行動陣線(이하 동전)'이 탄생했다. 이들은 '성시민권'을 둘러싼 신분정치를 공간이 충돌하는 영역으로 옮겼다.

역사적으로 신공원과 관계가 없던 여성동지 집단들 역시 이 운동에 동참했다. 이들은 동지들의 공공 공간을 함께 지켜내는 것뿐 아니라 동지운동 내부의 남녀 차이를 직시하기 시작했다. 왜 여성동지들은 공공 공간이 없을까? 여성동지들은 어떤 공원을 원하는가? 여성들은 어떤 공원을 원하는가? 가부장적 사회에서 공적인 영역은 남성에게만 주어진다는 성차별적 의식이 잠재했다. 여성의 커밍아웃과 활동은 가정 안의 '사적인' 일로 여겨졌다. 도시에서 여성의 능동성은 남성에 미치지 못했다. 그래서 새로운 '신공원'을 모색하는 동전운동은 각종 압박을 받는 성소수자 주체들 모두가 자유롭게 공공 공간을 활용할 수 있게 노력했다.

동전은 신공원에서 자선바자회, 무도회, 음악회 등의 활동을 기획한다. 그중 흥미로웠던 것은 당시 타이베이 시장 천수이볜이 참여한 '시장과 시민의 만남' 그리고 '무지개 연인 주간' 활동이다. 천수이볜 시장의 임기 동안 매주 월요일은 대중이 시장과의 만남을 예약할 수 있었다. 미디어 노출로 인해 발생할 수 있는 피해와 압력을 피하려 동전 간부들은 가면을 쓰고 시청으로 이동하기로 했다. 모두 특별히 만든 자신만의 가면을 썼다. 각자 기호에 맞게 꾸민 가면으로 대중 앞에서 커밍아웃을 한 것이다. 이와 같은 커밍아웃은 과거의 동지들이 강요에 의해 자신을 드러내야만 했던 공포의 기억을 전복했다. 아웃팅과 커밍아웃 사이, 탄력적 공간이 숱하게 만들어졌다.

무지개 연인 주간 활동에서 동전은 탄력적인 커밍아웃 전략을 선택했다. 전 타이완 동지들을 불러모아 해당 주간 동안 매일 순서에 따라 빨, 주, 노, 초, 파, 남, 보 등의 무지개색 옷을 입도록 했다. 해당 요일의 색깔옷을 입은 사람을 만나게 되면 누가 동지(동성애자)인지 아무도 그 여부를 알 수 없었다. 같은 색의 옷을 봐도 그저 우연의 일치 정도로 여겨졌다. 일반사회 대중도 이 전략에 '끌려'와 무지개 풍경의 일부를 담당한 것이다. 새로운 '신공원'을 찾는 운동은 시정부가 신공원을 '2·28화평기념공원'으로 개명하고 주변 담장을 철거하는 것을 결국 막지 못했다. 그러나 이 운동은 타이완 최초로 동지들이 커밍아웃을

타이완 동지들의 자랑스런 시위행진은 이미 10여 년의 역사를 자랑한다. 많은 동지들이 과도하게 우스꽝스런 치장을 하고서 이성애 패권의 공공 공간에 도전한다. _황아이루 제공

통해 공공 공간의 사용권을 쟁취한 것이었다. 이는 이후 타이베이 퀴어 축제, 동지공민운동 및 동지시위행진의 초석이 된다.

커밍아웃 전략의 변화

타이완의 동지공간 운동사는 최초 사생활 보호와 정체성 폭로를 반대(1992년 타이스臺視신문 파파라치 사건, 1995년 타이완대학 학생대표 경선 익명편지사건)하는 영역으로부터 유연하고 탄력 있는 커밍아웃까지, 전략적으로 커밍아웃과 아웃팅 사이의 운동공간을 장악했다. 그리고 최근의 축제 방식인 단체 커밍아웃은, 동지시위행진 중 과장된 퍼포먼스의 커밍아웃으로 이성애가 패권을 잡고 있는 공공 공간을 전복시켰다. 단체 커밍아웃은 개인이 받는 중압감을 약화시켜줬고, '동지'의 이름으로 다원적 정체성—게이, 레즈비언, 트랜스젠더, 양성애, SM 등—을 포용해서 시위행진에서 단체 커밍아웃으로 정치적 행동력을 응집했다. 그럼에도 피할 수 없었던 것은 다원적 정체성 속에서 발생하는 개별적 가치관의 충돌이었다. 이런 교차와 혼합의 긴장관계 역시 타이완 동지운동이 정면으로 직면해야 할 과제다.

 新公園(今二二八和平紀念公園) : 臺北市中正區凱達格蘭大道三號

12 화산문화창의공원
- 전위예술 기지에서 백화점으로

　한가한 휴일 오후, 중샤오동로忠孝東路와 바더로八德路가 교차하는 사거리 잔디밭에서 청년들이 삼삼오오 모여 엽서, 수제 티셔츠 따위를 고르고 있다. 예술 거리 양쪽 공장건물의 투박한 모습을 사진으로 담는다. 감각적이다. 화산문화창의공원에 간다. 라이브 하우스에 들러 음악을 감상한다. 보통의 영화관에서 볼 수 없는 예술영화를 즐긴다. 소극장 공연도 즐길 수 있다. 이러다 배가 고프면 정통 외국 요리와 깔끔한 타이완 요리를 맛본다. 여기엔 연예인이 투자한 식당도 있는데, 고급 자동차와 화려한 궁정 장식이 낡은 공장의 얼룩덜룩한 질감과 강렬하게 대비된다.

화산문화창의공원 정면. 앞쪽 광장과 잔디밭에서
사람들이 늘 휴식을 취하고 있다. 반려견과 함께
산책하고 피크닉을 즐긴다. 근처 산책길에서는 때때로
플리마켓이 열린다.

화산문화창의공원은 원래 일제 시기의 일본방양주식회사日本芳醸株式
會社였다. 제2차 세계대전 이후 타이베이 양조장으로 개명했다. 급속한
경제성장과 도시확장 때문에 이 양조장은 점점 중심가의 고층 건물로
포위됐다. 이어 환경오염 등의 문제가 발생했다. 결국 1980년대에 양조
장 이전이 결정됐고 기존 공장 부지는 중앙행정합동청사 또는 입법원
기관 부지로 할당됐다. 부지 용도가 확정되기 전까진 마을 주민들이
주차장으로 사용하기도 했다.

예술의 개입과 개조

1997년 시각예술가 탕황전湯皇珍과 웨이쉐어魏雪娥는 우연히 이 공간
을 발견했다. 화산이 내뿜는 독특한 분위기, 그리고 근대산업이 스친
흉터에 일순간 숨이 멎는 듯한 감동을 느꼈다고 한다. 당시 타이베이
시 도시개발국장에 임명된 장징선張景森의 지원도 있었다. 타이베이 예
술계는 '화산예술문화특구 촉진회'를 창립하고 활동을 시작한다. 진정
서를 쓰고 주요 인사들을 방문했다. 공공 부문과 교류하며 예술가들은
화산에 깊숙하게 진입해 급진적인 작품 또는 공연으로 이곳을 점령한
다. 이들은 자신들의 퍼포먼스를 통해 대중이 이 공간을 새로운 시각
으로 바라볼 수 있길 소망했다. 이런 일련의 투쟁은 금지연사[5]의 화산
공연에서 절정에 달했다. 불법적인 공공장소 사용으로 경찰에 체포된
것이다. 결국 담배주류전매국이 타이베이 양조장 관리를 문화처에 위
탁하기로 결정하면서 '화산예술문화특구'가 정식으로 건립된다.

예술가들이 조직한 '중화민국예술문화환경개선협회中華民國藝術文化環
境改造協會'의 관리하에 화산예술문화특구는 탄력적으로 활용 가능한 다
양한 장소와 저렴한 임대료를 제공했다. 많은 예술가들이 여기서 공연,
전시, 공방 등 다양한 활동을 할 수 있었다. 이후 화산은 타이베이 전위

---

5   금지연사(金枝演社, Golden Bough
    Theatre)는 타이완식 오페라인 호별자희
    (胡撇仔戱) 형식의 연극을 하는 극단으로
    1993년에 설립됐다. 당시 극단이 화산에서
    연출한 연극 〈옛 나라의 신-트로이를 추모
    (古國之神-祭特洛伊)〉는 호메로스의 서사

시 「일리아드」를 각색해 타이완풍의 오페라
형식으로 꾸민 것이다. 내용은 트로이를 타
이완에 비유하여 타이완인의 정체성을 지켜
내자는 메시지를 담았다. 당시 폐공장에 불
과했던 화산을 화산문화창의특구로 발전시
키는 계기가 됐다.

예술의 대표적인 창작기지로 자리매김했다. 하지만 전위예술로 세상과 소통하는 것은 어려운 일이었다. 점차 주변 주민들과 벽이 생겨났고, 이윽고 '공공의 토지는 당연히 전 국민이 모두 사용할 수 있어야 한다'는 여론이 등장하기에 이른다.

화고회와 그래피티 대전

2002년 6월 22일, 한 인터넷 언론이 화산에서 열린 노천 화고회火鼓會를 몰래 촬영하기 위해 잠입한다. 이튿날 타이베이 시의원 왕스젠王世堅과 옌성관顏聖冠은 기자회견을 열어 화산의 예술가들이 '예술이라는 명목으로 부적절한 행동을 했다'며 비판했다. 현장에 대마초를 피우고 엑스터시를 복용하는 사람, 나아가 아이를 한쪽에 방치한 방종한 젊은 부부도 있었다는 것이다. 경찰은 당일 저녁, 고발을 받고 즉각 현장으로 출동했지만 그 어떤 증거도 발견하지 못했다. 그러나 언론은 잠입 취재로 촬영한 영상으로 자극적 보도를 일삼았다. 악의적으로 예술계의 해방주의·감각주의를 과장해 해석한 것이다. 결국 이 사건으로 문화계는 사회적 지탄을 받았다.

엑스터시 사건은 화산의 다채롭고 자유롭던 경영 방식에 간접적인 영향을 끼쳤다. 예술문화환경개선협회는 문화건설위원회가 제출한 경영 재계약 조건이 문화창의산업[6]에 생산과 성과만을 요구하는 내용이라며 불만을 가졌고, 2003년 스스로 경영에서 물러났다. 문화건설위원회가 직영을 시작한 뒤부터 이곳의 유일한 가치는 창의산업의 생산능력이었다. 소규모 예술단체와 예술가들은 급증하는 임대료를 더는 부담할 수 없었다. 결국 집단화·기업화 열풍이 이 공간을 차지해나갔다. 많은 공간이 식당이나 상점으로 재임대됐다. 이 와중에 퉁이그룹은 공원 전체 공간을 활용해 '심플라이프 페스티벌'을 개최했고, 독립 음악

6 타이완 문화창의산업은 문창(文創)으로 줄여 부르며 2000년대 초반부터 사용되어온 단어다. 해당 용어는 1997년 영국 토니 블레어 집권 당시 제창된 창의산업(creative industry)에서 비롯됐다. 한국에서는 IMF 이후 김대중 정부에 의해 추진된 문화콘텐츠산업으로 사용된다. 타이완 문화산업은 2002년부터 경기침체를 벗어날 하나의 대안으로 여겨졌지만, 그 실체에 대해서는 여전히 의견이 분분하다.

가들을 초청해 공연을 펼쳤다. 그러나 정작 전시공연장 주변은 기업 홍보 현수막과 대형 마켓, 약과 화장품, 라이프 스타일 상품 등의 서브 브랜드로 가득했다. 애초에 공연의 목적이었던 환경보호가 기업의 이미지 개선에 이용된 것이다.

예술과 공공 공간이 기업에 독점당하고 기업에 의해 재편되어야 하는가? 2006년 타이베이의 저명한 그래피티 예술가 비브라더를 포함한 일단의 사람들이 화산으로 몰래 잠입해 벽에 그래피티를 그렸다. 문화건설위원회는 당장 경찰에 신고하고 협박하듯 잠입 예술가들을 고소하고 뒤이은 기자회견에서 그래피티를 그린 사람들이 "역사적 건축물과 고적을 파괴했다"며 맹비난했다. 여기서 아이러니한 사실 하나. 같은 해 10월, 화산은 유명한 운동화 브랜드와 합작하여 국제 그래피티 대전을 개최했을 뿐 아니라 '세계 유명 길거리문화를 타이베이에 뿌리다'라고 홍보하며 입장권을 판매했다.

이 사건으로 비브라더는 300명이 넘는 예술계 인사들의 지지를 이끌어냈다. 또한 비브라더는 인터넷을 통해 '화산 그래피티 라이터는 정부의 이익편취를 반대한다'는 성명을 발표했다. "화산이 오른손으로는 공적 부문을 기업과 협력해 그래피티 상품화로 이익을 취하면서도, 왼손으로는 애매한 법률조문으로 그래피티 라이터들을 난폭하게 억압"하고 "발언권을 독점한 주류권력이 임의로 비주류이자 발언권이 없는 서브컬처를 전유하고 정의하는 데 반대"한다는 것이었다.

비브라더와 문화건설위원회의 충돌은 일단락됐지만, 화려하게 포장된 상업적 이익 추구는 막을 수 없게 됐다. 그날 이후 화산문화창의공원은 문화건설위원회의 직영과 기업 및 단체의 하청수주 문제를 떠났다. 중산층의 소비 취향에 적합한 상품과 지나간 추억을 회상하는 듯한 공간미학이 급진적이고 전위적인 예술을 대체했다. 화산은 로하스[7]적인 '심플한 백화점'으로 변신하고 말았다.

---

7   로하스(LOHAS)는 'Lifestyles of Health and Sustainability'의 약자로 건강과 지속가능함을 위한 라이프 스타일을 의미한다. 공동체 전체의 더 나은 삶을 위해 지속가능한 친환경 소비생활의 영유 등으로 후대에 물려줄 수 있는 환경을 만들자는 뜻이다.

식민경제에서 문화 창조 산업까지

　우리는 화산의 용도 변천을 보며 타이완의 발전 스타일을 단계별로 목격할 수 있다. 일제시기부터 제2차 세계대전 직후까지, 국유산업이자 특별 허가의 대상이었던 양조 산업은 식민 정권이 주도하는 계획경제의 중요 상징이었다. 1960년대 이후, 교외로 이어지는 철로를 운송의 골간으로 삼았던 타이베이양조장은 새로 조성된 도시 구역에 빠른 속도로 포위됐다. 양조장이 폐업한 후 덩그러니 남겨진 넓은 공장 부지. 이 공백에 독재시절 절대권력을 자랑했던 정부와 새로 등장한 부동산 개발 같은 자본의 힘이 들어섰다.

　2000년 이후 타이완은 제조업 부문에서 혁신의 어려움을 겪게 된다. 그러자 영국이 제창한 문화창의 개념에 기반한 크리에이티브 산업의 고부가가치에 주목한다. 전 세계 도시가 유리한 위치를 선점하기 위해 경쟁하는 과정에서 타이완 정부는 공사합작, 기업화 경영, 성과주의 등을 기반으로 한 경영 방식을 채택했다. 문화적 영향력과 문화창의산업

화산 1914 문화 창의 공원 공중 사진
_사진은 정진밍(鄭錦銘) 제공, Forgemind
ArchiMedia에서 인용한 것이며 Creative
Commons가 권리를 갖고 있다.

의 가치를 고상한 소비수단으로 이해한 것이다. 이런 기조로는 진정한 창의 집단으로의 발전을 기대할 수 없다. 산관협력 기구의 조악한 상상력이 그대로 드러난 것이다.

화산문화창의공원 조직 변화표

연대	명칭	경영단체	주관기관	사용 및 공간 특성
1999 ~ 2003	화산예문특구	중화민국예술문화환경개선협회	타이완 성정부 문화처	사용 문턱이 낮고 유연성 높음. 전위예술 위주.
2003	화산문화창의공원	행정원 문화건설위원회	행정원 문화건설 위원회	담장 철거, 공간 미화, 지역사회에 개방.
2004 ~ 2005	화산문화창의공원	쥐위안橘園 예술 전시 회사	행정원 문화건설 위원회	임대료 증가. 연수회, 기자회 등의 활동 수가 전시와 실험적 창작 활동을 넘어섬.
2005 ~ 2007	화산문화창의공원	행정원 문화건설 위원회	행정원 문화건설 위원회	'신타이완 예술 문화의 별'과 협력하여 운영권 회수 계획을 세움. 새로 문화부 건물을 건설(이후 취소됨), 타이베이 중앙역 예정지와 결합하여 수도 문화 공원으로 삼음.
2008 ~ 현재	화산 1914문화창의공원	타이완 문화창의 발전 유한회사	행정원 문화건설위원회	위안류출판, 귀빈호텔, 중관 설계 등 세 기업이 모두 모여 만든 회사가 스타일 소비 공원 구역을 조성, 보기 좋고 먹기 좋고 놀기 좋고 즐기기 좋은 타이완 문화 창의 상품 진열장임.

 臺北市中正區八德路一段一號

13 치둥가 일본식 기숙사 보존 운동
– 역사의 흔적이 머물러 있는 옛 거리

　약 1920년에서 1940년 무렵 세워진 치둥가의 일본식 기숙사는 진산 남로와 중샤오동로 교차로에 위치한다. 류궁전瑠公圳을 따라 형성된 치둥가는 아치형의 독특한 형태로, 바둑판처럼 수직으로 뻗은 일반의 도로망과는 다르다. 치둥가의 좁은 골목길로 들어가면 일본풍의 검은 기와와 무성한 노목의 안내를 받아 도시와 차들이 만드는 소음에서 벗어날 수 있다. 그 도심의 소음을 대신하는 건 바로 그윽하고 고요한 삶의 정취다.

　치둥가는 청대에 산반차오가三板橋街로 불렸다. 맹갑(오늘날 완화), 석구(오늘날 송산)를 연결하는 중요한 '쌀의 길'로서 타이베이 성내(현재의 박애특구 일대) 지역에 식량과 석탄을 공급했다.

철거 위기를 모면한 뒤의 치둥가
53항 11호는 시 지정 고적이다.
현재 타이베이 친다오관(臺北琴道館)

일제시대, 타이베이 성은 동쪽으로 확장됐고 치둥가는 사이와이정에 편입됐다. 당시 이곳엔 일본인 관료들의 관사가 즐비했다. 남측은 총독부 고위직을 위한 관사들이, 북측에는 중·하위직을 위한 기숙사가 있었다.

중위안대학 건축학과 일본인 교수 호리고메 켄지堀込憲二는 말했다. "일본에는 현재 이와 같은 일본식 기숙사를 보기 어렵다. 이런 목조 건축의 수명은 대략 30년 정도라서 시간이 흐르면 바로 개축하기 때문이다. 그런데 타이완에 이런 건물이 아직까지 존재한다는 건 기적에 가까운 일이다."

그리고 우리는 이곳의 거리에서 구체적으로 체현된 사회구조를 확인할 수 있다. 역사의 결이 아치형 거리 위에 아로새겨져 층층이 교차된 과거. 이야말로 타이베이 도시 발전의 귀중한 증거가 된다.

보존과 철거의 제로섬 게임

일제시대의 관료 기숙사는 현재 토지개발 잠재력을 주목받는 공간이다. 2003년 타이완은행은 기숙사 파손 정도의 심각성과 안전 및 위생 문제를 이유로 기숙사 일부에 대한 철거 허가증을 합법적으로 취득했다. 치둥가 일본식 기숙사 중 거주자가 없는 8개 동을 철거한 후 공개 경매 방식으로 처리하려 한 것이다.

철거를 반대하는 현지 거주민 일부는 '치둥역사문화작업실齊東文史工作室'(현재의 화산공동체발전협회華山社區發展協會)을 만들어 일본식 기숙사를 보호하려 했지만 결국 철거를 저지하지 못했다. 치둥가 3항의 12호, 14호 그리고 16호 기숙사 2개 동이 즉각 철거됐다. 치둥역사문화작업실은 이 사건을 겪으며 구체적인 보존 대안이 없다면 철거를 피할 수 없다는 현실을 절감했다.

치열한 노력으로 치둥가 일대는 2006년 '보존구역' 및 '마을 풍경 보존 특정 전용구역'으로 지정될 수 있었다. 그러나 해당 지역의 토지 소유권이 타이완은행, 타이베이 시정부, 개인 등에게 제각기 속해 있어 굉장히 복잡한 상황이다. 그래서 이 구역은 시 관할의 시 지정 고적, 역사 관련 건물, 비非역사 건축물이 뒤섞여 있다.

일본식 기숙사의 철거·훼손을 방지하기 위해 타이베이 시정부는 치둥가 일대에 건축을 금지했다. 덕분에 치둥가 구역은 유적의 활용계획을 고민할 수 있는 시간을 벌 수 있었다. 치둥역사문화작업실은 지금도 여전히 치둥가 보존 활동에 주력하고 있다. 현 시점에서 공간 활성화와 재활용 운영이 가장 중요한 의제다.

타이베이 친다오관의 주요 건물.
때때로 음악을 연주한다.

새로운 가치의 소비관점을 창출하다

유적 보존운동이 으레 부닥치는 질문은 '왜 보존이 필요한가?'와 '누가 보존이 필요하다고 여기는가?'다. 이 질문들에 대한 보통의 반응은 다음과 같다. 첫째, 발전주의에 반대하며 발전은 해롭다는 사유. 둘째, 역사적 가치에 대한 전문가들의 해석과 정의를 활용하는 것. 또 다른 이들은 보존운동과 공공성의 문제를 연동해서 고민한다. 이럴 때 운동은 종종 역사보존을 우선하는 입장과 공간 활성화·재이용을 중시하는 입장의 논쟁으로 치닫는다.

간단하게 말해보자. 일본식 기숙사의 역사적 가치를 인정하는 동시에 '유흥공간 재사용'을 통해 새로운 가치를 부여해야 한다는 주장은 상호모순이다. 공·사유재산권이란 제한 속에서 공공 공간을 어떻게 형성할 것인지, 공간 재이용과 위탁 경영의 압력에 어떻게 대응할 것인지, 이 모두 보존운동의 난제다.

 臺北市中正區齊東街與濟南路一帶, 齊東街五十三巷十一號獲指定為市定古蹟, 其他為歷史建築

14 샤오싱 공동체 – 강제이주에 반대하고 공동주택을 요구하다

샤오싱남가^{紹興南街}로 걸어 들어간다. 지붕이 낮은 집들마다 항의 문구가 적힌 플래카드가 걸렸다. 처마 아래, 타이완 국기가 걸려 있고 낡은 흔들의자에 노신사가 앉아 있다. 그는 의자를 흔들거리며 읊조린다. "똑똑한 사람도 힘 있는 자 앞에서는 이치고, 도리고 따질 수 없다. 그런데 지금은 힘 있는 자가 똑똑한 사람을 만나도, 여전히 도리를 말하지 않는다." 그는 회해전투^{徐蚌會戰8}에 참전한 노병 장중량^{張忠良}이다. 국공내전 후 국민당과 함께 타이완으로 건너왔다. 그 후 이곳저곳을 전전하다가 결국 샤오싱에 정착했다.

8 1948년 11월 6일부터 1949년 1월 10일까지, 산둥 성 남쪽 및 장쑤(江蘇), 안후이(安徽) 북부에서 중국인민해방군이 중화민국국민당군을 결정적으로 패퇴시킨 전쟁. 국민당 군은 약 80만 명의 병력을 투입했으나 55만 명의 병력을 잃었다. 패전으로 장강 이북의 광활한 영토를 인민해방군에 넘겨줬다.

어느 집 앞 오후, 담소를 나누는
공동체 아주머니들의 일상
_샤오싱 커리큘럼(紹興學程) 제공

좁은 골목 안으로 진입한다. 나무 그늘 아래, 손길을 기다리는 재활용품이 쌓여 있고 근처 작은 집에는 84세 고령의 할머니가 거주 중이다. 할머니는 다리가 불편해 문밖을 나설 수 없다. 항상 이웃들이 순번에 따라 음식을 대신 사다 준다. 이웃들은 그녀가 하루 종일 텔레비전만 보면 시력이 약해질까 봐 집에서 할 수 있는 일거리를 찾아준다. 그녀는 매일 집에서 종이로 금괴나 연꽃을 접는다. 할머니는 다쟈大甲에서 타이베이로 시집왔다. 그녀는 집에 대해 이야기를 나눌 때마다 애당초 이 집을 사지 않았더라면 지금 쫓겨나지 않아도 됐을 거라고 울면서 먼저 간 남편을 원망했다.

샤오싱 인근에는 중정기념당中正紀念堂이 있다. 런아이로仁愛路, 샤오싱 남가, 린선남로林森南路와 신이로信義路에 둘러싸인 구역이다. 1940년대부터 정치 이민자와 지방 이민자들이 일자리를 찾고 상대적으로 저렴한 거주비용 때문에 이곳에 몰려들어 집을 짓기 시작했다. 일제시대의 의무관 관사도 근방에 위치한다. 최근 20년 동안, 샤오싱 공동체는 다른 지역의 마을이 철거될 때 집을 잃은 시민들을 받아들였다.

샤오싱 공동체 - 검은 개교기념일

샤오싱 지역의 토지는 타이완대학교 관할이다. 2011년 5월 타이완대학교는 중앙정부의 국유지 활성화 압력에 직면하면서 '교육 및 연구개발 공간 사용 수요'를 명목으로 샤오싱 공동체 주민들을 고소했

타이완 각지의 불법 주거구역 철거는 지난 수십 년 동안 이어졌다. 아직 남은 몇 안 되는 마을이 샤오싱 공동체처럼 빌딩숲 속에 섬처럼 고립되어 있다._샤오싱 커리큘럼 제공

다. 주민들은 주택 철거·토지 환급·부당 이익 반환 관련 소송을 겪게 됐다.

수백 명의 타이완대학교 학생들이 인권을 경시하고 주민들을 강제 이주시키려 소송까지 건 학교에 항의하기 위해 일어섰다. 검은 옷을 입고 노란 머리띠를 두른 채 제84회 타이완대학 개교기념일에 참석해 샤오싱 주민들을 향한 지지를 밝힌 것이다. 개교기념일 당일에도 타이완대학교는 주민들에게 긍정적인 반응을 보이지 않았다. 그러나 단식투쟁을 시작한 지 31시간 만에 타이완대학교는 주민들의 거주 및 생존권을 보장하라는 학생들의 항의를 수용하고 주민들과 함께 정부 관련 기관의 지원을 이끌어내기로 했다.[9]

일상실험 – 공공주택과 지역공동체 경제로 철거와 분양에 맞서다

2/3의 노년 인구와 35%의 법적·사회적 약자 인구(심신장애, 중저소득 가구, 저소득 가구). 타이베이 시 고령자 평균 비율이 약 30%임을 감안하면 샤오싱 공동체의 초고령층과 사회적 약자 비율이 상당히 높다는 사실을 알 수 있다. 철거 후 주거문제 해결을 위해 타이완대학교 사회학 대학원, 건축·도농연구소 그리고 사회학과 학생들이 샤오싱 공동체 분양 팀을 조직하고 실질적인 분양 계획 방안을 고민했다. 1여 년의 걸친 주민들과 타이완대학교의 지속적인 소통의 결과는 사회공공주택이었다. 학교 부지 개발 계획 결정에 기초해 기존 토지가 샤오싱 주민에게 분양됐다. 샤오싱 공동체 분양팀은 공동체 경제 모델을 발전시켜 거주 외 생계 문제까지도 해결했다.

이들이 제시한 사회주택과 공동체경제 모델은 학교와 주민 간 협상을 기초로 삼았다. 이 모델은 인터넷을 통해 전파·공유됐다. 대중은 '무허가 건축 가구 분양'에 대한 다양한 아이디어를 제시했다. 이로써

---

9 개교기념일, 샤오싱 주민들은 타이완대학교 학생들과 함께 학교 입구에서 단식투쟁을 벌였다. 학교 측은 이들을 저지하기 위해 안전확보를 이유로 경찰의 교내 진입을 요청 했다. 단식투쟁 2일째가 되자 학교 측은 여론의 압박에 이기지 못해 주민들과 협상을 시작했다. 비공개 합의에 성공했다. 학교 측은 주민들의 강제 이주를 취소했다.

대중의 공공주택과 지역 공동체 조직에 대한 지지를 획득할 수 있었다.

가장 중요한 건, 이 대안들이 모두 공동체 주민들의 공감과 동의에 기반한다는 사실이다. 2012년 여름부터 팀 구성원들은 공동체에 작업실을 설치했고 주민들의 참여를 요청했다. 여러 차례 논의가 이뤄졌다. 더딘 토론처럼 보였으나 주민들은 공공주택 분양의 비전을 점차 이해하기 시작했다. 이 비전으로부터 출발해 팀 구성원들과 주민들은 함께 타이완대학교의 정책 실시를 추진해나갔다.

바오창옌 판자촌 마을이 문화보존을 주장하며(타 지역으로의 안정적인) 주민분양이라는 목표를 달성한 것과 달리 샤오싱 공동체의 강제이주 반대는 현재진행형이다. 샤오싱 공동체는 사회주택과 공동체경제라는 새로운 모델을 통해서 주민들이 원 거주지역에 그대로 남을 수 있도록 했다. 그리하여 강제이주 반대 운동과 1980년대 시작됐지만 수년동안 힘을 비축하고만 있었던 민달팽이 운동(주거문제 운동)은 함께 성장할 수 있었다. 이들과 국가의 전체 주택 정책에 대한 대화는 새로운 사회주택 제안으로 이어졌다.

臺北市中正區仁愛路一段'紹興南街'
紹興南街三十八巷圍園之街廓

2012년 개교기념일에 주민 왕창뱌오(王常彪)가 타이완대학교 교문에서 단식투쟁을 선언하자 학교 측에서 바로 긍정적인 입장을 표명했다. 이것은 이후 샤오싱 지역사회와 타이완대학교 양측이 협력으로 나아갈 새로운 길을 제시했다.

15

바오창옌
– 판자촌에서 예술촌으로

바오창옌寶藏巖은 딩저우로 3단의 강변에 산비탈에 기대어 형성된 지역 공동체다. 과거 주민들은 대다수 군인 가족들이었다. 쇠락한 도시와 주변적 삶의 기운이 뿜어져 나온다. 1993년, 이곳은 공원부지로 예정돼 철거가 예상됐다. 하지만 기획팀과 시정부 문화국의 노력으로 역사 마을로 지정돼 '바오창옌 국제예술촌'으로 거듭났다.

무허가 마을은 늘 '도시의 종양'으로 취급당한다. 청결, 진보, 질서의 도시 조성을 꿈꾸는 공권력에 의해 이런 지역 공동체는 늘상 철거위기 앞에 놓여 있다. 바오창옌의 사례는 시정부가 자원을 투입하고 보류됐던 계획을 추진한 드문 사례. 1997년 타이완대학교 건축·도농연구소는 '바오창옌 지역사회팀'을 조직하고 참여형 도시계획 개념을 관련 설계에 도입하려 했다. 그들은 지역 보존의 정당성을 설파하고 '무허가 주택의 풍경'이란 명칭으로 정부의 철거 정책에 저항해나갔다.

과거 바오창옌에는 강변을 따라 집들이 늘어서 있었다. 강변의 주택들은 2001년에 철거됐다._장리번(張立本) 제공

상식적으로 '전문적인 계획'에는 과학적 이성과 엘리트, 선지적 자세를 내포하고 있다. 이른바 '진보적 계획자'가 가장 기피하는 것은 이익과 권력분배에 착안한 정치적 음모다. 상대적으로 공동체 주민들은 지식이 일천하고 여전히 계몽을 기다리고 있는 집단으로 인식된다. 바오창옌의 사례를 통해 이들은 서로 조화할 수 있을 것처럼 보였다. 정부와 주민이 공감대를 형성하고 협력의 목소리를 냈을 때였다. 하지만 2007년, 시정부가 단수·정전 구역을 강제로 철거하자 바오창옌 지역 공동체는 투쟁을 시작했다. 이 와중에 학생 한 명이 현장에서 기흉발작으로 병원에 실려가기도 한다. 이로써 '주민 참여', '진보적 계획', '공생마을'이란 미명으로 가려졌던 실체가 폭로된 것이다. 문화국이 가장 선호한 계획은 '바오창옌 국제예술촌'이었다. 하지만 그 계획은 해당 지역의 맥락과 동떨어지고, 역사마을과의 연관성 또한 부족했다. 주민들은 이 '계획'에 대해 스스로 반성하기 시작한다.

바오창옌 공동체 구성원인 류이청劉益誠은 이곳에 거주한 지 3년째다. 그는 바오창옌 주민들에게 호응하는 한 편의 공개서신에서 다음과 같이 얘기했다. "바오창옌은 흔한 공동체 철거 문제가 아니다. 이는 '정치와 전문계획이 어떻게 병존하는가'라는 문제와 연관된다. 국가 기구와 공간기획자가 상호 모순하는 구체적인 문제다. 그러므로 타이완대학 건축·도농연구소가 바오창옌 문제에 참여한 것은, 단지 수세에 몰린 지역공동체 보존운동에 동참한 게 아니다. 정치와 기획의 상호 투쟁, 상호 모순적 사회관계 속으로 직접 뛰어들려 한 것이다."

그의 이야기는 짧았지만, 거기에 '바오창옌 계획'의 모순이 포괄적으로 담겨 있다. 현재 바오창옌에 위치했던 대부분의 주택은 이미 철거됐고 겨우 22가구의 주민만이 남았다. 겨우 살아남은 얼마 되지 않는 역사건축물 사용권은, 문화국이 추진하는 '바오창옌 국제예술촌'이란 명칭의 예술가 마을 기획에 편입돼버렸다. 당시 문화국장 룽잉타이龍應台는 '빈곤한 예술촌'의 필요를 호소하기에 이른다. 외국인 예술가를 초빙, 타이완에 거주하게 해 어려운 여건에서 빛나는 예술을 만들어내자는 이야기였다. 이런 류의 정책이 시행되는 과정을 목격하며 우리

왼쪽: 강변 지역을 철거하기 전 타이베이 시 문화국장
룽잉타이(龍應台)가 바오창옌을 방문했다._장리번 제공
오른쪽: 2004년 차스극단(差事劇團)이 바오창옌 절벽 면에서
천막극장 〈조음(潮暗)〉을 공연했다. 이는 조수(潮水) 소리를
이용하여 역사 속에서 침묵했던 노병의 마음을 소리에 비유한
연극이다._장리번 제공

2007년 1월 30일, 타이베이 시정부는 무허가건물 철거작업을
진행했다. 학생과 예술가들은 거주하는 집에서 쫓겨났고, 오직
소수의 주민만이 체류할 수 있었다. 현재 이 벽면은 바오창옌
마을 주민이 그려놓은 그림으로 덮여 있다._장리번 제공

는 알게 된다. '빈곤'이 어떻게 소비의 상징이 되는지, 또한 '빈곤'이 어떻게 우리가 응시해야 할 사회문제에서 다른 영역으로 이탈해버리는지를 말이다. '절대로' 해결할 수 없는 사회문제인 빈곤을, 예술촌은 이익을 위해 상징적으로 계속 전용轉用했다. '이국적 분위기'를 홍보의 동인으로 설정하면서 지역 고유의 흐름과 태생적으로 연결된 고리는 완전히 끊겨버렸다. 예술촌 입구의 경비요원은 '빈곤한 국제예술촌'의 순수함을 보호하기 위해 모든 출입자들의 출입목적을 확인한다. 그 목적이 '관광'인지, '소비'인지를 말이다.

철거항쟁에서 예술의 이름으로 보존되는 긴 여정을 걸으며 우리는 아마도, 혹은 매우 아쉽게도 다음과 같은 잠정적인 결론을 내려야 할지도 모른다. 원래 계획팀이 제출한 '수단(바오창옌 국제예술촌 설치에 철거 이외의 선택지를 고르는 것)'은 보존을 위한 최종 '목적'이 됐다. 일련의 계획 과정에서 만약 우리가 권력의 핵심에 도전하는 것을 포기한다면, 그저 권력에 삼켜질 뿐이다. 이는 정부의 기획 사업을 담당하는 전문가라면 반드시 도전해야 할 핵심 문제일 것이다.

 臺北市中正區汀州路三段
二三〇巷十四弄二號

16 14, 15호 공원 – 우리집은 캉러리, 시청 불도저를 규탄한다

당신이 먼저 떠나가고 是你 先離開了

이 집도 하늘로 사라졌네 這個家園 飛上天去

모포를 붙잡고 울던 그날에 軍毯哭泣 的那天

산둥의 말투는 끝끝내 말이 없네 山東大調 終不能言

나의 고향은 멀리 떨어져 있어요 我的家鄉 離的遠

가지고 갈 수 없어요 모든 추억을 無法帶走 所有思念

먹기엔 너무 늦었어요 이 아침상을 來不及吃 這早餐

고향이 될 거라는 예언 卻成了家園 的預言

아저씨는 아침식사를 드셨어요 大爺 吃早餐了

가난한 이들의 무덤 바로 이 공원 窮人墳場 這公園

나는 아저씨에게 말해요 당신은 볼 수 있나요 我說大爺 你可看見

똑같이 붉은 피가 흐르건만 流著同樣 的鮮血

불도저가 밀어낸 고향 推土機碾過 的家園

아저씨는 아침식사를 드셨어요 大爺 吃早餐了

— 〈아저씨는 아침을 먹었다〉

(작사: 황쑨취안 · 양요우런楊友仁, 작곡: 양요우런)

징화品華호텔에서 아래를 내려다보면 넓은 녹지가 눈에 들어온다. 집중해서 자세히 들여다보면 도시의 흔적이 힐끗 보인다. 그 녹지 밑에는 직시하기 싫은 타이베이 성의 과거가 묻혀 있다. 이민자들이 만들어낸 도시.

공원의 탄생

14, 15호 공원은 일제시대 일본인 공동묘지였다. 제2차 세계대전 이후 숱한 정치 이민자들이 국민당 정부를 따라 타이완으로 옮겨왔다. 주택난이 극심하던 당시, 영민[10]과 그 가족들은 이 일대에 스스로 집을 짓고 거주했다. 캉러리康樂里란 이름의 판자촌이 형성된 것이다.

1956년, 타이베이 시 도시계획에 따라 공원 예정지로 편성되다.
1992년, 총통 리덩후이李登輝, 이 일대를 공원으로 신속하게 개발할 것을 지시하다.
1996년, 시정부가 이듬해 캉러리를 철거하기로 결정하다.
1997년 3월 4일 새벽. 캉러리, 평지가 되다.

시민의 공원, 빈자의 무덤

1997년 2월 26일. 철거 6일 전. 이웃이 아침식사를 갖고 왔다가 캉러리 주민 디쉬샹翟所祥이 반쯤 구부린 상태로 침대 가장자리에서 목을 맨 채 자살한 것을 발견했다.[11] 디 아저씨는 산둥 지난濟南 사람으로 1930년에 출생했고 퇴역 후 국가에서 주는 보조금만 수령하기 싫어 노점상에서 소룽포를 팔며 생계를 이어갔다. 그는 캉러리에 거주한 지 10여 년이나 됐지만 세입자였기 때문에 철거 이후 제공되는 주거 이전에 대한 자격도, 그 어떤 보상도 받을 수 없었다. 그는 영민의 집榮民之家 입주를 신청했지만 장화彰化 지역에만 여유분의 방이 있었다. 장화는 한

<hr>

10 영민(榮民)은 영예국민(榮譽國民)의 줄임말이다. 중화민국 퇴역군인에 대한 존칭이다. 영민은 항일전쟁과 국공내전에 참전했고, 국민당 정부와 함께 1949년 타이완으로 건너온 외성인들을 지칭한다.

11 당시 타이베이 시장 천수이볜은 다음과 같이 말했다. "그는 어디서도 죽기 힘든데, 굳이 여기서 죽었다."

이미 사라진 캉러리 마을_황쑨취안(黃孫權) 제공

1997년 3월 3일
저녁, 정부의 압박으로
강제 이전에 직면했던
다른 마을처럼
캉러리에도 대화재가
발생했다._황쑨취안 제공

평생 가보지도 못했던 곳이었다. 게다가 친한 친구들과 의사들은 모두 타이베이에 있었다. 결국 그는 누구의 도움도 받지 않고 스스로 목숨을 끊었다. 사망 당시, 그의 침대 가장자리엔 원 모양의 그림이 가득했다.

알아서 살라?

그렇다면 (정부지원) 자격에 부합되는 주민은 어떻게 됐을까? 시정부에서 각 가정에 지급한 10만에서 100여만 위안의 보상금을 수령했다. 일부는 기관(영민의 집, 광쯔廣慈박애원 등)에 보내졌고, 나머지 사람들은 '스스로 활로를 찾아야'만 했었다. 디 아저씨는 활로를 찾지 못했다. 다른 주민들은 어떻게 됐을까? 강제철거반대운동에 참여한 황쑨취안黃孫權의 책은 캉러리 주민이 찾아 나선 활로를 기록하고 있다.

13년간 줄곧 캉러리 골목 귀퉁이에 앉아서 도시의 번영을 바라봤던 한 여인. 지금은 몸이 불편해 최근에는 5층짜리 아파트 안에 줄곧 앉아 있다. 그녀는 아파트 위로 올라가는 그 순간 직감했다. 아마도 죽어서야 비로소 아래로 내려갈 기회가 생길 거란 사실을. 군인으로 참전했고, 가정을 이뤘고, 자식을 기른 한평생을 모두 사진으로 기록한 노병은, 지금 혼자 차가운 방구석에 앉아 있다. 이웃의 도움이 있어야만 삼시 세끼를 해결할 수 있는 본성本省 출신의 맹인 부인. 자식들이 출근하기 전, 미리 준비해둔 차디찬 밥을 먹는다. 사회복지 자원을 낭비하기 싫어하는 넝마주이 노인. 언제나 주차장 한편에서 웅크려 잠을 청해본다. 일찌감치 자식들에게 버려졌던 부부. 결국 자녀 곁으로 돌아갔지만, 그들은 강제철거 때 받은 보상금이 점차 사라지는 모습을 그저 바라볼 수밖에 없다. 옆집에 사는, 친아들처럼 아끼는 아이와 헤어지기 싫은 티엔 아저씨는 린썬북로林森北路에 있는 월세 9천 위안짜리 모텔을 선택했다. 40여 명의 주민들은 노동자레저센터勞工育樂中心에 살고 있지만 언제 쫓겨날지 알 수 없는 신세다.

녹색 불도저

"비록 고향은 사라졌지만, 캉러리는 아직 남아 있다. 만약 공원의 미래에 우리의 목소리가 없다면, 삐뚤어진 역사를 바로잡을 수 없단 사실을 우리도 잘 알고 있다." 양창링楊長爺은 논문에 캉러리의 이장 창주오슈長祚淑가 철거 3년 후 다시 고향(과거의 캉러리, 오늘날의 14, 15호 공원)을 방문해서 남긴 말을 기록했다.

> 시정부는 공원 조성에 대한 구체적인 계획도 없이 이곳의 판자촌을 밀어버렸다. 그들이 밀어버린 것은 단지 캉러리뿐만이 아니다. 수많은 사람들이 갖고 있던 고향에 대한 기억도 함께 밀려 사라졌다.[12]

14, 15호 공원 조성을 전후해, 도시 재개발에 따른 강제철거는 지금까지도 도처에서 이어지고 있다. 타이베이에서 공원 하나가 생기면, 주변 땅값은 상승한다. 그러나 집값이 기세 좋게 올라도 거주권 보장은 제공되지 않는다. 순식간에 모든 것을 집어삼킬 만반의 준비가 된 블랙홀이 존재하는 셈이다. 이 블랙홀은 높은 집값을 부담할 수 없는 빈민의 생존뿐 아니라 소위 성공한 이들의 인격도 함께 삼킨다.

 臺北市中山區新生北路二段／南京東路一段／新生北路二段二十八巷圍圍之街廓

---

12 천수이벤 시장은 다음과 같이 말했다. "국제적인 스타 마이클 잭슨이 징화호텔의 창문을 통해 타이베이에 이러한 빈민굴이 있음을 발견하게 된다고 생각하면, 정말이지 부끄럽기 짝이 없는 일입니다"

17 중산북로 포위 사건
– 거리를 가득 메운 항의민중

"전진하라, 전진하라, 타이완 인민이여 전진하라!" 항의 민중들의 '민주전차'는 멈추지 않고 리젠트호텔을 둘러싼 경찰벽에 충격을 가했다. 페트병과 계란, 낚시용 봉들이 경찰을 향해 날아들었다. 중산북로의 안전지대에는 이 사태를 바라보는 민중들로 가득했다. 바람에 흔들리는, 잎이 무성한 단풍나무에 황금빛의 조명이 드리워지자 그것은 마치 타오르는 불처럼 보였다.

이는 2008년 11월 중국해협양안관계협회海峽兩岸關係協會, 이하 해협회[13] 회장 천윈린의 타이완 방문으로 촉발된 대규모 항쟁이다. 이 시위는 원래 그저 몇 개의 반대단체(민진당, 티벳독립조직, 파룬궁 등)가 개별적으로 기획한 작은 항의에 불과했다. 하지만 결국 폭민暴民[14]이 타이베이 거리를 공격적으로 점령하는 사태로 변해버렸다. 천윈린은 타이완을 방문한

렌잔(連戰), 우보슝(吳伯雄) 등을 포함한 국민당 고위층은
중산북로에 있는 엠버서더호텔과 리젠트호텔에서
천윈린(陳雲林)을 초청해 만찬을 가졌다. 중산북로에는 대규모의
항의 시민들이 집결했다._tenz1225 제공, 創用CC 판권소유

역대 중국 관료들 가운데 최고위층이었으므로 그의 신분은 매우 민감한 것이었다. 당시 타이완은 2007년 세계금융위기와 GDP 하락, 양안 ECFA(양안경제협력기조협의Economic Cooperation Framework Agreement) 등을 경험했던 상황. 경제, 정체성, 안전 등 여러 방면의 미래에 대한 사람들의 불안이 번져가고 있었다.

11월 3일 정오, 천윈린이 그랜드호텔에 도착한다. 경정서警政署[13]는 7천여 명의 경찰력을 출동시켜 출입 도로를 봉쇄하고 항의 민중을 중산교中山橋 앞에서 저지했다. 고속도로에서는 티베트 독립 지지 세력 및 파룬궁 조직이 차량에 항의 깃발을 내걸었다. 민진당 의원 몇은 전날 밤 그랜드호텔에 미리 투숙했다. 천윈린 도착 당일, 그들은 호텔 발코니에 '강도 천윈린은 꺼져라', '타이완은 오로지 타이완이다' 등이 적힌 깃발을 높이 내걸었으나 곧 제압당하고 깃발은 철거되고 만다. 항의 시위는 곳곳에서 간헐적으로 이뤄졌다. 하지만 천윈린이 '국가원수급'의 경

---

13 중국해협양안관계협회(Association for Relations Across the Taiwan Straits), 줄여서 해협회(ARATS). 중화인민공화국 국무원 소속 기구다. 1992년 중화민국의 해협교류기금회에 대응하여 설립되었다. 양안 관계 사무와 회담을 전문으로 담당하며, 대사관의 역할을 수행한다.

14 폭민은 폭동을 일으키거나 참여한 민중을 일컫는다. 1990년대 국민당 정부는 시위에 참여한 학생들을 '폭민'으로 지칭해 시위의 내용보다는 이들의 불법적인 행동을 비판하는 언어적 도구로 사용했다. 이러한 흐름은 한국에서 민주화 운동에 참여한 사람을 '폭동'으로 지칭하는 것과 유사하다.

호와 대우를 받고 그랜드호텔 측에서 중화민국 국기를 내렸다는 소문
(국기를 내리지 않았다, 호텔에서 주동적으로 했다, 원래 국기가 걸려 있지 않았
다 등의 소문을 포함)이 퍼지면서 민중들의 불만이 터져나왔고, 인터넷에
는 '경총복벽警總復辟'[15]이 알려졌다.

둘째 날 밤 – 상양레코드

그랜드호텔이 국기를 내렸다는 소문이 돌았다. 그러자 본래 사분오
열돼 있던 국가·민족 정체성이 일순간 '국기수호'의 기치 아래로 집결
됐다. 천원린에 대한 '국기시위'는 중국과의 경쟁과 중국으로부터의 위
협에 대한 우려를 상징적으로 해갈한 것이다. 그래서 롄잔連戰이 엠버서
더호텔의 저녁 만찬에 천원린을 초청하자 민중들은 제각기 국기를 들
고 자발적으로 중산북로에 집결해 시위했다. 이때 인터넷으로, 경찰 측
이 항의 군중이 들고 있던 국기를 몰수했고, 양안 통일을 지지하는 인
사들이 중국 오성홍기를 흔드는 걸 허가했다는 사실이 전파됐다. 군중
들은 경찰 측의 법 집행이 부당하다며 항의했다. 군중의 불만이 경찰로
향하기 시작한다.

엠버서더호텔의 대각선 방향 중산북로와 민성동로民生東路 교차로에
위치한 상양上揚레코드는 타이완본토의식[16]을 담은 작품을 다수 발매
했던 가게다. 시위 군중과 경찰의 대립이 격화되던 그때 상양레코드는
〈타이완의 노래臺灣之歌〉 전집에 수록된 곡 〈그리운 북회귀선戀戀北迴線〉
을 틀었다. "세상 밖의 무릉도원, 아름다운 타이완, 자유로운 행복한
타이완인" 같은 곡조가 가게 스피커를 통해 바깥으로 퍼져나갔다. 노
래는 사람들 사이로 떠다니며 시위 군중의 마음을 달래주었다.

15 경총(警總)은 타이완경비총사령부의 줄임말
이다. 한국의 보안사령부와 비슷한 기능을
한다. 법 질서 유지를 명분으로 각계 반정부
인사들에 대한 각종 통신감청, 사찰 등을 주
도했다. 경총은 1992년 관련 업무를 관련
부처들에 이임하고 해안경비사령부로 변신
했다. 복벽(復辟)은 이른바 왕정복고, 군주
제로 돌아가자는 주장을 일컫는 말인데, 경

총복벽은 독재시대의 공안정국으로 돌아가
는 것을 비유하는 문구다.
16 타이완본토의식은 타이완본토화운동
(Taiwanization)에서 비롯된 것이다. 타이
완 고유의 역사, 지리, 문화, 언어, 주체의식
을 강조한다. 이는 국민당의 대중국논리와
반대되는 것으로 타이완 독립 주장의 사상
적 기반이다.

이때 갑자기 방패를 든 경찰이 상양레코드로 들이닥쳤다. 그들은 다 짜고짜 고함을 질렀다. "이 노래 누가 틀었나? 너희들 스스로 튼 것인 가?", "당장 스피커 꺼!" 경찰 진입 사실은 군중들에게 알려졌고, 사람 들은 바로 레코드 가게로 몰려들었다. 포위된 경찰은 재빠르게 가게 안으로 후퇴해 철문을 내리려 했다. 이때 철문 밖의 민중이 수차례 몸 을 부딪혔다. 이때 다수의 사람이 부상을 당하고 상양레코드의 철문도 망가지고 말았다.

이날 밤, 국기수호 사건과 상양레코드 사건으로 인해 본래 천원린을 향했던 시위는 국가권력 자체에 대한 도전으로 확대·심화돼버렸다. 자연스레 현장의 경찰은 폭민의 공격 목표가 됐다.

셋째 날 밤 – 리젠트호텔과 도시 포위

이틀 동안 발생한 과도한 법 집행에 대한 비판여론으로 경찰은 큰 압력을 받았다. 결국 타이베이 시 경찰국장 홍성쿤洪勝堃이 직접 사과하 고 제1선 경찰들에게는 근무 중 '지나치게 강압적인 태도는 지양할 것' 이란 지시가 내려졌다.

11월 5일 저녁, 우보슝吳伯雄은 리젠트호텔 저녁 만찬에 천원린을 초 대했다. 원래 700여 명이 경찰 병력이 이곳을 지키고 있었다. 그러다 저 녁 무렵 약 2,000여 명으로 증원되었다. 하지만 경찰 방어선은 중산북 로에서부터 호텔 앞 도로로 차차 축소됐다. 그날 밤 도대체 몇 명의 민 중이 집결했는지 아무도 알 수 없었다. 숭산松山분국장 황쟈뤼黃嘉祿는 이후 관련 질의를 받고선 "리젠트호텔 밖에 약 300~400여 명이, 린썬 북로에 약 300여 명이 집결했으며, 골목 안에도 유격전을 벌이는 수많 은 군중이 있다"고 밝혔다.

폭민들은 도시 골목을 휘저으며 경찰과 충돌하기 시작했다. 돌, 술 병 따위의 물건을 던지고 혼란을 틈타 기자들을 폭행하기에 이른다. 시 경국市警局은 아무런 대책도 없었다. 몇 명인지 헤아릴 수도 없이 모인 폭민들은 2천 명의 경찰 병력을 겹겹이 포위했다. 따라서 우보슝, 천원린, 하오룽빈^{郝龍斌} 등도 리젠트호텔에서 8시간 동안 빠져나올 수 없었다. 새벽 2시 무렵, 경찰이 강제로 포위를 뚫고 난 후에야 천원린 등은 호텔을 떠날 수 있었다.

다음 날인 11월 6일 오전, 민진당은 도시를 포위하는 시위를 전개했다. 군중들은 마잉주가 천원린을 접견하는 타이베이빈관^{臺北賓館} 밖에 집결했다. 경찰 측과의 유혈 충돌도 있었다. 저녁 무렵에도 중산북로 일대 거리에 수많은 폭민이 돌아다녔다. 그들은 중산교 앞에 집결해 특수경찰 번개팀Thunder Squad과 진압부대에 정면으로 대항했다. 온갖 유리병, 화염병, 배설물이 공중을 날아다녔다. 경찰 측도 경봉과 방패를 사용해 진압을 시작했다. 어떤 시민은 오토바이를 몰고 그대로 경찰벽과 바리케이트를 향해 돌진했다. 이 혼란 가운데 소수의 사람들은 체포됐고 경찰은 심야에 고압 물대포로 사람들을 해산시켰다.

폭민, 도시 속에 은신하다

사태가 일단락되자 마잉주는 민진당 주석 차이잉원을 질책했다. 차이잉원이 도시 포위로 인한 유혈충돌에 책임을 져야 한다는 것이었다. 민진당 측은 결백을 주장했다. 몇몇 조직폭력배가 군중 속에 들어가 난동을 부린 것일 뿐, 민진당과 무관하다는 입장이었다. 양측 주장의 옳고 그름을 떠나 사실 민진당이 관광버스를 이용해 타이베이로 인원을 동원하는 데는 한계가 있었다. 타이베이 시장 하오룽빈은 경찰 측 인원 149명이 부상당한 사실을 강조했지만, 당시 매일 현장에 있었던 군중, 군중 내 부상자가 몇 명이었는지에 대한 근거는 제시하지 못했다. 이 거리의 폭민들은 어디서 왔고 또 어디로 간 것일까?

당시 군중 폭동은 특정 지점만을 봉쇄하던 과거의 항쟁과는 다른 특이한 사건이었다. 폭민은 도시 각처에서 중산북로로 신속하게 집결했다. 동원의 속도는 과거 정당 운동의 그것과는 차원이 달랐다. 타이베이 시 경찰국도 손쓸 틈이 없을 정도였다. 사태가 일단락되자 폭민은 소리소문 없이 사라졌다. 일반 시민 가운데로 들어간 것이다. 폭민의 능동성과 은신성은 타이베이 시민운동이 새로운 단계—비정치적 집결 주체인 하층인민이 도시를 전장으로 삼는 거리의 유격전—로 들어서고 있음을 뜻했다.

上揚唱片行 : 臺北市中山區
中山北路二段七十七之四號

중산북로에서 철저하게 경계 중인 경찰.
노면 위, 국기 스티커가 산발적으로 흩어져 있다.
_tenz1225 제공, 創用CC 판권소유

젠궈맥주공장
– 푸르렀던 시절을 기억하는가?

"돼지고기는 먹어본 적이 없더라도, 돼지가 걷는 모습은 본 적이 있 겠지."

이 속담은 젠궈建國맥주공장 가이드 투어를 설명하는 가장 적합한 문장이다. 오랜 세월 란바이藍白맥주부터 Mine, 파인애플과 망고맛 맥 주, 다런거大仁哥를 응원하며 헤아리지도 못 할 만큼 들이켰던 18일타이 완생맥주18天臺灣生啤까지, 정말 많은 맥주를 마셔왔다. 그러나 당신은 타 이완의 맥주공장을 견학해본 적이 있는가? 맥주의 양조과정을 알고 있 는가?

맥주공장의 옛 사진. 당시 풍경에서 근방에
산이 있었음을 확인할 수 있다.

사람과 차량이 끊임없이 오가는 길목에 서 있자면, 동아시아에서 유명했었던 다카사고맥주주식회사高砂麥酒株式會社가 황량했던 들판 가운데 덩그러니 서 있던 1919년을 상상하기란 쉽지 않다. 당시의 콧수염小鬍子 사장도 이곳이 수십 년 만에 이 정도로 번창할 것이라고는 결코 예상하지 못했을 것이다.[17] 완화와 대도정 등 구도심이 발전으로 포화상태가 됐다. 그 바람에 발전의 경로는 타이베이 성 서쪽의 철로를 따라갔고 인근의 지가도 점차 상승했다. 게다가 담배주류공매국이 민영화되면서 독점이라는 보호막을 잃게 되자, 원가 경쟁이라는 압박 아래서 금싸라기 땅에 터잡은 이 공장은 수차례 폐업 위기에 내 몰렸다.

다행히 젠궈노동조합과 러산문교기금회樂山文敎基金會의 조직적인 투쟁으로 2000년 모든 맥주 생산설비는 고적으로 지정됐다. 타이완에서 공업생산 현장 테마로 보존된 첫 번째 고적이다. 뒤이어 맥주문화공원 조성을 발전 목표로 정하고 고적테마를 '살아 있는 보존'으로 정했다. '살아 있는 보존'이란 고적이 해오던 일, 즉 양조를 계속 해나간다는 뜻이다. 이는 오래된 건축 공간을 보존하고 근로자의 생활 원형을 유지하는 것이기도 하다. 따라서 지금의 젠궈맥주공장은 달리기를 하면 메아리가 울려 퍼지는, 그런 텅텅 빈 공간이 아니다. 또한 장소와 전혀 상관없는 부자연스런 작품들로 가득 찬 전시 공간이 아니라, 보리와 홉 그리고 봉래미蓬萊米 향기가 끊임없이 피어오르는 술의 나라다!

미로처럼 뻗은 계단과 복도. 한 번만 잘못 들어서면 바로 커다란 맥주통으로 빠져 맥주의 바다 속에서 익사할 듯 복잡하기 그지없다. 지난 80여 년간 맥주공장은 네 차례의 증축을 거쳤다. 홍루紅樓와 녹루綠樓 고적은 현대화된 공장과 각종 설비들에 겹겹이 둘러싸였다. 작업장 가운데 서 있으면 발효통 밑에서 나는 우르릉거리는 기계 소리만 들릴 뿐 바더로八德路가 내는 소리는 전혀 들을 수 없다. 동행한 가이드 우다거吳大哥는 1980년부터 젠궈맥주공장에서 일하기 시작했다. 그는 출근 첫날, 세 잔의 맥주가 그를 반겼고 곧바로 네 시간 정도 기억을 잃었다.

17 1919년에 설립된 타이완 최초의 맥주회사. 창립자는 일본인 아베 고노스케(安部幸之 助)로 콧수염은 그의 트레이드 마크였다. 맥주회사는 전후 중화민국 타이완 성 담배주류 공매국에 소속된다.

이 이야기는 맥주공장 노동자와 술의 애증관계를 짐작하게 한다. 그는 매일, 출근 직후 가장 먼저 몇 잔의 술을 시음해야 했다. 우다거는 그 일이 매우 힘들어 피하고 싶었다고 회상했다.

'누가 이곳을 우리보다 더 잘 알고 있을까?' 전시관 벽면에 진열된 멈춰 있는 사진과 달리 우다거는 그 자체로 살아 움직이는 한 편의 역사 같았다. 과거 근로자가 700~800명에 달했던 전성기 때는 부설 유치원, 야구팀, 직원 식당 등의 복지 시설이 있었다고 한다. 그러나 설비 자동화와 생산량 변화 등의 이유로 현재 직원은 93명에 불과하다. 독일제 주조 기구, 개방 발효통, 홍루 등, 많은 노설비들은 전시 공간으로 변신했다. 이 설비들은 모두 아직 사용 가능하다. 하지만 외관상 목욕통과 큰 차이가 없는 개방 발효통을 보다가 밖에 서 있는 까마득하게 솟은 밀봉 발효통을 다시 바라보면, 절로 생산량의 차이가 추산되는데 …… 그렇다. 지금 옛 설비로 술을 만드는 것은 마치 애들 장난처럼 보일 뿐이다.

그러나 우다거는 다른 견해를 말한다. 맥주문화공원은 문화와 교육을 결합할 수 있다. 커뮤니티 칼리지와 초등학교를 대신해서 실외수업 가이드를 할 수 있을 뿐 아니라 산학협력도 가능하다. 남겨진 설비들을 이용해서 학생들은 양조 실습을 하면 된다. 또한 맥주 축제 등의 행사에서 진귀한 양조 관련 골동품들을 활용할 수 있을 것이다. 도심 속에 놓인 이 작은 공장은 손익을 맞춰야 한다. 생산량을 희생하거나 근처 창고 경영을 외부에 위탁해 식당으로 쓰면서 발생하는 수익 같은 것에 의지해서는 안 된다. 오히려 기대야 할 것은 토지에 대한 이해와 '초심을 잃지 않는' 마음이다. 힘든 투쟁을 거쳐 겨우 남긴 이 진귀한 토지를 어떻게 더 제대로 활성화할 것인지 끊임없이 고민이 필요하다.

만화 『나츠코의 술』[18]을 본 적이 있는 사람이라면 신의 영역에 속한 좋은 술을 빚는 것은 엄청난 정신력과 체력이 소요되고, 경험이 풍부한 장인이 반드시 필요하다는 사실을 알고 있을 것이다. 컴퓨터의 미세한

---

18 오제 아키라가 1988년부터 1991년까지 고단샤의 만화 잡지 『모닝(Morning)』에 연재한 작품이다. 주인공 나츠코가 오빠의 유지를 이어 쌀로 술을 빚는 과정을 그렸다.

조정만으로는 '손맛'을 표현할 방법이 없다. 동시에 일 년 내내 같은 작업공간에서 함께 술을 빚으며 손발이 척척 맞는 파트너십도 있어야 한다. 나는 이것이 바로 젠궈맥주공장 노동조합의 고된 항쟁이 가능했던 원천이라고 믿는다.

당시 젠궈노동조합과 러산문교기금회의 추루화丘如華 등 문화인사는 노동권과 고적 보존 모두를 요구했고, 이로써 다른 배경을 가진 사람들이 맥주공장 문제에서 단합할 수 있었다. 고적 지정이 없다면 사람, 즉 노동자들만 이곳에 남을 수도 없었다. 이런 상호관계는 양조장 보존을 성취하고 고적 보존의 새로운 가능성을 열었다. 이는 양조의 마지막, 우리가 양주통실量酒桶室에서 바로 따라 마시는 1℃의 쌉쌀달콤한 신선한 맥주와 같은 일이다. 건배!

 臺北市中山區八德路二段
八十五號

왼쪽: 현재의 젠궈맥주공장
오른쪽: 맥주공장의 옛 사진. 사진 속 건물은 현재까지 남아 있는 녹루이다.

제3구역

다안 大安
원산 文山

19 화광공동체 - 금싸라기 땅 위의 유민들

화광 나의 집 華光我的家

우리는 함께 자랐지 我們一起長大

어린 시절, 기억, 그리고 향수 童年, 記憶與鄉愁

집으로 가는 길 어떻게 걸어야 하는지 回家的路該怎麼走

용수 나무 위의 새 둥지 榕樹上的鳥窩

이웃집의 불빛 鄰居家的燈火

만약 풍랑을 대피할 수 있는 항구가 사라진다면 若是失去避風港

눈에는 눈물이 흐르고 마음은 유랑할 수밖에 眼在流淚心在流浪

매화나무가 내게 분분히 용기를 주네 梅樹芬芳給我勇氣

굴삭기도 생명의 흔적을 없앨 수 없다 怪手拆不掉生命的痕跡

화광 나의 집 華光我的家

우리는 함께 자랐지 我們一起長大

눈물을 닦고 마음을 가다듬고 擦乾眼淚不流浪

집으로 가는 길 너는 나와 함께 걸어간다 回家的路你陪我走吧

눈물을 닦고 마음을 가다듬고 擦乾眼淚不流浪

집으로 가는 길 너는 나와 함께 걸어간다 回家的路你陪我走吧

— 〈화광은 유랑하지 않아〉
(작사 : 가오뤄샹高若想, 왕지웨이王基瑋.
작곡 : 화광공동체 방문팀 동위董昱)

감옥구에서 금싸라기 땅으로

20세기 초에 형성된 화광공동체華光社區를 남북으로 둘러싸고 있는 큼지막한 이 돌벽은 타이베이 부성臺北府城 철거와 인민에 대한 식민지 배자의 정치적 압박과 사상통제, 그리고 전후 빠른 도시 발전 때문에 유랑하고 이주해야 했던 인민의 역사를 보여준다. 이 돌들은 네이후內湖에서 왔고 과거 청대 타이베이 성곽의 일부분이었다. 일본인들은 이 성벽을 철거하면서 나온 돌을 모아 감옥을 둘러싼 높은 담장으로 썼다. 이 높은 벽 안쪽은 타이베이 형무소였고, 바깥은 형무소 간수들의 기숙사였다. 그래서 이 일대는 '감옥구監獄口'로 불린다.

제2차 세계대전 이후 혼란스러운 상황은 타이베이 인구의 대량 증가를 유발했다. 당시 타이완으로 유입된 인구는 약 90만 명 정도로 추산된다. 그중 1/3의 인구가 타이베이 지역으로 흘러들어 왔다. 당시 정부는 주택 정책에 주의를 기울이지 않았다. 그 와중에 타이베이 시와 기타 지역 간 불균형 발전[1]은 도시 이민자들을 끊임없이 타이베이로 유인했다. 경제성장에 집착하던 정부와 기업은 몰려든 이 인구를 단순 노

---

1   타이완도 한국처럼 근대화 진행과 수도 중심 발전의 궤적으로 성장한다. 일제통치 전까지 타이완의 중심지는 농업생산이 뛰어났던 남부지역이었다. 그러나 일제가 정치군사적 이유로 타이베이를 수도로 운영했고, 전후 국민당 정부가 이를 이어받아 북부 발전이 고착화됐다. 현재 타이완 남북 및 지역 간 격차는 상당하다.

집주인이 직접 지은 집. 손수 심은 매화나무가
화광구역 한편의 담벼락에 의지해 서 있다.

동력으로 치부했다. 따라서 거주 문제 같은 삶의 기본 조건에 관련한 이들의 요구는 언제나 정책의 주의와 시선에서 벗어나 있었다. 이 결과, 1960년대 타이베이 시의 1/3에 해당하는 인구가 '무허가 건물'에 거주하는, '대무허가 건물 시대'가 도래했다.

이런 상황에서 일본인이 기획·개발한 화광구역의 감옥과 관사는 국민당 정부가 접수했다. 구역 일부는 타이베이 구치소로 할당돼 법무부의 관리 영역에 들어갔다. 그러나 공무원 관사의 수량마저 부족했던 현실 때문에 정부는 공무원들이 빈 땅에 집을 짓고 살 수 있도록 묵인했다. 농촌에서 도시로 몰려온 이민자들 역시 뒤따라 이곳에 집을 지었고, '감옥구'는 점차 관사와 무허가건물이 빽빽하게 들어선 마을로 변해갔다.

그 시절의 '감옥구'가 지금은 '금괴'가 됐다. 2000년부터 정부는 타이베이 월가, 타이베이 롯본기 같은 발전 비전을 쉴 새 없이 발표한다. 하지만 정부는 땅을 평평하게 밀어버리는 재개발에만 집중했고 주민들의 거

2013년 3월 27일 새벽, 화광 주민들 및 주민 지지자들은
공동체 보호를 위한 첫 번째 철거반대운동에 나섰다.
이 장면은 주민들의 마음속에서 지워지지 않는
한순간을 담고 있다. 수개월 후 방문조사팀이 개최한
그림교실에서 많은 주민들이 마치 약속이나 한 듯
하얀 백지 위에 아래 장면을 그려 넣었다._화광공동체
방문조사팀(華光社區訪調小組) 제공

주권 보장은 홀시했다. 나아가 주민들이 '부당 이익'을 편취했다고 주장하기에 이른다. 주택 등기와 '점유' 상황에 따라 약 7백여 가정을 각각 합법가구, 불법가구, 무허가가구로 등급을 매겨 등급별로 처리했다. 이때 겨우 백여 가구만 합법가구 등급에 포함됐다. 합법가구에는 이사 비용 명목으로 150~200만 위안이 차등 지급됐고, 그 외의 불법가구와 무허가가구는 그 어떤 보상도 받지 못하고 소송에 걸려 쫓겨날 수밖에 없었다.

신과 인간 모두 유랑한다

우리가 이곳에 돌아왔을 때, 과거 우리가 흘러들어 왔던 이주의 발자취는 아마도 잊혔을 것이다.

이른 아침, 가오^高 아주머니는 집을 나선다. 중고 리어카를 사려는 것이다. 그녀는 다년 간 병들어 누워 있는 남편을 침대와 함께 리어카 위에 태우려는 계획이다. 부부는 집을 떠나 함께 유랑한다.

가오 씨네 집은 부모가 매입한 것이다. 그들은 이곳에 10여 년을 살았다. 정부가 여기서의 거주를 갑자기 불허하리라곤 단 한 번도 예상한 적이 없었다. 패소한 이후 가오 씨네는 정부에 수십만 위안의 벌금을 납부해야 했다. 하루를 더 살면 그만큼 벌금이 누적된다.

"그렇지 않으면 저희도 어떻게 해야 될지 모르겠어요……. 정부는 우리가 그들의 땅을 탈취했다고 말해요. 그럼 저는 이사를 해야죠. 그렇게 해야만 그들은 더 이상 우리가 그들의 땅을 탈취했다고 말하지 않겠죠……." 4년 전, 법무부는 가오 씨네를 기소하면서 철거, 대지 반환, 또 그간의 부당이익에 대한 배상을 요구했다. 패소 이후 가오 씨네 부부는 항소하지 않았다. "우리는 영악한 사람들이 아닙니다. 정부를 고발하지 않아요. 우리는 그저 살아갈 공간이 필요할 뿐입니다"라고 말한다.

신도 살아갈 공간이 필요하다. 그러나 타이베이에서는 인간이든 신이든 모두 자신의 의지와 상관없이 '유랑인생'을 살 수밖에 없다. 임수

---

2 도교의 신 임수부인을 모시는 사원이다. 임수부인은 당나라 때 태어나 24세에 임산부의 몸으로 지역 가뭄을 해결하기 위해 자신을 희생했다. 이후부터 출사과 마을 수호의 신으로 숭배받았다. 임수부인을 모시는 임수궁은 푸젠(福建) 성, 타이완, 동남아 일대 분포되어 있다.

궁<ruby>臨水宮<rt>임수궁</rt></ruby>[2]이 섬기는 신은 원래 국제학사<ruby>國際學舍<rt>국제학사</rt></ruby>에 모셔져 있었다. 1993년, 타이베이 시정부는 다안삼림공원<ruby>大安森林公園<rt>대안삼림공원</rt></ruby>을 조성하면서 불도저로 국제학사를 밀어버렸다. 신도 다른 곳으로 허겁지겁 이사해야만 한다. 그 신은 결국 화광공동체로 옮겨왔다. 그리고 지금까지 화광에서 20여 년간 살아왔던 신은 또다시 강제이전의 위기를 맞고 있다.

금괴인가 돌덩이인가?

"…… 여기가 어디지?" 당신이 여기까지 읽었다면 예전의 화광공동체로 걸어 들어갈 수 있다. 고층건물이 들어서면서 감옥구, 서민 공동체, 철거 반대 기지 등의 과거는 모두 사라져버렸다. 도시재개발 과정에서 화광지역은 '공터'가 됐고 '황금알을 낳는 닭', '금괴'라는 새 이름이 붙여졌다. 바로 이 위에서 거주했던 사람, 동식물, 공간과 시간의 흔적은 송두리째 뽑혀버렸다. 깨끗하게 비워진 이곳은 '타이베이 월가', '타이베이 롯본기'로 명명됐다. 우리는 바로 이곳에서 폭력적 정책이 사람들의 일상생활을 어떻게 진공상태로 만들어버리는지 목격할 수 있다. 시 중심의 생활공간에서 쫓겨난 사람들은 변경으로 이동했고, 지금 그들의 소재는 알 수 없다.

臺北市大安區金山南路二段「金華街」
杭州南路二段圍圍之街廓

집이 철거되고 몇 개월이 지나 아잉(阿英)의 딸은 혼자서 공동체로 돌아왔다. 예전에 살던 집은 이미 사라졌고, 심지어 집을 둘러싼 임시가림벽 때문에 그곳으로 진입할 수조차 없었다. 그래서 그녀는 임시벽 위에 자신과 어머니의 집을 그렸다.

112

7호공원 - 무허가 판자촌과 타이베이 돔 구장은 떠나고, 삼림공원과 관음보살만이 남다

무허가 판자촌과 타이베이 돔이 떠나다

21세기를 살아가는 당신이 차를 몰고 허핑동로和平東路를 뒤로한 채 신성남로新生南路를 따라 북쪽으로 가며 오른쪽을 보면, 보통의 도시에 선 만나기 힘든 울창한 숲이 눈에 들어올 것이다. 가만 그쪽을 살펴보면 구불구불 이어진 보도를 따라 여유롭게 산책하는 사람들도 볼 수 있다. 도시 한복판에 위치한 숲의 면적은 무려 약 26헥타르(260,000m², 78,650평)에 달한다. 위성 사진으로 보면 시멘트 숲 한가운데의 큼지막한 녹지가 유달리 눈에 띈다. 이 삼림공원은 타이베이 시 도심에서 가장 크며 타이베이의 폐로 불린다. 울창한 나무들뿐 아니라 곳곳의 화단, 수생식물 구역, 야외 음악당 등이 있는 이 공원은 타이베이 시민들의 여가와 휴식을 보장하는 중요한 곳이다.

하지만 1980년대로 시계를 되돌리면 완전히 다른 풍경이 보인다. 완런萬仁 감독의 1985년 영화 〈초급시민超級市民, Super Citizen〉은 시골에서 상경하면서 연락이 끊긴 한 젊은 누이의 시선으로 밝고 생생한 타이베이 빈민사회의 생활을 그려냈다. 비좁은 골목 안, 들쭉날쭉한 낮은 목조 건물, 이미 여러 차례 수리한 흔적이 있는 철판 또는 나무 판을 덧대 만든 지붕, 이런 모습들은 당시 도시 안에서 흔히 목격할 수 있는 풍경이었다. 1980년대 이전의 타이베이에는 국가로부터 주택을 분양받지 못한 말단 군인, 외성인 이주민, 타이베이로 상경해 일하던 본성인 이주민이 많았다. 이들은 대개 미개발 상태의 공공시설용 택지에 스스로 집을 지으며 주택 문제를 해결했다. 하지만 정부가 공원녹지 사업을 시작하면서 철거 및 이주 문제가 발생한다.

1980년대는 무허가 판자촌의 거주권 운동이 아직 존재하지 않았다. 하여 7호공원 예정지 일대 판자촌은 타이베이 시정부의 현금보상과 동시에 이주와 철거가 진행됐다. 그러나 하층민들은 현금보상만으로는 기존 거주 공간에 자리 잡을 수 없었고 결국 다른 무허가 판자촌, 예컨대 캉러리(2015년 현재의 15호 공원), 화광공동체 또는 샤오싱 마을 등으로 옮겨갔다.

7호공원의 개발 과정에서 쫓겨난 것은 무허가 판자촌의 하층민들뿐만이 아니다. 거기엔 알을 낳는 데 실패한 돔 계획[3]도 있었다. 1980년대는 공공시설 건설을 요구하는 사회 여론이 드셌다. 공원뿐 아니라 대형체육시설에 대한 각계의 기대 역시 컸다. 1986년 교육부는 다안공원 예정지에 3만 명을 수용할 수 있는 대형 운동장의 건설을 결정했는데, 이는 환경보호론자들과 공원 유지 지지자들, 그리고 환경 수준을 제고하려는 중산계급 시민들의 불만을 불러왔다. 운동장 건설이 소음과 대기오염, 교통 혼잡을 가져올 것이라 생각했던 것이다. 1980년대 후반에 열린 수차례의 공청회에서 환경보호 단체와 체육계는 이 체육시설 부지 지정에 대해 끊임없이 논쟁했다. '녹지는 필요하지만 돔은 필요 없다'라는 여론이 신문과 잡지 등의 매체로 전파됐고, 결국 정부는 체육관 건설 계획에서 손을 뗐다. 돔 건설 반대 여론 속에서 돔을 지으려던 계획은 계속 축소됐다. 애초의 대형 돔에서 중형 체육관으로, 그리고 다시 소형 지하 체육관으로 계획이 조정된 것이다. 최종적으로, 돔 건설은 무산됐고 황다저우黃大洲가 시장으로 부임한 후 삼림공원을 건설하기로 결정했다.

3 타이베이 돔은 거단(巨蛋), 즉 큰 알로 지칭된다. 이 용어는 일본 도쿄 돔의 별칭인 BIG EGG에서 유래됐다. 타이베이는 20년에 걸친 돔 건설 계획의 역사를 갖고 있다. 돔 예정지는 몇 명의 시장 임기 동안 환경문제 등으로 결정이 미뤄지다가 최근 숭산(松山)담배공장으로 최종 결정됐다.

삼림공원과 관음보살이 남다

7호공원 개발 과정에서 돔 건설계획 이외에도 공원 내 소재하던 관음보살의 거취에 대한 논쟁도 일어났다. 관음상은 대웅정사大雄精舍 창립자 추후이쥔邱慧君 거사가 발원하여 세운 것으로, 1985년에 조각가 양잉펑楊英風이 완성했다.[4] 공원 건설 후 관음상을 보존하자는 제안은 공원 예정지의 철거 및 이전에 협조하는 기독교 단체의 반대에 부닥쳤다. 기독교 단체들은 기독교인 철거민들을 설득하고 예배당 철거에 동의하는 등 자신들은 정부에 협조했는데, 불교의 관음상이 잔류한다는 건 불공평하다고 생각했다. 그러나 관음상 철거 주장은 곧바로 불교단체의 반발로 이어졌다. 1994년에 조직된 '다안공원 죽림선의구 촉진회大安公園竹林禪意區促進會'는 '관음상은 떠날 필요가 없다'는 청원을 발의했다. 스자오후이釋昭慧는 단식투쟁에 들어갔고 결국 '모두 관음보살을 지키자'는 운동이 개진됐다. 그들을 지지하는 사람들 속에는 다수의 국회의원과 정치인들도 있었다. 관련 여론이 분분하자 정부와 불교단체는 협상을 통해 예술보존의 명목으로 관음상을 남기는 대신 작은 관목으로 관음상을 둘러싸고, 관련 종교 의식은 하지 않기로 합의했다.

7호공원 관음상을 둘러싼 논쟁을 보면 종교 집단의 투쟁이 1980년대 이후부터 엄격한 독재국가의 통제에서 벗어나는 중이며, 타이완 사회의 주요 역량으로 발전하고 있음을 알 수 있다. 7호공원의 논쟁은 단순히 공원이냐 돔이냐의 양자택일 혹은 종교 간 경쟁이 아니었다. 이는 도시 공공 공간의 형성에 필수적으로 수반되는 충돌과 협상이었다. 일부 학자들은 이 충돌이 공공 토론의 영역에서 진행됐고 이는 시민운동의 역량 발전으로 이어졌다며 긍정적으로 평가했다. 하지만 환경보호단체 및 종교단체는 비교적 많은 정치·경제적 자원과 활용가능한 네트워크가 존재했기 때문에 공공의제에 자신의 목소리를 반영할 수 있었던 것이다. 공원, 관음상, 돔보다 그 땅 위에서 살아가던 무허가 판자

---

4 타이완 민간 종교는 불교와 도교가 혼합된 형태다. 각 마을마다 신을 모시는 사원이 최소 하나는 있다. 사원의 불상은 마을 수호신의 현신으로 여겨진다.

촌 주민들의 의견수렴이 선행됐어야 했다. 그러나 이들은 이 논쟁에서 자신들의 그 어떤 목소리도 제대로 내보지 못하고 묵묵히 도시 외곽으로 이주했으며, 침묵으로 개발의 첨병인 녹색 불도저를 기다릴 수밖에 없었다. 바로 여기, 1990년대 후반 전개된 판자촌 철거 반대 운동의 뇌관이 묻혀 있다.

 即大安森林公園：
臺北市大安區新生南路二段一號

관음보살상은 최종적으로 예술품이란 이름으로 보존되었고, 대나무 숲과 낮은 관목에 둘러싸여졌다. 더이상 '향을 피우고 절을 하는 등의 종교 행위'를 진행할 수 없다.

21 융캉공원 보존운동 – 부르주아지의 부상

부르주아지의 부상

해질 무렵, 수많은 인파와 차량이 오가는 거리 입구에 서 있다. 길게 줄이 늘어선 딤섬가게 딩타이펑鼎泰豐에 잠시 한눈을 팔다 부지불식지하철 둥먼東門 역이 뱉어내는 인파에 쓸려버린다. 귓가로는 알아들을수 없는 외국어가 속사포처럼 스쳐가고 눈으로는 화려한 네온사인과부동산 광고가 담긴다. 정신을 차릴 즈음이면 이미 나는 더위를 쫓는'망고빙수가게' 앞에 줄을 서 있다.

이곳은 10분이면 다 돌아볼 수 있는 융캉가永康街다. 삼각형의 융캉공원을 중심으로 빌라 골목 사이사이에 각종 맛집, 이국 식당, 부티크샵, 예술문화 카페 등이 다양하게 들어서 있다. 이곳은 교통이 편리한데다가 인근에 다안삼림공원이 있어 부동산 시세가 끊임없이 오르고있는 번화가다. 타이베이 시정부는 이곳을 '캉칭룽 구역康青龍街區, 융캉가,칭톈가青田街, 룽촨가龍泉街'으로 지정해 국제 관광 명소로 만들었다.

융캉가는 왜 나타났는가? 삼각형의 융캉공원은 어떤 스토리가 있을까? 조금 지루할지 모르겠지만 여기에 대한 답은 모두 역사의 근원으로부터 시작해야 한다.

청나라 통치 시기에 건설된 관개시설 류궁전瑠公圳 덕분에 융캉가 일대는 물길이 종횡으로 나 있는 논밭으로 가득찼다. 일제시대 말기, 일본정부는 타이완 통치 원리를 '식민지'에서 '내지연장주의'로 전환하고문화 및 지역에 대한 동화정책을 실시했다. 일본인들은 점차 원래 거주지였던 타이베이 성내를 벗어나 외곽의 후쿠주미정(福住町 현재의 둥먼東門 일대)으로 이주한다. 일본은 '공간 격리' 정책을 시행해 일본인과 타이완인의 거주 구역을 구분했다. 후쿠주미정에 거주하던 타이완인 가구들은 다른 곳으로 쫓겨날 수밖에 없었다.

이곳 부근에는 타이완대학의 전신인 타이베이제국대학과 타이완사범대학의 전신인 타이완고등교육학원이 위치했고, 또 인근에는 7호공원 예정지(오늘의 다안삼림공원)가 있어 거주 환경이 좋았다. 일본정부는 일본인들의 편리한 출입을 위해 돌길을 깔았다. 바로 오늘날의 융캉가다.

광복 후 '후쿠주미정'은 곧 '진화金華', '융캉永康', '리수이麗水' 등 장쑤성江蘇省과 저장성浙江省의 지명으로 대체[5]됐고 '융캉가', '융캉공동체'라고 불리기 시작했다. 원래 일본인 지배자들이 거주하던 구역도 국민당 정부의 고위 관리와 고급 장교들의 거처로 탈바꿈된다. 인근의 7호공원 예정지는 병영 주둔지가 되어 말단 군관과 가족들이 스스로 집을 짓고 살며 마을을 만들었다.

5 일제강점기 타이완 지명은 모두 '일본식'으로 제정됐다. 전후, 국민당 정부는 타이완 진주 후 지명을 모두 중국식으로 돌렸다. 타이베이의 경우 타이베이 역을 중심으로 동서남북으로 상실한 중국 대륙 지도를 대치시켜 각 구역 도로명을 해당 중국 대륙 지역 이름으로 정한다

융캉공원의 모습

1970년대 대량의 농촌 인구가 도시로 유입됐고 각종 중소형 기업과 지하경제가 차차 뿌리내리며 발전하기 시작했다. 하지만 융캉 지역의 풍경이 크게 바뀌는 건 1980년대 말엽부터였다. 인근의 신의信義구역이 타이베이 시 부도심으로 편입됐다. 당시 주5일 근무제 추진으로 도심 레저 활동이 유행했는데, 융캉가를 축으로 한 1km 범위 안쪽이 (휴일 꽃시장·옥시장, 다안삼림공원) 모두 휴식 레저 구역에 들어갔다.

1995년, 타이베이 시장 천수이볜은 융캉가의 확장을 결정하고 융캉가를 진화가와 신이로를 연결하는 11m 너비의 마을 도로로 만들려 했다.

참여식 계획설계와 사회적 배제

11m 도로 확장 계획에 따르면 이 도로는 융캉가 곁에 위치한 삼각형의 마을공원을 관통할 예정이었다. 공원 부지의 1/3가량이 징수되고, 59그루의 고목을 옮겨 심어야 할 위기가 닥쳐온 것이다. 주민들은 즉각 '융캉공원의친구永康公園之友' 조직을 만들어 융캉공원을 지키려 했다. 결국 이들은 공원의 전체성을 성공적으로 지켜냈다.

주민들은 공동투표를 통해 지역 공공 공간을 어떻게 활용할 것인지 결정했다. 또한 1996년 타이베이 시의 '지역환경개선계획' 제도 아래서 지역 주민들은 공동체 환경에 대한 자신들만의 비전을 제시했고, 공간 기획 전문가들과의 협조를 통해 공동체의 공공환경 개선을 꾀했다.

융캉가의 참여식 계획의 기원은 일찍이 1985년, 중위안대학 조경학과 후바오린胡寶林 교수와 위자오칭喻肇青 교수가 융캉가에서 진행한 '놀잇길遊戲巷'이라는 공간실험에서 비롯됐다. 이 실험은 매일 저녁 일정한 시간대에 융캉가 일대의 한 골목을 막아 차량 진입을 금지하고, 지역 아이들의 전용 '놀잇길'로 만들어보는 것이었다. 그러나 이 실험의 주요 참여자 대부분이 중산계급의 주민들이었고 해외 사례를 현지에 곧바로 적용시켰기에 주차장 부족 및 노점상 문제를 근본적으로 해결할수 없었다. 실험은 실패했다.

그러나 중위안대학의 조경학과는 이 실험을 통해 융캉 지역사회와 협력관계를 구축했고 이후 융캉공원 보전활동의 기획·설계를 책임졌다. 그리고 타이완대학 건축·도농연구소 또한 공동체의 조직동원 작업에 협조했다.

환경개선 계획이 직면한 가장 시급한 일은 바로 공공 공간 사용 방도와 계획 참여 주체 문제였다. 융캉공원의 기획·설계 과정에서 공원 일대의 노점상과 부랑자들은 배제됐다. 기획자들은 다양한 의견을 수렴하는 절충안을 찾아내려 했지만 지역사회 다수 주민들은 노점상과 노숙인들을 끝끝내 거부했다. 주민들은 이들이 가급적 빨리 이곳을 떠나길 원했다.

따라서 공원을 지켜냈고, 표면상으로는 지역공간 참여계획에 있어 커다란 성과를 달성했음에도 많은 사람들은 여전히 '공公'원의 공공성이 도대체 '누구를 위한 공공성'인지에 대해서는 깊게 생각하지 못한셈이다. 거리 실험 계획과 고목을 구하는 것에서부터 융캉공원의 운용 계획까지, 모두 지역의 중산층을 주체로 한 거주 환경의 수준에 대한 고민이었던 것이다.

'공공성'을 상징하는 거리와 공원이 배타적인 공공 공간이 되고 말았다. '누가 참여할 수 있는가'에 대한 상상은 여전히 가진 자들을 중심으로 하여 사용하는 이들을 배척하는 수준에 머무른다. 이런 핵심 가치가 타이완 사회를 계속 주도하고 있다. 예로부터 융캉가는 부르주아지의 국가인 것이다.

臺北市大安區永康街

융캉공원의 미끄럼틀 아래는 원래 개방된 훤히 뚫린
공간이자 노숙인들이 잠시 머무는 곳이기도 했다.
훗날 일부 주민들에 의해 막혀버렸다.

22

린이슝 가택살인사건
– 원한마저 삼켜버린 공의의 빛

1979년 12월, 메이리다오美麗島[6] 사건에 관련된 당외운동인사들이 당국에 의해 줄줄이 구금됐다. 당시 성의원省議員이던 린이슝林義雄[7]도 수감의 행렬 속에 있었다. 이듬해 2월 28일, 린이슝은 메이리다오 사건 군사재판을 위해 열린 첫 번째 조사 법정에 출석한다. 그러나 타이베이시 신이로 옆, 메이리다오 잡지사 아래층 린 씨의 집에서는 유례 없는 비극적 일가족 살해사건이 발생했다. 60세인 린이슝의 모친 린유아메이林游阿妹 여사와 이제 갓 일곱 살이 된 쌍둥이 딸 린량쥔林亮均, 린팅쥔林亭均 세 사람이 살해당한 것이다. 열 살이 된 장녀 린환쥔林奐均도 여섯 자상을 입고 병원으로 호송돼 응급치료를 받았다. 린이슝의 부인 팡쑤민方素敏은 당일 가족의 군법정 방청 때문에 집을 비웠기에 다행히 화를 피할 수 있었다.

1980년에 발생한 이 일가족 살해 사건과, 33년 전에 발생한 2·28사건에 대한 아픈 기억, 그리고 메이리다오 사건에 대한 대진압까지 타이완의 각계각층 사람들은 경악했다. 당시 총통 장징궈蔣經國조차도 린이

---

6 독재정권에 반대하는 당외인사들은 메이리다오 잡지사를 중심으로 활동하고 있었다. 이들은 1979년 12월 10일 세계인권의 날을 맞이해 41주년 경축 집회를 개최했다. 집회 당일 정부 당국과 집회참여자들 사이에 무력 충돌이 발생했고, 이후 관련자에 대한 대대적인 체포가 진행된다. 체포자 중 대다수는 징역형에 처해졌다. 이 사건을 계기로 당외인사들의 단결은 더욱 공고해 졌고, 타이완 민주화에 불을 당겼다. 한편 이들의 변론을 맡은 천수이볜은 훗날 중화민국 총통에 당선되면서 첫 번째 정권교체를 이뤄낸다.

7 중화민국 정치인. 민진당 주석(1998~2000)을 역임했고, 2000년 천수이볜 총통 당선 및 최초 정권교체에 크게 기여했다. 타이완대학교 법학과 출신 변호사로 1970년대 민주화 운동에 투신했다. 메이리다오 사건 당시 반란죄로 체포되었고, 12년 형에 처해졌다. 1984년 감형 및 가석방 된 후 미국으로 건너가 하버드대학교 법학 석사학위를 취득한 후 영국으로 건너가 정부조직과 정치운용에 관한 이론을 연구했다. 그 후 다시 타이완으로 돌아와 각종 정치활동에 참여했다.

슝을 즉시 석방하고 관련 기관에게 전력을 다해 책임감을 갖고 사건을 해결할 것을 지시할 정도였다. 그러나 이 사건은 여전히 미제로 남아 있다. 당사자인 린이슝과 팡쑤민이 슬픔과 괴로움에서 벗어났고, 요행히 화를 면해 목숨을 부지한 린환쥔도 이미 한 아이의 어머니가 됐다. 하지만 이 비인간적이고 비극적인 사건은 타이완 민주화 과정과 배후의, 얼룩진 혈흔으로 남겨진 증언이다.

살인범의 동기는 도대체 무엇이었을까? 30년이 지난 지금까지도 그 동기는 정확하게 밝혀지지 않고 있다. 다만 검찰과 경찰의 조사를 통해 적어도 원한, 돈, 정분 같은 원인은 아닌 것으로 밝혀졌을 뿐이다. 사회각계 인사들 대부분은 이 사건이 정치적 암살이라 주장한다. 린이슝은 메이리다오 사건의 주요 용의자였다. 사복경찰은 일찍부터 그의 집 주변을 삼엄하게 포위했다. 범인은 당시 층층이 구성된 감시를 뚫고 주택에 침입해 살인을 저질렀고, 또 들키지 않고 집을 빠져나갔다. 사건은 린이슝의 조수 톈츄진田秋堇이 귀가 후 현장을 발견해 경찰에 신고를 하며 드러났다. 린이슝이 집에 보관하던 귀중품들은 그대로였다. 강도살해 사건이 아니었다. 범행 수법으로 칼을 쓴 걸 보면 생명을 뺏으

린이슝 선생의 옛 주택. 살인사건 발생 이후,
타이완기독장로교회 이광(義光)교회로 개축했다.
_MiNe(sfmine79) 제공 , 創用CC 판권허가

려는 의도가 분명했다. 그래서 많은 사람들은 이 참혹한 사건을 국민당 정부가 당외인사에게 경고하기 위해 저지른 암살이라고 여겼다.

국민당 지도부도 사건 직후 입장을 밝혔다. 그들은 린이슝을 보석으로 풀어주고 집으로 돌아가 장례를 치르도록 허가했다. 국민당 부비서장 관중경闕中更은 친히 병원에 방문, 총통을 대표해 린 씨 가문과 당외인사들을 위문했고, 헌병과 경찰이 최대한 조속히 사건을 해결하도록 조치했다고 밝혔다. 심지어 총통은 500만 위안이라는 고액의 현상금을 내걸었다. 하지만 30여 년이 지난 지금까지도 사건은 여전히 해결되지 않고 있다.

린이슝이 다시 수감되자 린 씨 가족은 경제적 압박 때문에 주택을 처분하려 했으나 타이완기독장로교회가 모금을 통해 주택을 구매했다. 현재의 이광교회다. 이광교회는 '화해, 용서, 평안'이란 복음을 선교의 목표로 삼는다. 또한 이 교회는 숱한 사회운동인사들이 잠시 머무르는 공간이기도 했다. 가령 1989년 신광방직회사 스린공장 여공들이 회사의 일방적 공장폐쇄에 항의할 때도 바로 이곳에서 휴식을 취했고 밤을 지샜다.

린 씨 주택살인 사건이 발생한 지 1년 후(1981년), 미국 유학파 학자 천원청陳文成 교수 의문사 사건이 터졌다.[8] 천 교수의 시신은 타이완대학교 대학원생 도서관 옆에서 발견됐고 많은 사람들은 이 의문사 역시 정치적 암살이라고 여겼다. 타이완 민주화 여정은 수많은 선열들의 목숨을 건 희생을 통해 정치와 언론자유의 공간을 확보했다. 원한과 대립은 믿음과 존중으로 바뀔 수 없다. 하지만 비극적 살해의 현장이었던 그 집은 어느덧 성경의 찬송가 소리 속에서 하느님을 숭배하는 희망의 장소로 변신했다.

---

8   천원청(陳文成, 1950~1981)은 타이완 린코우(林口)에서 태어났다. 젠궈(建國)고등학교를 졸업하고 타이완대학 수학과를 졸업한 후, 미국 카네기 멜론 대학교에서 28세의 나이로 통계학 박사학위를 취득해 조교수로 임용된다. 그는 타이완 정치에 관심이 많았으며, 일찍이 메이리다오 사건 당시 해당 잡지사에 자금을 지원했다. 이 때문에 경비총사령부 블랙리스트 인사 중 1인이었으며 7월 2일 체포되어 조사를 받게 된다. 조사 당일 밤 귀가했으나 다음 날 아침 타이완대학교에서 시신으로 발견됐다. 이 사건은 미제 사건으로 남아 있다

환쥔^{奐均}, 량쥔^{亮均}, 팅쥔^{亭均} :

나의 딸들아! 아빠는 매일 너희를 그리워한다.

너희들의 생일. 아빠는 가지 못하는데다 생일 선물도 사줄 수 없어 너무나 미안해. 아빠는 먼 곳에 있지만, 언제나 너희의 건강과 즐거운 나날들을 위해 하느님께 기도하고 있단다.

요새 피아노는 열심히 배우고 있니? 아빠가 집으로 돌아가면 너희의 피아노 연주를 듣고 싶어. 누가 더 잘 치는지 확인할 거야.

톈^田 아주머니가 집에 오면 다음과 같이 전해주렴. 그녀가 보낸 엽서와 물건은 이미 받았고 또 고맙다고. 그리고 그녀가 다른 좋은 일자리를 찾길 바란다고. 아주머니께 시간이 될 때마다 집에 자주 놀러 와서 놀아달라고 부탁해보렴.

서로를 사랑하고, 또 서로를 잘 챙기거라. 엄마와 할머니 말씀을 잘 드는 착한 아이들이 되거라. 알겠니?

아빠가 바라는 건 단 하나야. 얼른 집에 돌아가서 너희들을 안고, 또 너희들의 노래와 피아노 소리를 듣고 싶다.

너희들이 건강하길 기원한다.

나의 팅쥔과 량쥔의 생일을 축하하며!

아빠가

2월 2일 량쥔과 팅쥔의 생일에.

살인사건에서 불행히도 목숨을
잃은 쌍둥이, 량쥔과 팅쥔
_츠린기금회(慈林基金會) 제공

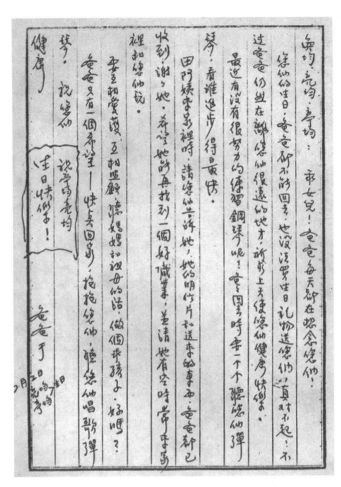

린이슝 선생이 가족에게 보내는 옥중편지
_츠린기금회 제공

義光教會(林宅原址)：臺北市大安區信義
路三段三十一巷十六號

23

타이완대학교 정문
- 교문을 나서서 사회로 나아가다

대학의 입구 – 덕을 쌓고 학문을 연마하며 캠퍼스로 들어가다

　2012년 11월 15일 타이완대학교 개교기념일, 샤오싱 공동체 거주권 보장을 지지하는 학생들이 항쟁을 시작했다. 이 항쟁은 2년째 이어져 오고 있었다. 이들은 교내 학생들에게 체육관부터 교문까지의 동반 행진을 호소하며 주민들과 함께 단식투쟁을 전개했다(사건의 상세한 내용은 샤오싱 공동체 항목을 참조). 당일, 학교 측은 경찰에 공문서를 보내 공권력 투입을 통한 교내 질서 유지를 요청한다. 교수와 학생들은 반발했다. 같은 날, 예술대학 지지자들에 의해 '돌려진', '타이베이제국대학'이라는 교명은 분명 이 사태를 풍자한 것이었다.

2012년 개교기념일, 실천예술가들이
타이완대학교 교문에 있는 교명을
'타이베이 제국대학'으로 바꿔버렸다.

고풍스러운 타이완대학교 교문은 1931년에 세워졌다. 그 역사는 일제시대의 타이베이제국대학으로 거슬러 올라간다. 1998년 타이베이 시는 타이완대학교 교문을 시 고적으로 지정하였다. 교문 내부를 따라 일직선으로 이어져 있는 야자수 대로는 타이완대학교의 대표 이미지다. 교문 바깥쪽으론 '대학광장'이라는 이름의 넓은 아스팔트 공터가 깔렸다. 대학광장은 초목이 무성한 푸쓰녠傅斯年공원과 낮은 담 하나를 사이에 두고 있다. 평상시 광장은 분주하게 오가는 학생과 자전거, 스케이트 보드를 타는 청년과 거리 예술 공연가들의 모습들로 채워진다.

역사가 유구한 교문은 단지 '문'의 기능뿐 아니라 많은 상징과 의미를 갖는다. 연합고사로 학생을 모집하던 시절, 합격자 명단은 타이완대학교 교문에 걸렸다. 매년 8월 초 합격자 발표날이 되면 수많은 학생들과 가족들이 교문 앞에서 절박한 마음으로 명단을 대조하곤 했다. 합격자 가족은 그 명단 앞에서 단체 기념사진을 찍었다. 합격자 명단에 이름이 들어가 있는 건 성공의 보증수표를 받는 것과 같았다.

대학의 출구 – 사변비판, 사회로 나가다

계엄 시기, 대학광장은 정치 및 사회 운동의 중요 집결지였다. 또한 무수한 학생운동, 시위, 연좌, 단식이 진행되고 각자의 정견을 강연·발표하는 공간이기도 했다. 학교 측은 군중들이 이곳에서 벌이는 정치적 항쟁 활동을 막으려 들었다. 1979년, 삼각형의 화단과 담장을 설치해 광장을 작은 공간들로 분할시켰다. 이 설치물들은 2004년에 이르러서야 철거됐고 그제서야 20여 년 전 광장의 모습을 회복할 수 있었다.

1970년대 이전, 독재체제의 강력한 통제는 타이완 사회의 '침묵'과 '함구'를 강요했다. 캠퍼스의 분위기 또한 다를 바 없었다. 사회정치 이슈에 대한 학생들의 관심은 터부시됐다. 그러나 이 엄혹한 시기에도 학생이 중심이 된 사상운동이 싹을 틔워내기 시작했다. 1971년 '조어도 보호운동保釣運動'이 발발했고 그해 4월 15일, 시위 학생들은 타이완대학교 교문에 집결해 미국 및 일본 대사관으로 항의 행진을 전개한다.

이런 민족주의 애국운동은 1973년의 '타이완대학 철학과 사건'[9] 이후 점증된 억압으로 인해 기세가 약해졌다. 그러나 학생들의 사회의식은 결코 약해지지 않았다. 이들은 시선을 사회서비스를 지향하는 사회단체 활동으로 돌려 1970년에 성립된 자유회慈幼會나 그 이듬해에 성립된 어촌서비스단체漁村服務社 등에 가입하기 시작했다.

1980년대, 타이완 사회의 민주화 운동이 폭풍처럼 거세게 몰아쳤다. 타이완대학에서도 '검열제 반대'와 '타이완대 학생회장 보통선거' 운동 등으로 기존의 학교 시스템을 고수하려는 세력에 대항했다. 1986년 '대학신문사'가 '정당의 캠퍼스 개입'과 '듀폰 기업 반대운동'[10] 관련 기사를 실었다. 학교 측 심사 기관은 간행물 심사 처리를 거부했다. 나아가 '규정에 의거하지 않은 채 심사를 신청했다'는 이유로 신문사에는 1년 간행 정지를, 3명의 관련 학생에게는 학사경고 처분을 내렸다. 대학신문사 편집장은 교문 입구에서 '자유의 사랑 고별 강연회'를 개최했고, 교내 결사단체 또한 '자유의 사랑' 운동을 연이어 성사시키면서 교내 권력 불평등 개선을 요구했다. 수년간 계속된 동원과 토론은 마침내 학생회장 보통선거 실시와 대학법 수정을 성사시켰다.

1990년 전후, 학생운동 역량은 과거에 비해 성숙해졌고 진일보했다. 여러 사회 문제와 직면하기 시작한 것이다. 1989년, 타이완대학교 학생회는 교문에 언론광장과 민주의 벽을 설치하여 각 당 후보자들의 강연을 요청했다. 학교 교문이 '민주광장'의 살아 있는 현장이 됐다. 학생들은 민주화 운동 외에도 각종 사회 의제 운동에 투신했다. 1996년 건축·도농연구소 '젠더와 공간 연구실' 학생들은 여자화장실 운동을 전개하며 교문에서 설문조사, 행동극, 오줌멀리 싸기 대회 등을 열었다. 이런 활동들은 여성 화장실 문제에 대한 사회의 관심을 끌어냈고 이윽고

---

9 1972년 12월부터 1975년 6월까지, 학생 신분 프락치가 타이완대학교 철학과 소속 중국자유파 학자들을 공격했고 이를 빌미로 당시 독재정권이 '반공'을 명분으로 숙청을 단행했다. 이 사건으로 해직된 교수들은 1990년대 계엄해제 이후, 해당 사건에 대한 진상규명을 통해 명예를 회복했다..

10 1986년, 미국 듀폰(DuPont) 기업은 타이완 서남부 장화현(彰化縣) 루강(鹿港) 일대에 이산화타이타늄(titanium dioxide) 등 환경 유해물질이 배출되는 화학약품 생산 공장을 설립하려 했다. 환경오염을 우려한 주민들이 '듀폰 기업 반대운동'에 돌입하자 듀폰은 1987년 들어서 공장 설립계획을 취소했다. 이 사건으로 정부는 1987년 환경보호서를 설립, 국가 단위에서 환경보호 관련 사무를 관장하기 시작한다.

관련법 개정으로 공공장소의 남녀 변기 비율을 1대 5로 높였다. 최근 학생들은 강제철거에 반대하는 거주민 권리운동에 집중하고 있다. 교문 일대 역시 여전히 항쟁, 연좌시위, 단식투쟁의 거점으로 작동 중이다('샤오싱 공동체' 부분 참고).

위: 1940년대, 타이베이 제국대학 정문
_저우광저우(周廣周), 타이완대학교 역사관 제공
아래: 1978년 12월, 미국이 타이완과 단교하고
중국과 수교할 당시 교문 앞에 만든 민주의 벽
_천구잉(陳鼓應), 타이완대학교 역사관 제공

대학의 입 - '잊지 마라, 잊지 마라'

대학 입구는 학교와 사회의 경계다. 학생들은 항상 이곳을 통과해 학교 캠퍼스로 들어간다. 이들은 이곳에서 자각하고 계몽하며 강연 등으로 집약되는 활동을 진행한다. 그리고 다시 이곳을 통해 사회로 나간다. 이렇게 축적되는 학생운동을 통해, 대학 정문은 더 이상 단순한 경계나 광장이 아닌 대학의 입으로서 학생들과 그들의 운동의 서사를 전파한다. 교문은 3월 학생운동[11] 때 널리 불린 노래 〈메이리다오美麗島〉[12]처럼 호소하고 있다. "잊지 마라, 잊지 마라."

 臺北市大安區羅斯福路四段一號

---

[11] 1990년 3월 16일부터 22일까지 전개됐다. 야생백합 학생운동 3월 학생운동으로 불린다. 최대 6000여 명의 학생들이 중정기념당에 집결해 총통 직접선거, 반공체제 근간인 임시조례 폐지, 정경개혁 등을 요구했다. 당시 총통 리덩후이(李登輝)는 학생들을 직접 면담하고 모든 요구조건을 수용해 타이완 민주화의 새 국면을 열어젖혔다.

[12] 〈메이리다오〉는 1970년대 만들어져 발매 후 즉시 금지곡으로 지정되었다. 이 노래와 당외 잡지 〈메이리다오〉는 같은 이름으로 타이완 독립 정치의식을 담고 있으며 당외 운동 인사들에게 폭넓게 불렸다.

24

사범대학교 상권쟁의 사건
– 위대한 거리의 탄생과 몰락

　스타로師大路 일대의 룽촨龍泉, 구펑古風, 구좡古莊 3개 리는 일제시대 인근의 제국대학 및 고등학교의 교직원 기숙사였다. 제2차 세계대전 이후 량시츄梁實秋, 인하이광殷海光, 천지판陳之藩 등과 같은 많은 문인들이 이곳에서 교편을 잡고 생활의 흔적의 남겼다. 최근에도 도시를 주제로 작품을 쓴 많은 작가들, 가령 주톈신朱天心, 쉬궈지舒國治 등이나 품격 있는 생활을 제창했던 문인 고故 한량루韓良露가 바로 여기에서 문화예술의 정서를 이어갔다.

　타이완대학과 사범대학에 입학한 학생들도 이곳에서 대안적 문예 독립공간을 뿌리내렸다. 가령 라이브 하우스 '지하사회'나, 혼합커피와 독서 그리고 음악을 테마로 삼는 '미창米倉', '야근 커피夜班咖啡', 'MO! Relax Cafe多鬆' 등의 가게에서 다양한 사회운동과 문예창작을 잉태했다. 국립 타이완사범대학교 중국어교육센터 과정의 외국인 학생들은

사대 상권 일대는 찾는 인파가 많아 차량 한 대가 놓일
작은 공간만 확보하면 충분히 돈을 벌 수 있다.

이국적 스타일의 술집과 식당 및 영문 위주의 생활 정보 서비스 등을 이곳으로 옮겨왔다. 부르주아 중산계급, 독립 저항 인사 및 외국 문화 이외에도 사대 상권을 형성한 다른 중요한 요소는 바로 서민 음식 및 소비였다. 서민형 상가는 적당한 가격과 대중들이 선호하는 스타일로 많은 학생과 시민을 매료시켰다. 이처럼 다양한 스타일의 혼재는 풍부하고 다양하며 활력이 넘치는 사대 생활권을 형성했다.

그러나 상권 발전 과정 중에 형성된 이질적 생활 양식의 공간 형태는 갈등을 빚어냈다. 1987년, 사대로 인근 주민들은 주거환경 유지와 보호를 위해 시정부에 사대로 주변 노점상 및 무허가건물 철거 및 곡선 모양의 사대미술공원을 세워 공터 개발을 촉구했다. 당시 쫓겨난 노점상들은 인근의 작은 골목으로 옮겨가 영업을 이어갔다.

2007년에 한량루는 푸청가浦城街에 남촌락南村落를 만들어 웰빙과 미식 문화를 이끌게 된다. 여행, 창의, 천천히 살기, 소소한 행복 등을 표방하는 부르주아 스타일의 상점이 스타로 상권에 출현했고 이는 공간 소비의 고급화로 이어졌다. 이런 추세에 발맞춰 일본, 한국의 길거리 유행 스타일을 위주로 하는 젊은이들의 의류 전문점이 등장했다. 이런 의류 전문점의 등장은 사대 상권의 모습을 빠르게 바꿔나갔다. 원래 이들과 공존했던 독립문화공간과 서민소비공간은 임대료를 지불하지 못하면서 도태됐다. 가령, 1층의 20평 요식업상가가 현재는 각각 5평의 네 공간으로 분할되어 옷 가게로 임대된 상태다. 이렇게 임대료 수입은 몇 배로 증가했다.

1층의 가게 면적이 과도하게 확장·분할되고 내부 인테리어가 끊임없이 개조되자 생활환경 악화에 대한 주민들의 불만이 생겨났다. 2011년 10월에 사대 일대 3개 리의 주민들은 자구회를 설립한다. 이들은 '조직폭력배의 점령'이란 신문 보도에서, 점포 고수익이 조직폭력배 개입을 야기했다고 강조하고 정부를 향해 불법 영업 가게들을 강력하게 제재하라고 요구했다. 정부의 미적지근한 대응으로 주민들과 1층 가게들의 대립은 격화됐다. 먼저 유명세를 자랑했던 외국요리 거리가 문을 닫았다. 상인 연합은 '노란리본으로 사대를 구하다' 운동 및 단체 청원 등의 행동을 전개해나갔다.

　토지사용 관련 구획 및 관리 측면에서 사대상권 문제는 타이베이 시에서 특별한 사례는 아니다. 인근의 융캉가永康街, 리수이가麗水街 혹은 린장가臨江街 등은 모두 주택과 야시장이 결합한 형태다. 중산계급 거주민들이 조직적 항쟁을 전개하게 된 진짜 이유는 아마도 청년과 유행 중심의 사대 상권 발전 경향에 대한 거부감 때문이었을 것이다. 자구회의 주장 가운데에 공공 안전을 제외하면, 항상 목격할 수 있는 '술은 향락과 문제를 만든다', '공원에서 밤새 고성방가와 주정 부리는 외국인', 또는 '사대공원이 떡실신 공원으로 전락하다' 등과 같은 발언들은 중산계급의 가치관에 기반해 제기된 고발이다. 이 때문에 사대 상권 관련 갈등은 표면상으로는 공동체·환경운동이지만, 실제로는 고급 엘리트 주민 대 노점상인과 무자본 청년층 간 공간 사용을 둘러싼 계급 투쟁인 것이다.

臺北市大安區師大路，延伸至泰順街'
浦城街'羅斯福路及和平東路所圍街區

상권 퇴출을 지지하는 공동체 측과 상권과의
공생을 지지하는 공동체 측의 힘겨루기

25 　찬추산 마을 보존운동

그날 저녁을 먹고 찬추산에 돌아오니 10시가 넘었다.

살아온 세월을 합치면 150년을 훌쩍 넘는 주민 두 분만이 광장의 긴 의자에 앉아 더위를 피해 서늘한 바람을 쐬고 있다.

"자자자, 우리는 방금 전까지 토론하고 있었네, 환민煥民을 어떻게 이용할지 말이네."

"여기 집은 아직 정리가 되지 않았네만, 내가 보기에 수리를 좀 해서 집 없는 이들에게 싸게 빌려주면 될 것이네!"

"아이고, 자네는 이미 나이가 많이 들었네. 그냥 시간을 내서 광장에서 사람 대접하고 그럼 될 걸세."

바로 이렇다.

우리는 거대한 광장에 서서 저녁 바람을 쐰다.

너의 한 마디, 나의 한 구절.

평범한 행복을 누리자.

　　　　　　　찬추산 마을 전경_좋은 두꺼비 작업실(好蟾蜍工作室) 제공

2013년 여름, 찬추산蟾蜍山, 두꺼비산에 5~6년째 거주 중인 한 다큐멘터리 감독은 권촌眷村[14]이 곧 사라질 것 같은 다급한 마음에 동서분주하며 단체를 조직하고 마을 보존과 관련된 일련의 행동을 전개했다. 찬추산 마을은 궁관公館 부근에 있는 언덕마을이다. 마을은 교통이 복잡한 지룽로基隆路와 뤄쓰푸로羅斯福路의 교차점에 위치하지만, 과거엔 군사통제구역이었기 때문에 찬추산은 번화한 도시 속에서도 고요한 마을을 이룰 수 있었다. 대부분 가옥들은 1, 2층의 단층가옥이다. 이곳의 특수한 역사적 환경은 여기를 시대의 정서가 짙게 풍겨나오는 건축물로 채웠다. 허우 샤오시엔侯孝賢 감독의 영화 〈나일의 딸〉의 촬영 배경장소도 바로 이곳이다. 찬추산의 산중턱 이상은 현재까지도 군사통제구역으로 묶여 있다. 주민들이 직접 지은 주택들이 산허리까지 올라가 있고, 구불구불 올라가는 계단은 마을 안 곳곳으로 뻗었다. 이는 모두 거주민 투쟁의 흔적이다. 이곳에는 일제시대의 농업시험소 직원 숙소, 공군마을인 환민신춘煥民新村, 정부에 기록되지 않은 못한 군인 마을, 그리고 도시 이민자들의 무허가 주택이 사방에 유기적으로 분포됐다. 산세

1987년 찬추산에서 영화 〈나일의 딸〉을 촬영한 허우 샤오시엔 감독은, 2013년 직접 환민신춘에 대한 지지의 목소리를 내었다. 그는 기자회를 열고 찬추산을 진마학원*의 기지로 삼을 것을 선포했다. 그는 영화의 힘으로 더 많은 관심을 불러오기를 희망했다._좋은 두꺼비 작업실 제공

* 2009년에 설립된 진마영화학원(金馬學院, Golden Horse Film Academy)은 해마다 10~12명의 잠재력 있는 중국어권의 감독, 작가, 촬영감독 등을 모집해 1달 동안 1~2편의 단편을 집단 제작한 후 금마장 영화제에서 상영한다. 공동 영화 제작 및 외부 강연 등을 진행한다.

를 따라 지어진 특이한 건축형태, 자가 건축의 성격, 그리고 한 세기를 뛰어넘는 생활상을 내포한다.

옛 이야기

청나라 시기, 신덴新店과 타이베이 분지를 연결하는 옛 도로는 찬추산을 관통했다. 이곳은 공관 지역에서 최초로 형성된 마을이다. 18세기 중엽 관개수로 류궁전瑠公圳[15]의 건설이 완성됐고, 이 물길은 찬추산 기슭에서 타이베이 분지로 흘러들었다. 그중 제1간선은 찬추산을 둘러서 동북 방향인 숭산구松山區로 흘러갔다. 지금까지도 많은 주민들은 어린 시절 대문 밖에서 수영을 하고 옷을 씻었던 기억을 떠올린다. 일제시대 식민정부는 찬추산에 타이완 총독부 농업시험소를 설립해 타이완 농업 근대화의 임상실험장으로 삼았다. 타이완 해방 이후, 공군작전지휘부는 전략적 고려 아래 찬추산을 기지로 정한다. 1953년 공군은 찬추산에 환민신춘을 건설하고 고향을 떠나 타이완에 정착한 군인들이 머무르게 했다. 이때 한국전쟁이 터졌고, 미군은 중화민국군과 협조해 찬추산에 연합작전센터를 설립했다. 그게 바로 오늘날 궁관 로터리 옆의 '13항공부대'다. 국방부에 등록된 군인들이 거주하는 환민신춘 외에도, 숙소를 분양받지 못한 많은 군인들이 이곳에서 자가건축으로 찬추산 중턱에 무허가 주택을 지었다. 얼마 지나지 않아 찬추산의 특수한 지리적 위치와 환경 때문에 더 많은 도시 이민자들이 이곳으로 몰려왔다. 이로써 찬추산은 타이베이에서 생존투쟁으로 지친 이들이 쉴 수 있는 공간으로 변모했다.

급변하다

1980년대 타이완과학기술대학교(이하 '과기대')는 부지 확장을 위해 찬추산의 원지주인 농업시험소로부터 토지사용권을 확보한다. 10여 년에 걸친 주민들과의 협조를 거친 후 '전 구역 주민의 적실한 분양 이

---

14 1949년 이후 장개석을 위시한 국민당 정부와 함께 건너온 군인들이 모여 만든 마을을 권촌이라 한다.

15 청대에 건설됐다. 신덴(新店) 일대를 수원으로 하는 관개수로. 타이베이 분지에 농업 및 생활용수를 공급했다.

후 개발'을 협의했다. 또한 도시계획위원회는 2000년 토지용도를 변경해 과기대 측의 토지사용을 허가하며 '선분양 후개발'의 조항도 덧붙였다. 하지만 과기대는 분양 자원이 부족한 상황에서 이를 확약하지 못했고, 십수 년간 해당 부지를 주차장 혹은 컨테이너 하우스 등 저가치 용도로만 사용되게 만들었다. 뒤집어 생각하면 타이베이 최후의 언덕마을 보존을 간접지원한 셈이다. 2010년 환민신춘의 가구들은 '노후 국군 군인마을 재개발 조례'에 의거해 다른 지역을 분양받았고 방치된 환민신춘의 주택들은 과기대가 최우선으로 철거해야 할 과녁이 됐다. 과기대는 이후 도시계획이 변경되리라 기대했다. 다른 세대들의 타지역 분양이 불확실한 상황에서 이곳에 기숙사 건물들을 세우려 한 것이다. 이런 시도가 찬추산 언덕을 파괴할 것은 자명했다. 군인마을과 공생했던 자가건축 마을, 농업시험소 숙사, 찬가이창蠶改場 숙소와 군비국 등 도합 70여 세대의 주민들은 과기대의 개발계획 때문에 위태로운 상황으로 내몰렸다. 학교 측은 2013년 도시계획위원회의 분양 요구를 무시한 채 일부 주민들에 대한 소송을 제기했다. '부당이익 환급, 주택 철거, 부지 환수'를 요구하는 내용이었다.

환민신춘을 포함한 전체 마을의 성공적 보존을 위해 현지 주민들은 예술문화종사자, 타이완 건축·도농연구소 교수와 학생들, 과기대 및 각 전문대학 학생들, 그리고 열정적인 카페주인들에게 호소하여 '좋은 두꺼비 작업실好蟾蜍工作室'을 설립했다. 또한 이들은 영화창작자연맹과 예술가친구들과 연대해 허우 샤오시엔 감독에게 찬추산을 위해 목

찬추산 마을광장의
별빛 하늘
영화_좋은 두꺼비
작업실 제공

138

소리를 내줄 것을 요청한다. 이들은 마을영화제, 한 집 한 요리, 예술가 가이드, 퇴비 수업, 전기를 사용하지 않는 음악회, 그리고 조용한 전람회 등, 일련의 활동으로 보존의 목소리를 드높였다.

문화경관으로

약 1여 년의 보존운동으로 2014년 7월 31일 마침내 타이베이 시 문화국의 찬추산 문화경관 지정 승인을 얻어냈다. 장기적인 보존유지계획이 나오기 이전까지는 창의적인 단기 '보온계획'으로 찬추산 마을과 환민신춘이 '개굴개굴산'의 활력과 온기를 이어가리라 기대하고 있다. 비록 보수적인 지주地主 과기대가 현재까지도 소극적인 태도로 일관하지만, 공동체 주민과 보존 운동가들은 여전히 지속적인 상호협력을 유지하는 중이다. 또한 과기대 학생회의 교내 역량이 서서히 응집되고 있는 현 시점, 찬추산의 미래는 어쩌면 이미 변화의 단초를 증거하고 있는지도 모른다.

臺北市羅斯福路一一九巷
四十弄至七十八弄附近

청대 개발된 류궁전은 찬추산을 관통했다. 많은 세대의 주민들은 여전히 어린 시절 집 문앞에서 수영하고 세탁했던 기억을 반추한다. 사진 속의 도랑은 오우양(歐陽) 가문 앞을 흐르고 있는 류궁전이다. _오우양 가문(歐陽家) 제공

26 자이싱 마을과 하모니 홈 항쟁
– 사랑의 이름으로

2006년 10월 11일, 황혼 무렵의 자이싱再興 마을. 학생, 직장인들이 귀가하는 발걸음 소리와 음식 만드는 소리로 평범한 중산계급 마을의 풍경이 채워진다. 마을 안에 위치한 5층 별장이 바로 하모니 홈²이 들어선 곳이다. 건물주의 인정 어린 도움으로 하모니 홈은 매달 상징적인 금액인 1위안만을 임대료로 지불한다. 이로써 20여 명의 환자들에게 자신들의 집이 생길 수 있었다. 그러나 그날 밤, 적막한 하모니 홈을 둘러싸고 불안한 기운이 감돌고 있다. 자원봉사자들은 후천성면역결핍 증후군에 걸린 아이들의 흐느끼는 울음소리가 이 적막함을 깨트릴까 안절부절이다. 아이들의 울음소리는 종종 주변 주민들의 항의로 이어졌고, 때로는 충돌까지 발생했다.

바로 그날 오후, 하모니 홈은 자이싱 마을 관리위원회와의 소송에서 패소한다. 관리위원회는 '주민은 공동체 건물을 법정전염병 환자를 수용·분양하기 위해 제공할 수 없다'는 지역 규약을 근거로 하모니 홈 협회에게 3개월 내 이주를 요구했다. 협회는 헌법에서 보장하는 인민 거주의 자유 관련 항목으로 에이즈 환자 거주권을 지켜내려 시도했지만 재판관은 개인 간의 법률관계, 가령 지역 규약은 헌법에 구속되지 않는다고 판단했다. 따라서 하모니 홈은 3개월 안에 자이싱 마을을 떠나야 했고, 이들 환자들(7명의 후천성면역결핍증후군에 걸린 아기들을 포함한)의 다음 거주지가 어디에 있을지는 아무도 답하지 못했다.

---

2 하모니 홈(關愛之家, HARMONY HOME ASSOCIATION, TAIWAN)은 2003년에 설립된 사회복지단체다. 현재 타이완 전국 6곳에 센터를 두고 있다. 후천성면역결핍증후 군 환자 및 가족을 돌본다. 현재 모두 140여 명의 감염자를 수용하고 있으며, 이외에도 관련 전화 자문 서비스 등을 제공한다.

다수의 사회복지 및 입양기구들은 이런 판례가 환자를 배척하는 님비적 심리 태도에 법적 근거를 제공하고, 각종 수용기구들의 입지를 좁히는 것이라고 우려했다. 잇따른 미디어의 보도는 하모니 홈과 자이싱 마을 사이의 긴장을 더 격화시켰다. 이전까지 수용센터의 연장자들은 적어도 새벽과 황혼이 내릴 무렵에는 마을 안에서 산책할 수 있었지만, 현재로서는 그저 집 안에 숨어 있어야 했다. 환자들은 이따금 마을을 출입할 때면 발걸음을 재촉해 재빨리 집으로 돌아와야 했고 집 밖을 공연히 돌아다닐 수도 없었다. 이런 상황에서도 일부 주민들은 마을 입구를 막아서고 환자와 자원봉사자들의 출입을 제지하기도 했다.

접촉의 쾌감과 공포

도대체 어떤 거대한 공포가 주민들로 하여금 자신의 집을 '수호'해야만 하도록 만들었을까? 마을 관리위원회 대표는 인터뷰 당시 이렇게 말했다. "여위고 허약한 노인이 공동체에서 생활하면서 때로는 넘어질 수도 있는데, 이때 붙잡을 수 있는 손잡이 하나는 있어야 하지 않겠어요? 전염병이 도는 등 만일의 사태가 일어난다면 우리는 매일 공포 속에서 살아가야 할 것입니다."

현대의 도시 문화와 생활은 많은 이들을 도시로 불러온다. 이 때문에 우리는 이 도시 속에서 각양각색의 이질적 신체와 문화를 접촉할 기회를 얻는다. 가령 사원이나 새해 축제의 인파 속에서 우리는 쾌감을 느끼거나, 혹은 도시 안의 이국적 풍경이나 식당을 찾아 소비하며 신선한 자극을 추구할 수 있다. 이렇게 긴밀한 접촉은 현대 도시의 활력과 기회를 가져오기도 하지만 동시에 질병에 대한 사람들의 공포 역시 탄생한다. 낯선 존재의 신체는 질병의 잠재적 숙주로 간주된다. 접촉은 때로는 쾌감을, 또 때로는 전염에 대한 공포를 동반한다.

질병에 걸린 신체에 대한 두려움은 곧 인격에 대한 힐난으로 전화轉化하고 질병의 오명을 구성한다. 사회학자 어빙 고프만Erving Goffman은 '오명화'를 보통 우리들의 사회적 가치로 인정받지 못하는 생리, 행위,

그리고 사회적 특징에 대한 반응이라고 지적한 바 있다. "'그들'과 몇 명의 동지들의 친밀한 행위와 대화를 지역 주민들이 직접 보고 듣는데, 더 이상 참을 수가 없다!"는 마을 관리위원회 대표의 발언은 질병과 신분, 그리고 오명 사이의 관계를 방증하는 것이다.

자아와 타자

이와 같이 질병과 관련된 공간인 후천성면역결핍증후군 환자 수용소는 오명화로 인해 님비시설로 전락했다. 반대로 이비인후과 같은, 감기 환자가 오가는 공간은 공기를 통해 병균이 확산되는데도 편의시설로 여겨진다. 그러므로 후천성면역결핍증후군에 대한 사람들의 공포는 실제 전염의 위험성보다는 '나와 다른 타자'에 대한 배척일 뿐이다.

자이싱 마을 입구, 하모니 홈은
골목 안에 은신하고 있다.

나와 타자의 공간 구분은 거주 공간에 그대로 투영됐다. 출입구를 경비하는 중산계급 마을이 만들어졌다. 부동산 시세, 주택 설계를 통한 동류의 집단, 수입이 비슷한 사람들을 걸러냈다. (이는 단지 가치적 구분이 아니라 실질적 구분이다. 미국에는 이와 유사한 숱한 클럽 형식의 출입구 경비 조직이 있다. 가입 전에 회원의 추천과 인터뷰를 통과해야 한다.) 완전한 보호를 통해 이질적 신체를 지역사회 밖으로 밀어낼 수 있었다. 공간의 구분은 종족과 계급, 성별의 불평등을 재생산했다.

공생의 시작?

2007년 8월, 2심 판결에서 하모니 홈이 승소했다. 판결에서는 '인류의 면역결핍병독 전염 방지와 감염자 권익 보장 조례'를 인용, 민간단체의 후천성면역결핍증후군 환자 수용과 공·사립 요양기구가 제공하는 안정·요양 서비스에 대한 멸시·거부가 불가하다는 점을 강조했다. 하모니 홈 승소 후 자이싱 마을과의 갈등은 점차 사그라졌다. 전 타이완에 있는 6곳의 수용센터에서도 더이상은 유사한 사건이 발생하지 않았다.

臺北市文山區興隆路三段

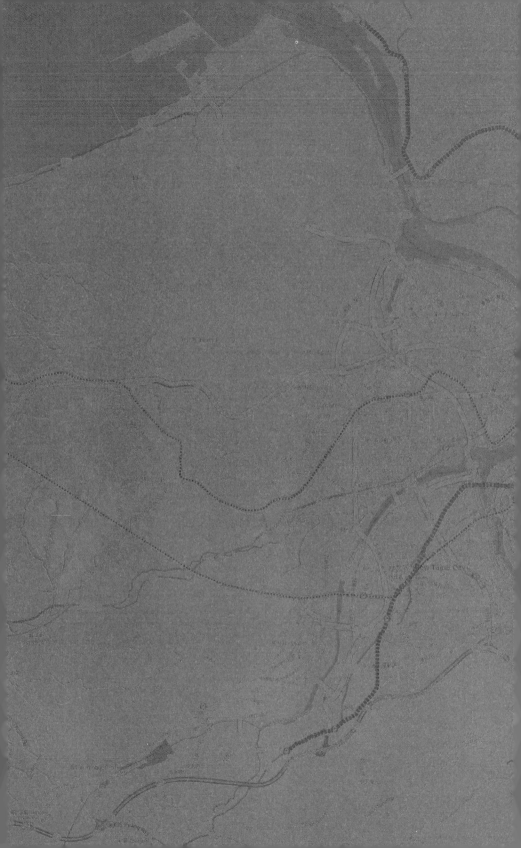

제4구역

숭산 松山

신이 信義

난강 南港

네이후 內湖

27

정난룽 분신사건
- 화염 속에서 불타오른 자유의 영혼

국민당은 나를 체포할 수 없다. 그저 나의 시체만을 가져갈 수 있다.
타이완인과 중국에서 건너온 사람들 사이에는
해결하기 힘든 원한이 있다.
그러나, 어쨌든 간에 이 원한은 반드시 풀어야 한다.

— 정난룽, 「독립은 타이완의 유일한 활로」

독재시대, 언론과 사상의 자유는 없었다. 국가는 백색테러부터 정부
기관을 통한 각종 수단(정식적 법조문을 포함하여)으로 인민의 입과 신체
를 속박했다. 경찰봉, 바리케이트, 최루탄 등은 항상 거리 위에서 저항
하는 민중을 기다리고 있었다. 이와 반대로 민주인사들은 잡지를 발행

민취안동로(民權東路) 3단(段) 106항(巷) 3농(弄). 온몸을
내던진 정란룽의 투쟁과 언론 자유 쟁취에 대한 공헌을
기념하기 위해 '자유항'이라 명명했다.

해 자유민주사상을 선전하고 시민의식을 깨우쳤다. 이는 정부에 대항하는 중요한 수단이었다. 정부는 상시적인 검열과 방해를 가했지만 시민들의 자유언론에 대한 갈망을 막아내진 못했다.

1984년, 정난룽은 잡지 발행을 위해 곳곳에서 대학 졸업증명서를 수집했다.[1] 그는 이 증명서로 모두 18개의 허가증을 발급받았다. 그래서 정부가 잡지발행을 금지할 때마다 매번 신속하게 복간할 수 있었던 것이다. 그가 창간한 주간지 〈자유시대〉는 "100퍼센트의 언론자유"에 매진했다. 그러나 이 잡지는 정난룽 최후의 유작이 된다.

1988년 12월 9일, 정난룽은 잡지 〈자유시대〉에 타이완독립건국연맹 일본 본부 위원장 쉬스카이許世楷가 작성한 「타이완공화국 헌법초안」을 게재했다. 이듬해 초, 정난룽은 고등법원 검찰이 발송한 소환장을 받게 된다. 소환장에 적힌 것은 '반란혐의'. 1월 27일, 정난룽은 잡지의 정신인 100퍼센트의 언론자유를 지켜내기 위해 법정 출석을 거절하고 스스로를 자유시대사 편집사무실에 71일 동안 구금했다. 4월 7일, 다수의 경찰 및 헌병 병력이 잡지사를 포위한다. 정난룽은 자발적 구금 종결을 거부했다. 경찰 병력이 문을 부수고 잡지사에 진입하려는 찰나, 그는 준비했던 휘발유를 몸에 끼얹고 분신 자살한다.

하지만 자유를 추구하는 정신은 정난룽의 사망으로 종식되지 않았다. 5월 19일, 정난룽 장례식 당일 그를 보내는 사람들은 영구차를 따라 총통부로 뚜벅뚜벅 걸어갔다. 언제나 그랬듯 바리케이트와 철조망 그리고 진압경찰들이 그곳에서 시민들을 기다리고 있었다. 경찰은 시민들의 총통부 접근을 막았고 강력한 물대포를 동원해 시민들을 해산시키려 했다. 이는 민중의 분노에 불을 지폈다. 사회 최하층에 속했던 잔이화詹益樺는 총통부 앞에서 분신 자살했다. 그는 자신의 몸에 준비해뒀던 휘발유를 끼얹었다. 그는 '타이완인으로 태어나, 타이완 혼으로 죽는다'라는 문구의 플래카드가 걸린 철조망으로 몸을 던지며 외쳤다.

"내 몸을 타고 넘어가라, 내 몸을 타고 넘어가라."

1　당시 잡지사 등록·발간에는 발행인의 대학 졸업증서가 필요했다. 〈자유시대〉(주간지)로 대표되는 정난룽의 잡지는 1984년부터 1989년까지 발행되었고, 이 기간 동안 명의가 50차례 이상 바뀌었다. 잡지 명칭 역시 자유시대, 선봉시대, 민주시대, 개척시대, 발전시대, 발양시대, 인권시대, 공론시대, 진보시대, 창신시대, 창조시대 등으로 계속 달라진다.

1989년 4월 7일의 자유시대잡지사는 타이완 사회의 길고 길었던 민주와 자유의 쟁취 여성에서 사람들이 가장 비장하게 요동친 순간에 놓여 있었다. 잡지사는 언론자유를 제창하고 독재에 항거했으며 민주역량이 집중되는 플랫폼이었다. 당시의 정당 조직은 수많은 제한이 뒤따랐으므로 당외인사들은 '잡지사'의 이름으로 당 조직 작업을 진행했다. 잡지사는 정보전달, 민주인사의 계몽활동 및 시민 조직의 핵심 거점이었다. 조직 구성 작업이 정부에 의해 발각돼 중지되는 일을 피하려 당외 잡지는 이름을 쉴 새 없이 바꿨다. 어떤 잡지사(가령 메이리다오 잡지사)는 당시 타이완 곳곳에 거점을 만들고 간행물을 발행했다. 1979년의 메이리다오 사건[2]은 국민당 정부가 반대파를 억압하고 당외조직을 와해시키려 벌인 진압이었다. 이 잡지사들은 이후 민진당 당 조직에서 중요 자산이 된다.

1991년의 독대회사건獨臺會事件[3]에 이르러서야 정부는 언론 통제를 제대로 해제한다. 당시 조사국은 칭화淸華대학 기숙사에 진입해 대학원생 랴오웨이청廖偉程을 체포했다. 같은 날 세 명이 더 체포됐다. 조사국이 스밍史明이 일본에서 조직한 '독대회'가 이미 타이완 내부에 조직을 형성했고 다른 학생들이 그 하부조직이란 주장을 근거로 이들을 체포한 것이다. 학생들에 대한 체포로 각계각층은 12일 동안 이어지는 항의운동에 돌입했다. 약 4만 명이 모인 시위대는 잠시 동안 타이베이 역 대합실을 점령하기도 한다. 이러한 압력으로 입법원은 긴급히 '반란징벌조례', '간첩숙청조례' 폐기법안을 통과시키고 형법 제100조를 수정했다. 이때서야 비로소 타이완은 진정한 언론 자유를 획득할 수 있었다.

2 메이리다오 사건과 관련된 당외인사 및 변호인은 훗날 민주진보당 핵심역량으로 성장한다. 대표적 예로 변호인 천수이볜(陳水扁, 제11, 12대 대만 총통)이 있다. 잡지사 부사장 뤼슈롄(呂秀蓮)은 제11, 12대 부총통을 역임(최초 여성 부총통). 잡지사 편집위원 천쥐(陳菊)는 현재 타이완 제2도시 가오

슝시(高雄市)시장이다. 그 외 인사들 대부분도 정계에 진출했다. 앞에서 소개한 린이슝도 메이리다오 시위에 참여했다.

3 1991년 5월 9일 중화민국 법무부 조사국이 독립타이완회 참가를 이유로 국립칭화대학에 진입해 학생, 사회운동가 등 모두 5명을 체포한 사건이다.

정난룽의 분신자살은 타이완 민주화에서 중대한 사건이다. 그리고 "나는 타이완 독립을 주장한다"는 정난룽의 외침은 이후 민진당의 시민호소 때마다 등장하는 중요한 문구로 자리매김했다. 그러나 현 시점에서 타이완의 언론자유와 정보의 농단 문제는 이미 독재정권의 정치적 억압에서 자본가에 의한 통제로 전환된 상태다. 눈앞에서 펼쳐지는 과거와는 다른 양상의 문제 앞에서, 더 이상 분신자살하는 열사가 모든 것을 바꾸리라고 기대할 수 없다. 정난룽이 죽음으로 읍소했던 그 고귀함은 결코 그가 무엇을 말했는가에 기반하지 않는다. 그 고귀함은 그가 자신의 생명을 내걸고 진정성 있게 실천한 '자유'에 대한 무한한 추구의 자리에 놓여 있다.

 鄭南榕基金會 : 臺北市松山區民權東路三段一○六巷三弄十一號三樓

왼쪽: 〈자유시대〉 주간지와 잡지사 인장. 당시 국민당 정부의 검열에 대응하기 위해 정난룽은 모두 18개의 허가증을 신청했다. 정부에 의해 폐간 명령을 받으면 다른 명의의 허가증을 사용해 잡지를 지속 발행했다. 계엄하에 가장 오랫동안 발행된 잡지는 5년 8개월 302권에 불과하다.
오른쪽: 정난룽이 자의적 구금을 하고 분신자살한 잡지사 총편집실 (정난룽이 누워 있는 사진은 장팡원이 촬영했다.)

28

융춘 재개발 논쟁 - 알박기? 융춘 호랑이

분명 재개발은 우리의 삶에 직접적인 영향을 줬습니다. (…) 겉으로 보기에 우리는 같은 곳에서 같은 삶을 살아가고 있습니다. 하지만 그 삶은 정부에게 플래카드를 들고 시위하고, 소송하는 삶입니다. 스트레스가 보통이 아닙니다. 생업에 종사할 수가 없어요.

— 도시재개발피해자협회 이사장 펑룽싼彭龍三이
주간지 〈파보破報〉와의 인터뷰 당시 한 말

도시재개발의 광포한 바람이 불어오는 곳. 언제나 그렇듯 바람 부는 대로 춤추지 않는 이들이 있다. 그들은 못집⁴으로 불리기 원하지 않는다. 그들은 자신들을 도시재개발이란 거대한 고래에 대항하는 '새우집蝦米戶'이라 부른다. 지하철 융춘 역永春站, 후린가虎林街, 숭산로松山路, 중샤오동로忠孝東路로 둘러싸인 이곳에는 이토록 용감한 사람들이 있다.

산산조각 철거되던
융춘마을은 폐허를
방불케 했다. 일부
가구는 철거에
반대하며 아직도
거주하고 있다.
_중성슝(鐘聖雄) 제공 **150**

융춘공동체로 불리는 이 아파트는 원래 경찰 기숙사였다. 최근 건설사는 도시재개발 계획을 추진하기 시작했다. 이 아파트에 사는 백여 가구의 주민 중에서 재개발에 동의하지 않는 건 아홉 가구다. 그중 다섯 가구는 아파트 한 동에 모여 있다. 이주에 반대하는 가구는 여러 해 진행된 항쟁으로 정부의 도시재개발 법령, 재개발을 실시하는 건설사, 나아가 재개발에 동의하는 옛 이웃과 대치하게 됐다. 결국 건설사는 2012년 말 이주에 반대하는 다섯 가구가 모여 거주하던 아파트를 재개발 범위에 포함했고, 다른 반대가구는 각기 다른 곳으로 분산시키려 했다. 철거에 반대한 가구들은 강제철거의 운명에 직면한다.

재개발 복권, '여기 사람 있어요'

반파된 '폐허' 아파트에도 여전히 사람이 산다? 이것은 재개발이 일궈낸 도시 풍경이다. 재개발에 동의한 주민들은 다른 곳으로 떠났다. 건설사는 아파트에 남아 있는 유일한 재개발 반대 가구를 협박하기 위해 먼저 다른 동의 아파트를 철거했다. 기괴한 풍경을 만들어낸 것이다. 현재, 풍경은 사라졌고, 사람은 떠났으며, 아파트는 철거됐다.

반쯤 공중에 걸려 굉장히 위험스럽게 보이는 이 집에 중진난 씨가 살고 있다. 중 씨 가족은 20여 년 전 윈린雲林에서 상경한 이촌향도 가구였다. 지금 살고 있는 집은 수년 간의 고생 끝에 얻어낸 유일한 삶의 터전이다. 중 씨네는 아파트 아래 층에서 작은 가판대를 운영하며 빈랑5과 복권을 팔아 어렵게 가계를 지탱하고 있다.

1998년 완위萬宇건설회사는 주민들을 대상으로 재개발 유세를 시작했고, 도시재개발 계획을 추진했다. 연세가 많았던 중 씨의 아버지는 계약의 내용을 정확히 알지도 못한 상황에서 서명하고 말았다. 계약 후 10년 동안 건설사는 아무런 소식도 전하지 않았다. 2009년이 되어서야 완위의 자회사 썬예森業건설이 새로운 설계도를 가지고서 융춘의 주민들을 찾아왔다. 썬예건설은 주민들에게 새 계약 체결을 요구했다.

---

4 못집은 중국어로 딩쯔후(釘子戶)인데 딩쯔 (釘子)는 못을 뜻한다. 이른바 알박기를 비유하는 중국식 표현으로, 재개발에 따른 강제철거를 거부하는 세대를 뜻한다.

5 열대지방에서 서식하는 종려나무의 열매로 각성효과가 있다. 동남아 지역에서 즐겨 씹는 기호식품이다. 타이완에서는 노동자들과 운수업 종사자들이 즐긴다. 빈랑 복용자들은 사회 하류층으로 인지된다

그러나 이 새로운 계약서의 재개발 이후 분양권은, 용적률 장려와 권리 전환의 과정을 통해 보장이 불명확한 상태로 변해 있었다.

중 씨네는 10년 전에 한 번 속았기 때문에 이번에는 절대로 동의서에 서명하지 않으리라 다짐했다. 그 결과, 그들에겐 '못집'이란 꼬리표가 달리고 말았다. 동시에 재개발에 동의하는 이웃들과 대립하는 상황에 몰렸다. 이 와중에 건설사는 불시에 인력을 동원해 소란을 피우고 위협했다. 심지어 물과 전기도 끊기는 상황에 직면했다. 그들은 위험한 건물에서 고독하게 살고 있다.

융춘공동체에서 '공중누각'이 된 것은 중 씨네 집만이 아니다. 숭산로 348항에 들어서면 몇몇 아파트 철문 위에는 페인트로 '여기 사람 있어요'라는 문구가 적혀 있다. 이 짧은 글귀는 재개발에 동참하지 않는 이들의 곤경을 잘 보여준다. 그들은 시시각각 직면하는 위협—건설사가 '부주의'하게 당신의 집을 철거하는!—에 시달린다. 듣고서도 믿기지 않는 이 방식은, 현재의 "타이베이 시 도시재개발 자치 조례"가 확실히 허가하고 있는 것이다. 이는 적극적인 재개발 추진을 경제발전의 견인차로 삼으려는 정부의 방식이기도 하다.

아싼꺼 오토바이 가게 – 기름 묻은 손에서 사회운동가로

재개발이란 괴물에 맞서 펑룽싼은 서명거부와 이주거부뿐 아니라 사람들을 모아 함께 저항하는 방법을 선택했다.

중 씨의 집(화면 중앙의 3층). 옛 이웃은 재개발에 동의하고 일찌감치 이사를 했다. 건설사는 계약체결과 이주에 반대하는 중 씨네를 겁박하기 위해 주변의 집들을 강제로 철거했고, 결국 이와 같은 기이하고 이질적인 모습을 만들어냈다.
_중성숭 제공

평룽싼 가족은 여기 융춘에서 삼대째 살고 있다. 할아버지는 아껴가며 겨우 이곳의 땅을 샀지만 채 몇 년 지나지 않아 정부에게 토지를 징수당했고, 그 땅에는 경찰 기숙사가 지어졌다. 평 씨네는 집의 일부분을 돌려 받았지만 강제징수의 기억은 평 씨네 사람들 마음속에 지워지지 않는 상처로 여전히 남아 있다. 50년 후 평 씨네는 또다시 토지와 집을 강탈당하는 상황에 처한다. 이번에는 정부가 아니라 도시재개발을 부르짖는 건설사였다.

원래 골목에서 오토바이 수리가게를 운영하며 평온한 나날을 보내던 평룽싼 씨는 과정이 불투명·불공평한 도시재개발에 직면했다. 그 임의적인 개발을 주도하는 건 바로 건설사였다. 그는 2009년부터 스스로 도시재개발피해자연맹을 조직했다. 그와 마찬가지로 부당한 도시재개발에 직면한 주민들과 함께 손잡고 재개발의 마수에 저항하려 한 것이다. 오토바이를 수리하던 기름 묻은 손에서 이 연맹의 이사장까지, 평 씨의 경험은 일반인이 상상조차 하기 힘든 큰 폭의 변화였다. 그는 연맹의 사무를 처리하느라 생업에 종사할 시간이 없어 수리가게의 모든 일을 나이가 많은 부친과 형님에게 맡길 수밖에 없었다. 게다가 그는, 재개발 추진을 방해했다는 이유로 건설사에 기소당했다. 그는 10여 개의 죄명을 뒤집어썼으며 법원을 밥 먹듯이 드나들게 됐다.

이러한 압력에 직면해서도 평 씨는 계속해 싸웠다. 그는 주간지 〈파보〉와 했던 인터뷰에서 다음과 같이 말했다. "만약 오늘 건설회사와 합의하고 보상금을 받는다? 이거야말로 건설사가 원하는 바겠죠. 그러나 이렇게 되면 당신은 자신이 겪은 일을 설명할 수 없게 됩니다. 정부 관료와 건설사의 압박과 악독함을 견디지 못한 게 되는 것이죠. 그들은 이런 식으로 불합리한 폭리를 취합니다. (…) 보상금을 받는 것은 그저 건설사와 한패가 되는 것과 마찬가지입니다."

재개발 투쟁이 반대하는 것은 도대체 무엇인가?

2012년 3월 28일, 타이베이 시정부는 도시재개발법규 중 강제철거

조항을 인용, 건설사를 대신하여 스쥐스린世居士林 재개발에 반대하는 왕 씨네 집을 강제로 철거했다. 이 사건은 다수결의 문제점, 그리고 정부의 대응방침에 대한 논쟁을 불러와 '재개발운동은 재산을 지키기 위함인가'라는 토론으로까지 이어졌다. 나아가 시민사회의 재개발 논쟁에 대한 관심을 제고했다.

　도시재개발 논쟁이 많은 관심을 받았던 이유는 시민들이 당연하게 생각하던 것, 즉 법률로써 보장되던 사유재산권이 도시 재개발 과정에서 도전받았기 때문이다. 관련 법률은 다수의 주민이 동의한다면, 동의하지 않는 소수의 가구들에 대한 강제력 집행을 허가한다. 정부기관 역시 이 기조에서 법을 집행했다. 융춘공동체의 기이한 광경은 바로 이러한 배경에서 빚어진 것이다.

　논쟁의 결과 '소수주민의 권리 대 다수주민의 권리' 혹은 '사유재산권 대 재개발의 공공이익'의 대립구도가 형성됐다. 그리고 재산권보장의 한도와 공공이익 간의 논쟁은 시민을 재개발에 찬성하는 사람과 반대하는 사람으로 갈라놓았다. 그들은 자신의 이익을 쫓아 다투는 것처럼 비쳤다. 이러한 논쟁은 결국 도시재개발 관련 법·제도 자체의 결함을 덮어버렸다. 동시에 정부의 도시발전정책도 그 합리성을 상실했다.

臺北市信義區松山路'忠孝東路五段'
虎林街圈圍之街廓

철거에 반대하는 가구는 반드시 집 앞 철문에다가 '여기 사람 있어요'라고 써두어야 했다. 그렇지 않으면 폐허로 여겨져 도둑이 들거나 건설사의 살벌한 손길이 뻗쳐왔다.
_중성쑹 제공

154

29

숭산담배공장
– 사용가치와 교환가치의 충돌

숭산담배공장의 전신은 '타이완 총독부 담배주류전매국 숭산담배공장'으로 1937년에 설립됐다. 이곳은 타이완 현대 공업 공장의 선구이자 유일하게 남은 현대화된 전문 필터담배 공장이다(1911년 건설된 타이베이 담배 공장은 현재 존재하지 않는다). 1930년대 담뱃잎은 타이완의 중요 산업이었다. 메이눙美濃 일대에서 재배된 담뱃잎은 종관선縱貫線 철로를 거쳐 숭산으로 운반돼 가공됐다. 공장 설계는 공업단지를 기본 개념으로 삼았다. 직원들이 마음놓고 일할 수 있도록 남녀 기숙사, 수영장, 의료실, 매점, 탁아소 등의 설비를 갖췄다. 1987년 공장의 생산량은 절정에 이른다. 생산액은 무려 201억 원을 넘어섰고 노동자들은 2,000여 명에 달했다. 숭산담배공장은 타이완 담배 공업 발전사의 증거였으며, 동아시아의 중요 담배제조 중심지 중 하나였다.

그러나 담배주류공매국이 공사公司화되고, 타이완의 WTO 가입에 따른 수입담배 개방으로 국산 담배의 경쟁력은 점차 하락됐다. 1998년 숭산담배공장은 생산을 중지하고 타이베이 담배공장에 편입되고 만다. 2001년 타이베이 시정부는 숭산담배공장을 시정고적市定古跡으로 지정했다. 2002년 민간에서의 체육 시설 요구에 부응해, 행정원은 타이베이 시정부가 숭산 공장을 타이베이돔 예정지로 편성하는 데 동의했다.

숭산담배공장을 타이베이돔으로 바꾸기 위한 BOT[6] 계획은 위안슝 그룹遠雄集團이 세웠다. 그들은 이후 이곳을 문화체육공원으로 조성, 운영하려 했다. 하지만 위안슝과 시정부의 계약 체결 후, 원래의 '부속 상업 공간(백화점, 쇼핑센터, 호텔 및 사무용 빌딩)'은 애초 계획과 달리 주요시

---

6 Build Operate Transfer. 정부가 계획하고 민간이 투자와 건설을 담당한다. 민간은 일정 기간의 수익을 보장받는다.

설인 돔 체육관과 비등한 크기로 넓어졌다. 주민들은 위안숭이 스포츠라는 명분으로 상업적 개발 이익을 추진하려는 것은 아닌지, 돔은 그저 시정부가 정경유착을 통해 상업용지를 취득하려는 하나의 기만책이 아닌지 의심하게 됐다. 또한 돔의 비싼 임대료는 공간을 필요로 하는 경기들을 배제시킬 것이 분명했다. 결국 상업적 공연과 종교단체 또는 기업의 종무식 장소로만 쓰여 당시 촉진시키려던 스포츠 발전이란 본래 의미는 잃게 될 터였다. 타이베이아레나小巨蛋가 하나의 예다. 그곳은 원래 농구장으로 계획됐다. 하지만 지나친 상업화로 인해 전체 시설 임대 비율에서는 스포츠 관련 부문의 비율은 매우 낮은 상태다.

게다가 숭산담배공장은 폐업 후 장기간의 방치로 타이베이 시에 남겨진 몇 안 되는 대규모 녹지로 변해 있었던 상태였다. 이 때문에 타이베이돔 건설계획은 현지 주민들의 강력한 반대에 부딪친다. 광푸초등학교 학부모회 회장 유이游藝는 '숭산담배공장 공원촉진연맹'을 만들었다. 그들은 공장 구역에 있던 약 1,500그루의 오래된 나무를 보존하고, 이곳이 주민들에게 휴식 공간을 제공하는 공원이기를 희망했다. 일반적인 님비시설 관련 중산계급운동과는 다르다. 상업활동과 도심 휴식 공간이 대립하는 항쟁이자 토지의 교환가치와 공간의 사용가치의 쟁탈전이었다.

타이베이돔 건설을 반대하는 과정에서 녹색당과 숭산담배공장 공원촉진연맹은 오랜 기간 협력한 동지였다. 그러나 양자의 상호관계는 사실 매우 복잡하다. 2009년 2월 타이베이 시정부가 환경평가를 거치

대부분의 고목이 이식된 후, 타이베이돔(大巨蛋) 건설 공사는 빠르게 진행됐다.

지 않고 독단적으로 고목들을 나무은행으로 옮기는 것을 막기 위해, 녹색당 당원 원빙위안溫炳原은 마지막으로 남은 오래된 녹나무에 올라타 공사 중지를 요구했다. 그는 27시간 동안 온몸으로 나무를 보호했지만, 결국 경찰에 의해 강제로 끌어내려진 뒤 공무집행방해죄로 고소당하게 된다. 문제는 이 시위를 벌이던 기간에, 그가 다안구大安區 입법위원 보궐선거에 입후보해 선거를 치르고 있었다는 점이다. 때문에 많은 이들은 원빙위안의 순수성을 의심했다. 2011년 숭산담배공장 공원추진연맹과 비교적 깊은 관계였던 녹색당 당원 판한성潘翰聲은 녹색당 대표로 숭산신이구松山信義區 입법위원 선거에 뛰어들었다. 경선집회 중 민진당 총통 후보자 차이잉원은 그에게 단상에 올라오길 요청하고 이어 민진당에 대한 정당표 지지 연설을 부탁했다. 이런 일들에 대해 지역단체와 기타 환경보호단체는 불만을 가졌다. 이들은 녹색당이 항상 민진당과 노선이 다르다고 주장하면서도 특정 의제에 개입할 때는 기회주의적으로 움직인다고 느꼈다.

2014년 4월 위안슝 그룹은 도로확장 공사를 위해 광푸남로와 중샤오둥로 인도에 있던 100여 그루의 가로수를 다른 곳으로 옮겨버렸다. 그중에는 도로가 개설됐을 때부터 있던 희귀종도 포함됐다. 이식보다는 베어내고 뽑아내는 것에 가까운 난폭한 수법은 타이완 나무보호단체연맹 및 시민들의 항의로 이어졌다. 항의 군중은 광푸남로 인도에 천막을 치고 교대로 '나무에 올라' 아직 옮겨지지 않은 가로수를 온몸으로 지켜냈다. 또한 현장에서는 공사설계 변경과 도로 경관 보존을 요

부당한 가로수 이전에 항의하는 사람들은 광푸남로 보도 위에서 오랜 기간 항쟁을 진행했다.

구하는 서명운동을 시작했다.

2015년에 새로 부임한 커원서 시장은 위안슝 그룹에게, 건설공사가 인근 고적과 지하철 건물을 손상하고 안전 문제에 대한 우려를 유발하므로 개선대책을 제출할 것을 요구한다. 심지어 강제적 공사 중지를 한 차례 명령하기도 했다. 시정부는 안전검사보고의 기준을 제시하고, 더 나아가 타이베이돔 자체를 철거할 수도 있다고 했다. 이는 각계의 격렬한 논쟁을 불렀다. 나무보호 및 공공안전 의제 이외에도, 공사 중지의 여파는 타이베이돔의 다른 문제들을 수면 위로 떠오르게 만들었다.

타이베이돔 공사 현장을 둘러싸는 가림막은 가로수 이식에 항의하는 표어와 포스터, 메모들로 가득하다. 공사는 아직도 왕성하게 진행 중이다. 본래 계획에 따르면 이 돔구장은 2017년 세계 유니버시아드 대회에서 활용되어야만 했다. 하지만 현재, 세계 유니버시아드 대회 개·폐막식 장소는 타이베이육상경기장으로 변경됐다. 배정됐던 야구 경기 역시 다른 공간에서 치르는 것으로 바뀔 확률이 높다. 지역 주민들의 우려는 점차 현실이 되고 있다. 가로수에 올라 나무를 지키려 했던 사람들은 시멘트를 밟은 채 울타리를 뚫고 공사장의 철골구조물을 넘어, 저기 숭산담배공장에 남아 있는 고목을 마주보고 있다.

臺北市信義區光復南路一三三號

나무 보호를 위해 모인 지원자들이
행인들에게 가로수의 이식의 부당함을
해설하고 있다.

30

난강 202 병기창
- 시민의 허파, 기득권의 놀이

　난강 기차역 인근에 있는 202 병기공장은 오랫동안 군사통제구역으로 묶여 있어 풍부한 자연환경을 보존할 수 있었다. 일찍이 2007년 행정원과 중앙연구원 등의 정부기관들은 이곳에 국가급의 생명과학기술특구를 설립하기로 기획·결정했다. 하지만 당시에는 개발이 빚어낼 환경위기에 대해서 아무도 인지하지 못한 상태였다.

　2010년 작가 장샤오펑張曉風은 '총통에게 보고합니다. 저는 두 개의 허파를 가져도 되나요?'라는 제하의 글을 미디어에 투고한다. 이에 그치지 않고 무릎을 꿇고 총통에게 청원하는 퍼포먼스를 통해 개발계획의 중단을 희망했다. 이후 류커샹劉克襄, 취하이위안瞿海源 등 예문 및 학술계 인사들도 앞다퉈 글을 투고하자 여론의 초점이 병기창개발 안건으로 모였다.

난강 202 병기공장(국방부 군비국 생산제조센터
제202공장)은 현재까지도 통제구역에 속해 있어
국방부에 신청해야만 들어갈 수 있다. 그러나 병기공장
서쪽의 난강공원에서도 이곳의 경치를 엿볼 수 있다.

병기창과 투청土城화약고의 발전 배경은 비슷하다. 정부는 대구경화
포와 총기를 제조하기 위해 농민의 토지를 강제로 징수했다. 또한 연
못을 메우고 콘크리트로 된 배수도랑을 건설해 기존의 전원적인 풍경
을 뒤바꿔놓았다. 하지만 이곳은 군사통제구역으로 묶이는 바람에 자
연생태와 문화자산을 그대로 보존한 역설적인 공간이 됐다. 이 구역에
는 청말 유명전[7]이 영국에서 수입한 '고정식 암스트롱포Armstrong Gun',
함풍년간(1851~1861) 맹갑 상인 왕의덕王義德의 묘지, 그리고 일제시대
및 제2차 세계대전 이후 시기 민간에서 지은 사원 등이 자리한다.

블랙 컨트리 난강의 개발계획

현 시점, 난강은 정부와 각종 재단들에게 있어 뜨거운 감자와도 같
은 중점개발구역이다. 과거 난강에는 포종차包種茶를 재배하는 농업도
존재했지만 구역 내 대다수 지역이 공장 굴뚝으로 가득해서 '블랙 컨
트리'[8]로 불렸다. 1960년대 난강타이어, 병뚜껑 공장, 벽돌 공장 등이
흥성했지만 지금은 모두 폐업하거나 타지역으로 이전했다. 공장이 들
어서 있던 지역에는 대형개발계획이 추진되고 있다. 도시개발의 압력
으로 인해 인구와 건물이 시 중심에 밀집했고 개발 가능한 공지空地는
점점 줄어들었다. 난강 지대의 넓은 공장부지는 개발을 기다리는 황금
지대가 됐다.

2000년부터 정부는 대규모 자본을 집중적으로 투입해 대형토지개
발사업에 뛰어들었다. 이 사업에는 난강경제무역특구, 소프트웨어특
구, 북부대중음악센터 및 고속철도, 일반철도, 지하철역을 하나로 묶어
건설하는 난강역이 포함됐다. 민간개발사들도 예외는 아니었다. 이들
이 부동산시장에 뛰어들면서 난강타이어 공장부지는 최고급 호화주택
'스제밍주世界明珠'로 변신했다. 중국신탁금융회사는 본사를 여기로 이

---

7   유명전(劉銘傳, 1836~1896)은 청말 근대
    화 운동인 양무운동(洋務運動)의 핵심관료
    로 첫 번째 타이완 순무(巡撫)로 부임한다.
    그는 타이완에 철로를 놓고, 서양식 교육 도
    입하고 전기시설을 설치했다. 그의 사업은
    일부 실패하거나, 일제의 식민지배로 저평가
    되기도 했지만, 그는 타이완 근대화의 기초

    를 쌓은 인물로 평가된다.
8   블랙 컨트리(Black Country)는 영국 웨스
    트미들랜즈 주의 버밍엄 북서지역 일대를 말
    한다. 산업혁명시기 영국의 주요 석탄공장
    과 제철 및 제강소가 밀집돼 있었다. 이 공
    장들에서 뿜어져 나오는 매연이 온 도시를
    뒤덮으면서 블랙 컨트리로 불렸다.

전했고 타이완비료회사는 관광호텔을 지었다. 또한 난강 지하철 기지 건설, 궈양國揚건설사의 대난강개발, 타이완철도관리국 배차장개발도 진행됐다.

'개발안'들의 공통적인 특징은 모두 관련 면적이 수만 평 이상이고, '복합개발'을 지향하며 최고급 빌라, 관광호텔, 쇼핑센터, 비즈니스오피스 등을 짓는다는 것이다. 난강은 원래 블루칼라의 블랙 컨트리 공업구역이었지만 차츰 화이트칼라 계급이 생활하는 도시로 변모해갔다.

중앙과 지역의 이론, 개발의 쟁취

2001년 당시, 타이베이 시장 마잉주馬英九는 보기 드문 광활한 미개발 부지인 난강 202 병기창 일대 전 구역을 시민공원으로 개발하는 방

난강 3대 못[신좡못(新庄埤), 호우산못(後山埤),
산충푸못(三重埔埤)]은 모두 202 병기창을 접하고 있다.
사진은 병기창의 서쪽에 있는 신좡못으로, 현재에는
국방부연합수송사령부(聯勤)의 광화(光華) 주둔지
관할 아래 있으며, 이 또한 군사통제구역이다. 현재로선
둥신가(東新街)에서만 저수지 경관을 몰래 엿볼 수 있다.

안을 제시하기도 했다. 하지만 이는 그저 야심가들이 병기창에 자신들의 구미와 필요에 맞는 상상력을 적용한 것에 불과한 것이었다. 병기창 인근에 위치한 중앙연구원은 자원군집을 명분으로 '국가생명과학기술특구' 계획을 쟁취했다. 이 계획은 연구개발과 생산을 중점으로 한 유전체학과 제약을 발전의 원동력으로 삼는다.

그러나 타이베이 시정부는 타이완 출신 기업가들이 다시 돌아와 기업의 본사를 옮겨오길 희망했다. 2009년, 중병기공장부지 일대의 발전 잠재력을 감지한 시장 하오룽빈郝龍斌과 홍하이鴻海그룹 회장 궈타이밍郭台銘이 함께 국방부를 방문해 '생태환경보고과학기술특구'에 대해 논의한다. 이후 궈타이밍은 병기창 부지 개발 포기를 선언했지만 중앙연구원의 '국가생명과학기술특구'는 이미 환경영향평가를 '조건부'로 통과해버렸다. 이로써 개발은 피할 수 없게 됐다. 정부와 기업의 불투명한 정책결정 과정, 개발안이 내포한 자연환경 파괴는 인문 예술계 및 여론의 큰 비판을 받았다.

난강역 인근에 위치한 난강병뚜껑공장은 이미 폐업했다. 타이베이
도시재개발부처는 일찍이 URS(Urban Regeneration Station)13
계획의 일환으로, 이 공장을 도시재생 전진기지로 선정했다.
공장은 잠시 동안 인문예술활동 공간이었다. 그러나 타이베이 시
도시발전국은 이곳을 난강재개발안에 편입시켜 공장 철거 및 도로
개통으로 상업구역 개발을 도모했다. 최근 인근 주민들과 문화역사
종사자들은 적극적으로 노력해 공장 지킴이들을 조직했다. 이들은
병뚜껑 공장과 공원 내의 자연수목들을 보존하려 한다.

결핍된 현지 조직과 취약한 사후 감독

병기창개발안이 여론의 주목을 받을 수 있었던 이유는, 인문사회계 인사들이 협력해 발표한 '꿈 202'를 미디어가 연속 보도했기 때문이다. 여론의 압력은 정부 고위인사들의 정책결정에 영향을 미치기 마련이다. 당시 행정원 원장 우둔이吳敦義는 병기창 철거를 잠시 중단하고, 법률에 의거에 환경평가를 다시 진행하겠다고 발표했다. 정부가 잠정적인 타협을 추진하면서 병기창 관련 보도도 서서히 줄어들었다. 2011년 국가생명과학기술특구 안건이 환경평가를 조건부로 통과한다. 개발은 기정사실이 됐다.

중앙연구원은 개발면적의 축소, 생태보존구역범위의 증가, 심지어 습지를 복구하겠다는 계획을 들고 왔다. 그러나 인문예술계 및 환경보호단체가 '전 구역을 보존하고, 생명과학기술특구 부지를 다른 지역에서 찾으라'고 반발하면서 둘은 완전한 파국을 맞았다. 환경보호운동을 겪은 정부는 발전과 환경의 충돌 사이에서 균형을 찾고 사회와 대중을 설득해야 한다는 사실을 깨닫는다. 202 병기창 안건에서 중앙연구원은 환경보호단체의 주장을 개발계획에 선택적으로 수렴하며 타협을 추구하는 듯한 모습을 보였다. 하지만 이는 이보 전진을 위한 일보 후퇴에 불과했고, 환경의제를 명분으로 생명과학기술특구 개발을 합리화하고 정당화하는 것에 불과했다. 이에 대한 반대운동은 인문예술계 인사들의 개인적 명망을 활용해 미디어를 통한 폭로로 여론의 즉각적 지지를 확보해나갔다. 하지만 사실 기본적인 조직 동원이 부재했기 때문에 지속적으로 누적되는 지역적 역량을 구축하지 못했다. 미디어의 관심이 잦아들면서 여론의 압력에서 어느 정도 자유로워지자 정부는 이 틈을 타 생태를 재개편하는 개발계획을 추진한다. 이로써 202 병기창은 난강에 드리워진 숱한 개발계획 중 하나로 편입돼 새로운 '발전의 초점'으로 부상했다.

 國防部軍備局生產製造中心第二〇二廠：臺北市南港區昆陽街一六五號

31 산주쿠 쓰레기 매립지 항쟁 - 10년의 나무, 100년의 쓰레기

멧돼지는 어디에 있나?

난강南港 쥬좡가舊莊街와 난선로南深路 부근은 야트막한 산비탈이다. 이 일대는 시냇물이 흐르는 저지대다. 예전부터 멧돼지들이 음수飮水하러 다녀 산주쿠山豬窟, 멧돼지 동굴로 불렸다. 난강이 타이베이 시로 편입된 후 지명이 바뀌었다. 오직 쓰레기 매립장만이 산주쿠라는 이름을 계속 썼다. 멧돼지가 물 마시며 놀던 시냇물과 들판은 이미 사라지고 쓰레기로 이름을 날리는 산만 덩그러니 남아 있다.

타이베이 시 쓰레기 처리가 제도화되기 이전까지, 이곳은 난강 인근의 광부들이 광산 채굴 후 남은 석탄재를 내다 버리는 곳이었다. 1970년 빈장가濱江街 쓰레기 매립장 운영이 중지되면서 타이베이 시의 모든 가정용 쓰레기가 산주쿠로 운반됐다. 6월에 접어들고 날씨가 더워지면서 악취는 심해졌고, 여름 장마 땐 대량의 쓰레기가 산 아래로 휩쓸려 내려와 인근 들판과 마을을 덮쳤다. 현지 주민들은 시정부에 수차례 진정서와 투서를 전하고 쓰레기 매립장의 조속한 이전을 요구했다.

산주쿠 산 밑의 중앙연구원 역시 쓰레기로 인한 피해를 입었다. 중앙연구원은 인맥을 이용해 타이베이 시정부 및 환경보호국과 직접 교섭했고 심지어 그 과정에서 세균 검사 횟수에 대한 조작 의혹에 휩싸였다. 시민들은 중앙연구원의 특권을 비판했다. 정부는 곧바로 타이베이 시에 '신속한 쓰레기 매립장 이전'을 지시하지만 이 결과는 결코 시민단체의 승리가 아니었다. 그저 독재체제에서 독재자가 민중을 동정한

'덕정德政'이었을 뿐이다.

산주쿠 웅크려, 산주쿠 웅크려, 산주쿠 웅크린 다음 누가 와서 웅크려?[9]

산주쿠 매립장 사용 중지 후에도 정부의 쓰레기 처리 방식은 전혀 변하지 않았다. 같은 스토리가 장소만 바뀐 채 과거 내용 그대로 재방영됐을 뿐이다. 쓰레기는 먼저 네이후內湖 후저우葫洲에 잠시 머물다가 꽤 쌓이면 지룽강 주변에 위치한 쓰레기 산으로 다시 옮겨져 매립됐다. 1984년 쓰레기 산에 메탄가스로 인한 큰 화재가 났다. 불길을 잡기 위해 물을 쏟아부었지만 화기를 잡지 못했다. 쓰레기가 연소되는 과정에서 발생한 연기는 바람을 타고 난강, 숭산 등지까지 날아들었다. 주민들은 악취를 견디지 못해 밤낮으로 창문을 닫고 지냈다. 시의원이 항의하자 시정부는 산주쿠 매립장 폐기를 결정했다. 매립지는 다시 무자木柵의 푸더컹福德坑으로 옮겨진다.

9 타이완의 놀이 중 하나인 뤄보덴(蘿蔔蹲)의 구호에서 제목을 따왔다. 뤄보는 먹는 무를 의미하고 덴은 웅크리는 동작을 뜻한다. 뤄보를 외치고 위의 덴의 경우 다른 동작 동사를 붙여서 다음 사람에 해당 행동을 하도록 지령을 내리는 것이다. 보통 4~5인이 함께 하며, 누가 하든 결국 돌아가면 같은 행동을 하게 된다.

매립을 중지한 산주쿠 쓰레기 매립장은 2013년 말 산수이뤼생태공원으로 복원됐다. 그러나 여전히 배출되는 지하 메탄가스 때문에 잔디만 심을 수 있었다. 생태공원과 주변 산림이 선명하게 대비한다.

무자 푸더컹의 '복무' 기간 중, 환경보호국은 각 현과 시마다 쓰레기 소각장을 건설하는 정책을 추진했다. 그러자 네이후, 무자, 베이터우北投 등지에 높디높은 시멘트 굴뚝이 하나씩 솟아났다. 쓰레기를 선소각, 후매립했지만 푸더컹의 사용 가능 예상기간은 8년(1985~1993)에 불과했다. 1990년 환경보호국은 빠른 시일 안에 네이후 네이장과 난강 산주쿠 중 한 곳을 새로운 쓰레기 매립장으로 선정하겠다는 사실을 조용히 발표한다. 그렇다. 쓰레기 매립장 같은 님비시설의 부지 선정에 대해 시민들은 대개 '우리집 근처만 아니면 좋다'는 심정이었다. 심도 있는 환경보호 논의는 부재했고 쓰레기 매립장은 네이후, 난강, 무자 등 몇몇 외곽 지역이 마치 공돌리기처럼 돌아가며 책임졌다.

난강과 네이후는 난형난제難兄難弟였다. 과연 누가 '매화를 두 번 피울'[10] 것인가? 네이후 선거구 출신의 타이베이 시의장 천젠즈陳健治와 둥후東湖 건설안에 투자한 '룽산린瓏山林'의 자본가 린룽산이 함께 환경보호국과 교섭했다는 풍문이 돌았다. 결국 제2차 심사에서 산주쿠가 네이장보다 더 적합하다고 판단됐다. 세 차례의 예산 심의 과정에서 중앙연구원과 난강 주민들은 '쓰레기 매립장이 또 다시 돌아온다'는 사실에 경각심을 가졌다. 이때부터 지역사회 투쟁이 비로소 시스템화·조직화되기 시작했다.

10 '매화를 두 번 피우다'라는 뜻의 이 성어는 매개이도(梅開二度)란 뜻으로 같은 일을 두 번이나 성공적으로 치러냈다는 것을 의미한다. 보통 재혼한 사람을 뜻한다.

사진은
산수이뤼(山水綠)
생태공원 위쪽에 있는
임시 하치장이다. 166

연맹 내부의 모순과 와해

'산주쿠 쓰레기 매립장 반대연맹'이 결성됨에 따라, 중앙연구원이 주도하는 지역사회 동원은 마치 즉각 시작될 수 있을 것처럼 보였다. 하지만 연이은 몇 번의 투쟁에 참여한 사람은 매번 100명을 넘지 못했다. 중앙연구원 이외 투쟁 중인 주민들은 대략 세 부류로, 이장(지역유지), 지주 그리고 일반 주민이다. 부류마다 갖고 있는 협상카드와 조건이 달라 이견이 발생할 수밖에 없었다.

지주들은 비교적 쉽게 경제적인 보상을 받았기 때문에 투쟁 참여는 다분히 전략적 고려에서 이뤄졌다. 이들의 최종 목표는 협상금액을 늘리는 것이었다. 이장 등의 지역유지들은 투쟁의 불확실성 속에서 보상금 수령의 기회가 상실될까 두려워 적극적으로 협상에 참여한 것이다. 이후 이장과 환경보호국은 비밀리에 매립장 건설 동의표와 이후 청소용역 경비 같은 조건을 교환했다. 이 사실이 밝혀져 주민들은 이장을 직권남용으로 파면시켰다. 투쟁 운동이 보상 협상으로 전환된 후, 투쟁집단의 역량은 점차 약해졌다. 1994년, 쓰레기 매립장 사용이 시작됐다. 이후, 시정부는 두 차례에 걸쳐 일방적으로 사용기간을 2020년까지 연장하기로 결정했다. 오염 현황을 관리 감독하는 위원회 역시 기술관료들이 장악하고 있었고 마을 주민들의 참여는 없었다.

산주쿠 투쟁 실패의 주요 원인은 지역 정치의 이익충돌 때문에 자원과 주민동원을 집중하지 못한 것이다. 또한 투쟁 지도자들은 논의를 쓰레기 문제의 핵심과 지속발전에 대한 고민이라는 수준으로 끌어

산수이뤄 생태공원 입구로, 과거 쓰레기 무게를 측정했던 장소다. 이 장소는 쓰레기 관리의 주요 관문으로, 왕래하는 모든 차량의 폐기물 적재 현황을 기록했다. 쓰레기의 양, 침적물량, 자원회수 성과 등의 용이한 파악을 위해서였다.

올리지 못했다. 쓰레기 매립지 부지 선택 과정에서 정부 관원, 기술 관료, 자본가로 구성된 정책 결정 집단이 일반 민중들을 어떻게 배제시키는지 또렷하게 볼 수 있었다. 그리고 중심과 주변의 공간 논리는 이성적·과학적 기획으로 끊임없이 강화되고 견고해졌다. 주변인은 이 흐름에서 영원히 벗어날 수 없는 것처럼 보였다.

멧돼지가 없는 복원 육성의 미래

타이베이 시는 2004년부터 푸더컹, 산주쿠, 네이후 쓰레기 산 등 3개 쓰레기 매립지에 대한 생태 복원과 육성을 점진적으로 진행해 조만간 공원으로 개방하겠다고 발표했다. 이제 넓은 인공 잔디가 쓰레기를 덮고 '산수이뤼 공원'으로 변해버린 산주쿠에서는 더이상 멧돼지의 흔적을 찾을 수 없다.

타이베이의 쓰레기는 어디로 가는가?[11]

1965	1970	1975	1980	1985	1990	1995	2000	2005	2010

난강 산주쿠	네이후 후저스 쓰레기산 1970~1985 (원래 1975년에 사용 중지 예정)	무자 푸더컹 1985~1994 (원래 1993년에 사용 중지 예정)	난강 산주쿠 1994~2010 (원래 2010년까지 사용 연장 계획)	쓰레기제로 (0)매립 2010~

네이후 쓰레기 소각장 사용

무자 쓰레기 소각장 사용

베이터우 소각장 사용

山豬窟垃圾掩埋場·山水綠生態公園:
臺北市南港區南深路三十七號

<hr>

11 시정부가 두 차례에 걸쳐 사용기간을 2020년까지 일방적으로 연장했다. 하지만 2010년, 이미 쓰레기 '제로(0) 매립'의 목표에 도달했다. 산주쿠 매립장은 2011년에 사용이 중지됐고 일부분을 임시 폐기물 하차장으로 전환해 그 폐기물을 분해·재사용하는 중이다.

32

츠지 네이후 보호구역
– 자선의 이름을 건 생태 개발

2013년 초, 네이후 주민 일동과 환경단체가 스스로 돈을 추렴해 버스 광고를 게재한다. 이들은 증엄법사[12]가 풀어준 네이후 보호구역에서 츠지공덕회[13]가 위법을 저지르지 않길' 청원했다. 해당 사건은 연이어 언론에 보도됐고 이에 따라 츠지 네이후 사회복지 공원 부지 변경안에 여론의 관심이 집중된다. 광고회사는 사회적·도덕적 압력을 감안해 해당 광고를 허겁지겁 철수시켰지만, 지역사회의 환경보호 여론과 종교계 발전의 충돌은 이미 수면 위로 부상해버린 상태였다.

12 증엄법사(證嚴法師, 1937~) : 호는 정사(靜思), 법명은 증엄, 자는 혜장(慧璋)이다. 1966년 츠지공덕회를 창립했다.
13 츠지공덕회(慈濟功德會) : 증엄법사에 의해 창간된 불교단체. 타이완 화롄(花蓮)에 총부를 두고 있다. 초기에는 화롄 지역의 의료사업에 힘썼다. 이후 의료센터를 전국으로 확장한다. 부속 대학도 보유 중이다. 골수기증 및 관련 사업에서 세계적 수준으로 세계각지에서 재난 방지 관련 활동도 진행 중이다.

다후공원 근방, 네이후 청궁로에 위치한 츠지 공원 입구

츠지 네이후 공원은 산비탈과 호수가 맞닿는 곳이다. 북쪽으로는 동북각산맥東北角山系에 기대 있고, 남쪽으로는 다후공원을 마주한다. 1969년 보호구역으로 지정, 농업·원예를 제외한 다른 용도로는 사용이 제한됐다. 보호구역 계획과 설정의 맥락을 되짚어보자. 1967년 타이베이 시가 직할시로 승격되면서 원래 교외지역에 속했던 네이후, 난강南港, 무자木柵, 징메이景美, 스린士林과 베이터우北投 일대가 타이베이 시로 편입됐다. 정부가 명시한 토지사용 구분 범례에 따라 상당한 규모의 자연환경, 연약지반지대 혹은 국토보호 및 수질, 토양 보존 필요 지역이 모두 보호구역으로 지정됐고 츠지 네이후 공원도 마찬가지였다.

습지에서 아스팔트로, 환경보호 재난구호기지

1974년 신루개발공사新陸開發公司는 이 일대와 연접한 다후의 습지·농지 토지재산권을 치싱농전수리회七星農田水利會로부터 구입했다. 그리고 1980년에 땅을 매립해 '베이추이후국제테니스 클럽'을 만들었다. 이곳은 여러 차례의 개축을 거쳐 버스 차고지와 프뢰벨 유치원으로 변했다. 1997년 츠지공덕회가 이 부지를 구입한다. 사방에 쌓여 있던 드럼통과 쓰레기를 치우고 기존의 양철 건물을 보수했다. 환경보호 교육관과 신이민 생활 지도반을 개설하고, 예술교육 진행 등 지역사회 활동을 강화했다. 동시에 재난구호 설비와 재난구호 물자를 보관하는 장소로도 쓰였다.

근래 20년 동안, 츠지 네이후 공원은 많은 국제 방문단을 맞이하며 타이완 내 환경보호 경험과 맑은 민심을 알려나갔다. 인근에 자동차 전용도로와 지하철 다후공원 역大湖公園站이 있어 교통이 편리하고, 타이베이 시에서 얼마 되지 않는 넓은 면적을 가진 집회장소여서 츠지 구호 활동의 핵심 후방기지로 기능했다. 2001년 태풍 나리로 큰 피해를 입자, 츠지는 발빠르게 인력을 동원, 츠지 네이후 공원에서 80만 명분의 따뜻한 음식을 조리해 수재민에게 보냈다. 2011년 일본의 3·11지진과 2012년 뉴욕의 허리케인 샌디의 재난 때 이곳은 방한 모포를 생산하는 요충지였다. 자원봉사자들은 연일 수만 개의 구호물자를 포장해 세계 각지로 보냈다.

사회복지공원 건설, 보호구역의 해제

재난이 연달아 발생하는 상황. 네이후 공원은 츠지공덕회의 환경보호 및 재난구호 핵심 후방기지의 임무를 수행해야만 했다. 그러나 공원 내의 주요 시설물은 기존 용도설정에 부합한 양철건물들로만 구성되어 있었다. 공원의 공간 개조 요망에는 나름의 이유가 있었던 셈이다. 2004년 츠지는 공원 개발 계획을 세웠다. 16헥타르의 전체 토지 중 약 4.5헥타르를 개발범위로 선정해 보호구역 해제, 국제 자원봉사자 센터를 건설, 사회복지공원 조성을 추진했다.

타이베이 시의 도시계획위원회는 공원 개발 신청을 접수하고 전문가들로 구성된 TF팀을 편성해 보호구역 개방원칙과 츠지계획안의 내용을 검토했다. 이후 10여 년 동안 이를 둘러싼 크고 작은 논쟁은 끊이지 않았다. 2015년 2월, 타이베이 시장 커원저柯文哲는 츠지가 많은 자금을 들여 보호구를 매입하고 사용용도 변경을 추진하는 것을 두고 "이는 정말 이상한 일이다."라는 입장을 표명했다. 이 한 마디는 사회 각계각층의 뜨거운 논쟁을 촉발한다. 20여 일 동안 츠지기금회는 여론과 언론의 비판을 받았다. 3월 16일, 츠지 부총집행장 왕돤정王端正은 기자회견을 열어 사회적 공감을 얻지 못하면 즉각 개발 안건을 철회할 것이란 입장을 발표했다.

이 논쟁의 지난했던 과정을 반추해보자. 츠지는 건축공정 기술을 활용해 조잡한 기존 환경을 개선하고, 우수조정지[14] 증설로 사람들이 우려했던 홍수문제에 대응하려 했다. 사실 1998년, 이곳 주민들은 츠지의 병원 건설에 반대하기 위해 주민투표를 실시하고 이 지역에 수자원 보호 공원 개설을 청원한 바 있다. 2011년, 보호구역 해제에 반대하는 거주민들은 재차 '네이후보호구역수호연맹'을 성립했다. 이들은 츠지가 자선이란 명목으로 진행하는 개발을 '자비의 약탈'이라 여겼다. 생

---

14 하천 및 하수도시설 유하능력이 부족할 때 유출되는 빗물을 저류하여 유출량을 조정하는 시설

태환경을 유지하는 보호구역을 약탈할 뿐만 아니라, 보호구역 정책에 대한 대중의 신뢰를 마모시키는 일이라고 판단했던 것이다.

보호구역의 변경, 관건은 건물과 토지의 면적

타이완 만야심족생태협회臺灣蠻野心足生態協會, Wild at Heart Legal Defence Association, 녹색당, 황야보호협회荒野保護協會 등의 환경보호단체와 전문학자들은 전체적인 도시계획의 관점에 입각하여 보호구역을 개별구역으로 분할하는 개발기획에는 불응해야 한다고 판단했다. 또한 보호구역에 대한 츠지의 계획에 조금이라도 의문스런 부분이 있다면 시정부가 나서서 계획 전반을 재검토해야 한다는 입장을 밝혔다. 게다가 이 안건은 상징성을 갖고 있으므로, 이런 선례가 생긴다면 유사 변경안들이 잇따라 제기 돼 결국 보호구역 설정의 존재근거가 상실될 수 있다고 우려했다.

나아가 환경보호단체들은 보호구역 법령에 의거해 수자원·토양의 보호·유지를 강화해나가며 환경을 개선한다는 츠지의 주장에 대해, 이는 보호구역 변경 없이도 가능하며 개발계획에서 건물·토지 면적을 5,000m²(약 1,500평) 이하로 줄이면 바로 가능하다고 지적했다. 츠지는 그 기준보다 10배 넓은 면적(약 55,000m², 16,000평)을 요구하고 있었다.

시청에서 개최된 TF팀 회의에서, 전문위원들은 츠지 계획에 대해 아무 질문도 하지 않았을 뿐만 아니라 츠지의 사회공헌에 대해 긍정하

보호구역의 변경에 반대하는 환경단체들과 현지 주민들은 '네이후보호구역 수호연맹'을 조직했다. 도시계획 심의위원회의 회의 전, 타이베이 시정부 앞에서 항의하고 있다.

172

고 감사를 표명하기 바빴다. 그들은 츠지에게 보호구 변경안과 관련해 개발 면적 축소, 배수 관리, 시민들과의 적극적인 소통 필요성을 몇 차례 건의했을 뿐이다. 덧붙여 국제자원봉사자 총본부 같은 기능은 다른 기지로 이전하고 굳이 네이후에서만 자선을 하겠다고 집착하는 것은 불필요하다고 언급했다.

츠지의 보호구역 변경 시도[15]는 지역사회 및 환경보호단체들의 강한 항의를 불러왔다. 츠지는 장기간 환경보호와 자원회수에 힘썼기에, 대면질의에서 츠지 측의 사회공헌을 강조하며 감정적 측면을 자극해 사람들을 설득하려 시도했다. 츠지는 보호구역 해제와 개발 관련 행위를 아름다움과 선함으로 희석하고 합리화하려 했지만, 그들의 실천과 감정에 대한 호소는 보호구역 환경문제와는 다른 이야기다. 개발의 세부사항과 목적에 대해 꼼꼼히 질의해보면, 츠지 측 사람들이 문제의 본질을 이해하지 못할 뿐 아니라 그들 내부에서 정보가 소통되고 있지 않다는 사실을 바로 알 수 있다.

과거 츠지의 정보공개 거부와 소통 부족, 이와 더불어 자선의 이름으로 정당화하려 했던 개발 때문에 보호구역 논쟁은 츠지 그 자체에 대한 전면적 검토로 전환됐다. 언론의 악의적인 보도내용을 제외하면, 사회 각계에서 일어난 진지한 비판의 목적은 결코 츠지 자체의 소멸이 아니었다. 이들은 츠지가 방대한 사회적 자원으로 대승적인 결단과 행동을 보여주기를 기대했을 뿐이다.

 慈濟內湖聯絡處：
臺北市內湖區成功路五段一八〇號

---

15 츠지가 요구하는 공간 사용면적에 관한 자료는 2012년 6월판 주요계획서 42페이지에서 나왔다. 그중 용적률을 여러 차례 낮게 조정하는 정치적 과정이 기록돼 있다. 계획서 정식 명칭은 '타이베이 시 네이후구 청궁로 5단 다후공원 북측부분 보호구역을 사회복지특정전용구역으로 변경하는 주요계획안'이다.

스린 士林
베이터우 北投
단수이 淡水
바리 八里

33 　 스린 제지공장 – 집단 기억의 해석권

　타이베이 시 산업총노조 사무총장 왕싱즈王醒之는 다음과 같이 말한다. "분명하게 말해둘 것은 우리의 목표는 건물 보존이 아니라는 점입니다. 굴뚝을 다시 세우고 땅을 기부해 공원을 만드는 것, 이게 바로 우리의 전장입니다. 우리는 도시 한가운데에서 노동자를 실감할 수 있는 공간을 쟁취하려 합니다."

스린 제지공장의 시작

　치리안석哩哩岸石으로 쌓인 담장과 붉은 벽돌이 놓인 담벼락 사이인 이곳은 스린 지하철역에서 걸어서 5분 거리에 있다. 광활한 면적을 차

인도네시아 식당의 간판과 뒤의 신광산웨(新光三越) 빌딩이 대비된다.

176

지하고 들어선 회색 콘크리트 공장이 눈에 들어온다. 일제시대까지 거슬러 올라가는 이 붉은 벽돌의 담벼락은 타이완 총독부보다 1년 더 일찍 지어진 것이다. 현재 채석이 금지된 치리안석으로 쌓인 담벼락은 역사적 가치를 드러내고, 우뚝 솟은 공장건물들은 공업화를 추구했던 시대적 기대를 상징한다. 그러나 최근 도심지역 전통공업이 외부로 이전하기 시작했다. 이제 옛 공업용지의 재개발은 점차 새로운 자본 집적의 기제가 됐다.

1919년, 일본 상인이 만든 '타이완제지주식회사'는 당시 타이완 최초의 기계식 제지공장이었다. 주로 볏짚과 압착된 사탕수수 찌꺼기를 원료로 종이를 만들었다. 현재 스린 제지공장의 전신前身이다.

스린 제지공장의 궤적
- '노동권'에서 '스린 신천지'와 '노동문화공원'으로

스린에는 속칭 '세 개의 보물'이 있다. 스린 신광방직, 스린 제지공장, 그리고 스린 전기. 이들 모두 현지의 중요 산업이다. 신광방직 폐업 10년 후 같은 운명이 스린 제지공장에게도 엄습했다. 스린 제지공장의 부지는 약 15,600평이다. 인근에는 지허로基河路와 베이단선北淡線 지하철이 지난다. 공장부지의 가치는 수백억 타이완 달러에 달했지만 스린 지업공사의 연간 영업액은 20~30억에 불과했다. 공장운영보다 상업적 개발이 방대한 잠재 이익을 얻을 수 있다는 건 자명한 사실이었다.

1977년 타오위안에 위치한 융안공장이 가동된 후 스린 제지공장 측은 공장 이전, 본래 부지 개발 등의 다양한 방안을 수립했지만 실질적인 진전은 없었다.

1990년 공장에서 백화점으로 변신해 큰 성공을 거둔 첫 번째 사례인 징화청京華城은 부동산 이익을 갈구하는 자본가들에게 강력한 강심제를 처방한 셈이었다. 스린 제지공장 역시 도시계획변경 프로세스라는 강력한 마법과 맞닥트렸다.

먼저 1989년, 스린 제지공장 주주들은 스린공장 부지 용도를 제3종

주택구역에서 제4종 상업구역으로 변경하는 계획안을 타이베이 시 도시계획위원회(이하 도위회)에 제출했다. 그러나 이 계획은 지하철 공사로 인해 결정이 지체돼 결국 무산되고 말았다. 다시 제3종 상업구역 관련 변경과 신청이 이어졌으나, 위원회는 스린 제지공장에 부지 30%의 기증을 요구했다. 주주들은 이 요구를 과하다고 여겼다. 게다가 당시 정권 교체로 인한 복잡한 상황으로 쌍방 간 협상은 결렬됐다.

1990년대 중반, 타이베이 시정부는 상업 구역 개발 촉진을 위해 스린 제지공장 부지 개발계획을 조심스레 추진하기 시작했다.

1998년, 80여 년간 영업하던 제지공장이 갑자기 폐업을 선언했다. 이로써 200여 명의 노동자는 직장을 잃었다. 스린 제지공장의 노동자 임금 구조는 '낮은 임금, 높은 상여금' 형태였다. 따라서 공장 폐업 이후 노동자들이 수령할 수 있는 보상금, 퇴직연금, 수당 등에는 많은 제한이 있었다. 일부 노동자가 법에 호소하며 공장 측과 담판 및 소통을 시도했지만 노조와 같은 집단적 투쟁으로까지는 이어지지 못했다.

그 후 스린 제지 노조와 타이베이 시 산업총노조는 도시설계 심의 과정에서 용도변경의 원상복귀를 노조 측이 주요 쟁취 목표로 간주했다. 이어 '문화의 이름'으로 스린 제지공장 부지 개발에 개입한다. 이들은 2001년 1월 도위원회에 진정서를 냈다. 스린 제지공장을 제지업 노동 문화 자산으로 보존할 것, 관련 박물관 업무에 기존 노동자들을 우선적으로 고려할 것을 요구했다.

같은 해 4월 도위원회는 스린 제지공장을 주택구역에서 상업구역으로 변경하는 안건을 통과시켰다. 이 결의에는 스린 제지공장에게 옛 굴뚝 보존과 제지업노동문화역사 전시공간 확보, 부지의 공원녹지 전환 등의 내용이 담겨 있다. 하지만 그해 11월 스린 제지 측은 재빠르게 옛 굴뚝을 철거했고, 노동자의 불만은 고조됐다.

스린 제지의 굴뚝 철거에 이어 네이후 신평벽돌공장의 굴뚝, 난강의 팔괘가마, 베이터우의 일본식 기숙사 등도 연달아 업주의 손에 의해 철거됐다. 이는 문화역사적 가치보다 토지개발 이익을 중시하는 심리적 태도를 보여주는 것이다.

2009년 스린 제지 측은 또다시 변경개발안을 신청했다. 이는 상해 신천지의 성공적 경영 방식에 영향을 받은 것이었다. 스린 제지는 공장 건물을 그대로 둔 채 리모델링하여 문화의 이름으로 장식하는 '스린 신천지' 쇼핑센터를 기획한다. 이 과정에서 노조 측은 개발안에 부지 20% 기증 관련 내용이 존재한다는 사실을 알았다. 이 사실에 기반해 노동을 주요 테마로 하는 노동문화공원 성립 쟁취를 시도했다. 이로써 노사 양측은 다시 해석권을 둘러싼 문화 전쟁을 벌이게 된다.

노동자 집단기억의 해석권

스린 제지공장 부지 용도가 주택구역에서 상업구역으로 변경되는 계획안에 의거하면 반드시 부지 기증과 공원 만들기가 진행돼야 했다. 그렇다면 그 공원은 어떤 '문화'적 모습으로 나타날 것인가? 또한 어떤 역사와 기억만이 '본질적 가치'를 지닌 것일까?

노조가 쟁취한 '노동문화공원' 구상은 정부 측이 고려하던 모범적인 노동자 이상과는 달랐다. 노조는 오랜 기간, 홀시했던 노동의 이야기를 중시해야 한다고 주장했다.

간단히 말해, 공원 설계는 공장 측이 생각했던 스린 제지업의 창업 과정, 공장 기계 따위를 나열한 산업 역사에 기반하지 않았다. 노동문화공원은 산업 유적의 미학적 가치를 강조하는 곳이 아니며, 또한 단순한 휴식공간을 제공하는 것도 아니었다. 노동문화공원은 바로 노동자의 그림자를 드러내는 공간이어야 했다.

노조는 문화적 기호를 활용해 노동권익을 쟁취하는 책략을 취해 노동공원을 노동자문화의 보존 매개체로 활용하자고 주창했다. 이는 모두 '하층 노동자'를 발언 주체로 삼아서 노동자가 관통해온 고난과 생명의 역경을 증거하려는 것이었다.

 臺北市士林區福德路三十一號

34

신광방직 스린공장 - 사들여진 청춘

경제의 결실은 고용주가 먹고요
타이완 노동자에게는 봄이란 없네요
야생의 동물도 효(孝)를 아는데
막후의 영웅들에게는 그조차 없네요
나는 복이라 복이라 너의 1원짜리 엉덩이의 복이라
복이라 복이라 너의 1원짜리 털의 복이라
복이라 복이라 너의 1원짜리 똥의 복이라
복이라 복이라 요절한 고용주도 너를 통해 돈을 번다네
타이완의 돈은 다리가 잠길 정도라는데
실업 노동자도 거리에 한가득
배는 부르지만 눈자위는 붉네
어린 아들이나 어른이나 매일 운다

— 검은손 나카시黑手那卡西, 〈Fortunate My Ass福氣個屁〉

경제의 결실은 고용주가 먹고, 노동자에게는 봄이란 없네

초기 타이완 방직산업은 허가업종이었다. 정재계의 인맥과 특별히 닿지 않으면 방직공장 경영은 불가능했다. 1951년, 우훠쓰[1]가 설립한 신광방직 스린공장은 타이완 최초의 인조섬유 공장이다. 광활한 부지

---

[1] 우훠쓰(吳火獅, 1919~1986)는 타이완 신광
    그룹 창업자다. 1945년 창립된 신광그룹은
    현재 방직, 합성섬유, 가스, 백화점, 건설, 보
    험, 전자, 금융 등의 영역에서 사업 중이다.

의 이 공장은 번화가 한복판에 위치했다. 공장은 지역민들에게 '스린의 세 가지 보물' 중 하나로 불렸다. 현재의 공장 부지에는 신광 우훠스 기념병원이 있다. 이곳은 본래 지룽 강과 와이쌍 강外雙溪이 만나며 만들어진 범람원, 즉 신생지대였다. 공장은 설립 초기 무렵, 노동자들이 한 삽 한 삽 흙과 모래를 날라 강줄기를 메우고 평평하게 지반을 다진 후에야 본격적으로 건설될 수 있었다.

1988년, 신광방직 스린공장은 '기계설비 노화 및 경영손실로 인한 경영유지불가'를 이유로 같은 해 10월 28일 공장 폐쇄와 영업 중지를 선언했다. 그러나 폐업의 진짜 이유는 따로 있었다. 스린구의 땅값이 급속한 도시 발전으로 인해 고공행진을 이어가자 신광그룹은 본업인 방직 사업을 포기하고 공장 부지를 경제적 가치가 높은 병원으로 전환하려 했던 것이다. 또한 남는 토지는 다른 개발로 사용할 수 있었다. 부동산 투기는 자본을 누적할 수 있는 최적의 기회를 제공했다. 스린공장이 폐쇄된 그 이듬해, 신광그룹은 타이베이 역 바로 정면에 당시 기준으로 타이완 최고층의 신광마천빌딩Shin Kong Life Tower을 세웠다. 신광그룹의 부동산 투기 욕망이 그대로 드러났다.

신광방직 스린공장 부지. 현재 신광 우훠스 기념병원이 들어서 있다.

문화투쟁 음악실천

신광방직 스린공장에는 약 4백여 명의 노동자가 근무했다. 그중 2/3는 원주민 여성으로, 직업학교 학생들이었다. 신광은 회사 인사 정책의 일환으로 이들을 고용했다. 원주민 여학생 대부분은 농촌 출신이다. 나이가 어리고 사회적 경험이 적어 사측이 관리하기 쉬웠다. 무엇보다 중요했던 것은 직업학교 학생 신분이라는 점이다. 회사는 저렴한 임금으로 젊고 작업속도가 높은 노동력을 채용할 수 있었다.

초기 타이완 방직산업은 호황을 누렸다. 엄청난 외화를 벌어들이고 흑자를 기록했다. 신광 노동자들이 임금 조정과 연말 보너스 지급을 사측에 요구할 때마다, 당시 그룹 창립자 우훠스는 '유비무환'이 중요하다며 도리어 직원들을 향해 회사 경영의 어려움을 이해해달라며 호소한다. 그러나 경영진은 부동산 수익이 방직 본업의 영업이익보다 높다고 판단하자마자 지금의 자신들을 만들어준 현장의 스린공장을 곧바로 포기하고, 공장부지를 신광 우훠스 기념병원으로 전매하기로 결정했다.

노동자들은 사측의 공장폐쇄와 '토사구팽' 식의 태도를 도무지 수용할 수 없었다. 이들은 자구회自救會를 만들어 노동권 보장을 요구했다. 민중가요와 원주민들의 춤을 문화투쟁의 수단으로 활용한 것은 타이완 노동운동사에서 보기 드문 장면이었다. 투쟁의 과정에서 타이완 최초의 노동항쟁가인 〈Fortunate My Ass幅氣個屁〉가 탄생했다. 음악과 사회운동을 결합하는 문화적 담론이 등장한 것이다.

노동자들은 공장 부지를 사수하고 나섰다. 사측이 직접 나서 스린공장 경영문제를 고민하도록 만들기 위해서다. 이 투쟁이 해고수당 따위의 수령으로 종식될 수 없는 성질의 것임을 천명한 것이다. 동시에 적극적으로 외부 압력을 활용하려 노력했다. 노사쟁의 조정절차에 의거해 정부기관에 중재를 신청한다. 1988년 여공들은 단체로 11월 24일 영업을 개시한 신광 그룹 자회사인 타이정증권사 창구로 몰려가 동시다발적으로 '계좌개설, 출금, 입금'을 반복하며 영업을 마비시켰다. 이는 매우 효과적인 항의였다. 시간이 흐르며 자구회의 투쟁은 본 궤도에 올랐다. 12월 5일, 신광그룹의 본사 앞에 계란을 던지며 항의 의사를 표명하기도 했다. 사측은 퇴역 군인, 헌병, 경찰 출신으로 구성된 강력한 보안팀을 배치하는 것으로 아무런 무기도 손에 쥐지 않았던 노동자들에 대응했다.

사들여진 청춘

신광그룹은 이런 노사쟁의 사건들에 강경한 태도를 견지했다. 투쟁 대열의 2/3 이상을 차지했던 건 직업학교 학생들이었다. 회사는 창징고등학교 측에 압력을 넣어 학생들이 투쟁에 참여하지 못하게 막았다. 자구회는 직업학교 학생들이 동시에 노동자이기도 하므로 학교 측에 불개입을 청원하고 사측에 학생들을 강제로 학교로 데려가지 않을 것과 학생들의 월급 및 학비를 현금으로 지불할 것을 요구했다. 이 투쟁은 회사가 더 많은 해고수당을 지급하기로 하면서 일단락됐다. 노동자들은 결국 노동권 쟁취에 실패했고 스린공장의 폐쇄도 막을 수 없었다. 이들은 그저 슬픔과 우울 속에서 사측의 조건을 수용하고 떠나야만 했다.

1980년대 말, 계엄 해제와 발맞춰 사회운동은 거세게 휘몰아쳤다. 타이완 자본가들은 더 저렴한 노동력을 찾아 공장을 해외로 이전하기 시작했다. 잇따른 공장 폐쇄는 수많은 노사분쟁을 불러왔다. 운수업 파업을 시작으로 방직, 전자, 섬유, 화학 등의 산업에 종사했던 노동자들은 모두 각양각색의 노사쟁의를 경험해야만 했다.

공장 폐쇄 사건은 도시발전 과정에서 자본가가 화폐로 노동자의 가치와 노동력을 쉽게 사들이는 모습을 여실히 보여준다. 땅도 더 이상 생산의 요소가 아니었다. 단지, 매매 가능한 물건에 지나지 않게 된 것이다.

 臺北市士林區文昌路九十五號

35

원린위안 도시개발 강제철거 반대운동
- 페이스북, 라이브 방송, 붉은 벽돌 화덕

2012년 3월 27일 19시 - 집결

스린교와 지하철 단수이선 고가철도 사이. 노란색 컨테이너가 평지 위에서 가설울타리로 격리된 채 외로이 서 있다. 문 옆으로 책상과 의자가 가지런히 놓여 있어 흘깃 보기로는 평범한 일상이 유지되는 집 같다. 이곳이 일찍이 산산조각 나버린 공간임은 전혀 유추할 수 없다. 이 공터와 컨테이너 집은 모두 원린위안文林苑 도시 재개발 계획 안건 범위에 포함된 곳들이다.

도시재개발 참여를 거부하는 왕 씨네 독립주택 역시 관련 법규에서 피해 갈 수 없었다. 도시재개발 조례 제36조는 주관기관이 철거를 집

철거에 반대하는 민중들이 SNS를 통해 함께 모여 왕 씨의 독립주택 앞에서 자리 잡고 있다. 이들은 언제 덮칠지 모를 정부의 마수를 기다리는 중이다._타이완도시재개발피해자연맹(臺灣都市更新受害者聯盟) 제공

행하거나 해당 가구를 이주시킬 의무를 명시하고 있다. 왕 씨 가족들과 지원단체 '도시재개발 피해자 연맹'은 격렬하게 저항했지만, 타이베이 시정부는 공권력을 동원한 강제 철거를 결정했다. 철거 이전, 컨테이너집 부지에는 원래 왕 씨네 독립주택 2채가 있었다. 그러나 왕 씨네 '집'은 결코 평온할 수 없었다. 경찰과 불도저가 도착하기 직전이었기 때문이다.

땅거미가 질 무렵, 지원 민중은 조금씩 스린의 왕 씨네 집으로 모여들었다. 천막 안팎에서, 어떤 이들은 앉고 어떤 이들은 누워서 불안에 떨며 어딘가에 집결했을 경찰병력을 기다리고 있었다. 이날은 시정부가 강제철거 공문을 발표한 후 시작된 왕 씨네 철야행동이 열흘째로 접어들던 하루였다. 이 열흘 동안 무수한 사람들이 이곳에 와서 지지의 목소리를 내고 강연회를 개최하고, 어떤 단체들은 콘서트와 마당극을 통해 강제철거 반대를 표현했다. 철야행동은 자못 뜨거웠다.

하지만 이날 밤의 분위기는 예전과는 사뭇 달랐다. 경찰은 타 지구대 병력도 소집해 명령대기 상태로 강제철거 개시를 준비하고 있었다. 불도저 역시 근처 공사장에서 호시탐탐 왕 씨의 집을 노렸다. 도시 재개발 피해자 연맹은 페이스북으로 소식을 전한다. "긴급동원! 스린 왕 씨네 강제철거를 막자"란 메시지를 지지자들에게 전송해 집결을 호소했다. 이 메시지는 페이스북에서 빠른 속도로 전파돼 300회 이상 공유됐다. 자정 무렵, 현장에 모인 지원자들은 도합 400여 명에 달했고, 손에 손을 잡고 바닥에 앉아 긴장된 상태로 경찰 병력의 집결을 기다렸다.

새벽 4시 – 수호

일부 사람들은 경찰이 강제철거를 포기했다고 여기고 조금씩 긴장을 풀었지만, 새벽 4시가 넘어가자 다시 주의를 기울였다. 800여 명의 경찰병력이 왕 씨네 집과 사람들을 포위하기 시작했다. 방패벽으로 시위대를 둘러싸 주위를 봉쇄하고 현장출입을 제한하는 이 현장 상황은 스마트폰을 통해 인터넷으로 생중계됐다. "보조 배터리를 가진 분이 있으십니까? 제가 휴대폰으로 생중계를 계속할 수 있도록 해주세요." 현장에서 생중계하던 지지자들은 이렇게 고함쳤다. 날이 밝자 인터넷에서 생중계를 본 많은 사람들이 지지의사를 표명하기 위해 현장으로 달려왔다. 봉쇄된 현장 안으로 진입할 수 없었지만, 봉쇄선 밖으로는 어마어마한 민중들이 집결해 있었다.

경찰은 8시를 전후해 행동을 개시했다. 손에 손을 잡고 자리에 앉아 저항하던 철거반대 민중은 인간사슬에서 한 명씩 강제적으로 떼어졌고, 닭장차에 실려 시외에 떨궈졌다. 안팎 민중들이 모두 끌려나오자 불도저는 두 채의 왕 씨네 건물을 밀어버렸다. 그날 오후, 시외로 쫓겨났던 사람들이 다시 속속들이 모여들었다. 이들은 방향을 바꿔 총통부와 타이베이 시장관저로 이동해 투쟁했다. 이 강제철거 사건은 소셜네트워크를 통해 계속해서 공유됐고, 시정부를 풍자하는 'Taipei Fucking Suck臺北好好拆' 이모티콘이 대량으로 나돌았다. 여론의 압력을 받자 강경한 입장을 견지하던 하오룽빈 시장 역시 이틀 후 태도를 바꿨다. 그는 울먹이면서 "시정부는 법에 의거해 집행했을 뿐입니다. 양측의 소통과 검토가 부족했음을 알고 있습니다."라는 입장을 밝혔다.

집으로 돌아와 화덕을 세우다

강제철거 후 3일째 되던 날, 왕 씨네 사람들과 지지단체는 이미 벽돌 부스러기가 돼버린 집으로 돌아왔다. 이들은 기둥을 세우고 컨테이너로 집을 다시 지었다. 이런 조야한 상황 속에서도 일부 사람들은 '차오니마²밥팀'을 조직하고 현장에서 간단한 요리를 만들었다. 이런 활동은 현장 자원봉사자들 간의 거리를 좁혀 나가는 데 큰 도움이 됐다. 11월, 이들은 '요리최전선'을 조직했다. 왕 씨네 가족들과 도시재개발 피해자 연맹은, 토론을 거쳐 왕 씨네 집이었던 14호 땅에 '전선 14호 화덕'을 만들기로 결정한다. 이 화덕은 빵과 피자를 굽는 공

<?> 차오니마(草泥馬)는 중국어 욕설 차오니마(炒你媽)와 음이 같고 글자가 다른 단어. 차오니마(炒你媽)는 영어로 Fuck your mother다. 차오니마(草泥馬)는 중국 네티즌들이 정부의 인터넷 검열을 피하거나 조롱할 때 쓴다.

공주방이었다. 주변 지역사회에서 언제든 사용할 수 있게 개방했다. 전선 14호 화덕에서 구워진 빵은 다른 투쟁의 '전선'으로 보내졌다. '러성요양원樂生療養院', '중부과학공단의 물 강탈을 반대하는 자구회反中科搶水自救會' 등으로 보내져 상호지원 및 연대를 이어간 것이다. 원래 땅에 컨테이너로 다시 태어난 왕 씨네 집. 타이베이 시 반철거 운동의 주요 집회 공간으로 사용되며 명실상부한 철거반대운동의 전선으로 부상했다.

타이베이 시 도시재개발사에서 스린 왕 씨네 집은 정부에 의해 전례 없는 방식의 강제 철거를 겪었다. 이 사건으로 사람들은 도시재개발의 공공이익이란 거대한 깃발에 가려져 있었던 공권력 폭력에 대해 재고再考하게 됐다. 도시재개발법규 수정에 대한 공공 토론 역시 시작됐다. 각계의 논쟁은 도시재개발 과정에 대한 문제로부터 공공이익과 개인재산권보장의 변론으로 옮겨갔다. 우리는 개인재산권을 얼마만큼 보장해야 하나? 그리고 우리는 도시발전의 공공성을 어떻게 정의할 것인가? 이런 논쟁들이 미래 도시발전을 둘러싼 주요 전선임을 유추하는 건 어렵지 않다. 한편, 우리는 원린위안 재개발 관련 강제철거 반대운동에서 인터넷 기술발전에 기반한 즉각적인 반민 동원 능력을 확인할 수 있었다. 소셜네트워크과 모바일 메신저를 통한 빠른 정보공유는 도시 안의 반민주체를 신속하게 집결시켰다. 이는 현대 도시반민 체험의 새로운 특성이다.

왕 씨네 조립식 주택 옆의
전선 14호 화덕

2014년의 후기

원린위안과 왕 씨네 사건은 장진어張金 부시장이 주도한 협상을 거치며 파국으로 치달았다. 게다가 개발자 러양樂揚건설사는 왕 씨네 가족을 무허가 점유 명목으로 소송을 제기했다. 민사법원의 1심 판결에서 왕 씨네는 패소하지만 짧은 기간, 사회 각계로부터 1,700여만 위안을 무담보로 모금해 항소를 준비했다. 그러나 2014년 3월 14일, 왕 씨네 가족 중 한 명이 다른 가족들과 의견을 달리하면서 몰래 컨테이너 집을 철거해버렸다. 사회 각계는 크게 놀랐다. 같은 해 5월 28일, 왕 씨네와 러양건설사는 소송취하를 합의했다. 법률질서라는 거대한 압력을 견디지 못하고 원린위안 반 강제철거 운동은 막을 내렸다.

 臺北市士林區前街五巷十四號

왕 씨네 사건 이후 타이베이 시정부의 도시재개발 정책을 조소하는 'Taipei Fucking Suck(臺北好好拆)' 구호의 이모티콘. 인터넷에서 대량으로 배포됐다.

36

서쯔다오 개발안 – 연민에서 벗어나 자립으로 나아간 지역사회의 역량

서쯔다오杜子島는 지룽강과 단수이강이 합류하고, 낮은 지대 때문에 쉽게 침수된다. 1960년대 정부는 이곳을 홍수 방지를 위한 건축금지구역으로 구분했다. 서쯔다오는 시 중심에서 차로 겨우 10분 거리에 있었지만, 오랜 세월 발전이 낙후된 도시 속 시골로 여겨졌다. 도시 확장과 홍수 위험이 완화되며 서쯔다오 역시 개발을 목전에 두게 됐다. 여러 방면에서의 각기 다른 개발계획들이 넘쳐났다. 그러나 개발은 기초 건설 단계에서 오랜 시간 멈춰 있었다. 서쯔다오 주민들은 수동적인 자세로 개발을 기다리지 않았다. 그들은 역량을 집중해 다오터우島頭 공원 개발 계획을 추진하며 새로운 '발전'상을 제시했다.

서쯔다오 풍경. 장기간 건축이 금지된 우수조정지로 설정돼 있었다. 그래서 서쯔다오는 아직도 많은 삼합원 양식의 전통 건축과 저층 공동 주택이 존재한다. 이러한 주택들은 얇은 양철판으로 임시 증축만 할 수 있었다._커웨이원(柯惟文) 제공

일제 식민시기의 농업구역,
종전 후 개발 금지 우수조정지 구역으로

청대 말기, 한족들은 서쯔다오에 이주하고 일대를 개간해나갔다. 그 여파로 원래 이곳에서 어업과 수렵으로 생활하던 원주민 카이다거란 족[3]은 다른 곳으로 이주하거나 한화漢化됐다. 일제시대 식민정부는 효과적인 타이완 통치를 위해 현대 도시계획을 도입했고 이로 인해 도시 인구는 점차 증가한다. 도시 외곽의 서쯔다오 주민들은 대대로 농업에 종사했었다. 서쯔다오는 하천 수송의 이점을 활용해 타이베이에 야채와 화훼를 공급하는 산지로 기능했다.

서쯔다오의 농업은 발달해갔지만 홍수 때마다 침수되는 악몽에서 벗어나진 못했다. 1964년, 태풍 글로리아가 타이완을 강타해 800여 가구가 침수되고 400여 명의 사상사가 발생했다. 서쯔다오 또한 물에 잠겼고, 시정부는 홍수 방지 계획을 진행해 젠탄 구역 지룽강 강줄기를 직선으로 만들었다. 또한 1970년에 공표된 '타이베이 지역 홍수방지계획 검토보고'에 따라 서쯔다오는 건축금지구역으로 지정됐다.

이때부터 서쯔다오는 우기마다 넘쳐나는 강물을 흘려보내는 역할을 맡았다. 이로써 시민들의 안전은 보장됐지만 현지 주민들의 권익은 희생됐다. 서쯔다오 주민들은 새로 건물을 짓거나 수도 및 전기를 개설할 수 없었다. 수해 피해를 스스로 책임지겠다는 계약서에 체결해야만 제방 바깥 지역에서 거주할 수 있었다. 이런 각종 차별대우를 겪으며 주민들은 스스로를 '2등 공민'이라며 자조하기 시작했다.

고속도로 개통, 불법 공장 건축물의 성행

1978년 중산 고속도로가 개통했다. 서쯔다오 남단 강줄기는 메워지고 충칭북로 고속도로의 나들목이 됐다. 그러나 서쯔다오 건축금지구역은 공공 인프라, 교통 및 취학의 불편으로 인구가 점차 줄어갔다. 원래 서쯔다오 농업은 채소 및 과일 전문 생산 지역으로 비교우위를 자

---

3   카이다거란(凱達格蘭, Ketagalan)은 식민 지배자 혹은 한인과 가깝게 지낸 평포족(平埔族) 원주민 중 하나이다. 타이완 북부 단수이, 타이베이, 지룽, 타오위안 일대에 분포했다. 현재 이미 한족에 동화된 상태다.

랑했었다. 하지만 고속도로 개통으로 남북 간 교통시간이 단축됐고, 이에 따라 새로이 유입된 중남부의 고품질·저가격 농산품에 점차 밀려나고 만다.

농업이 몰락하자 일부 지주들은 농지를 메우고 양철 지붕의 창고와 공장을 지어 임대했다. 임대료가 저렴하던 서쯔다오는 도심발전 때문에 교외 이전이 불가피했던 2차 산업을 수용하게 된다. 1980년대, 강변 맞은편의 산충三重, 루저우蘆洲의 연이은 제방 강화건설로 서쯔다오의 수해 위험성은 더욱 높아졌다. 이에 주민들은 생명과 재산의 안전을 보장받으려 주민대표를 통해 정부에 계속 압력을 넣었지만 긍정적 답변은 없었다. 이들에게 남은 수단은 시위와 투쟁뿐이었다. 시위는 5개월 동안 집중적으로 진행됐다. 차량을 빌려 타이베이 시청 앞으로 이동해 항의한다. 공공투자의 증대, 높은 제방을 쌓아 거주권을 보장할 것, 불법 건축물 철거 임시 중지 등을 요구했다.

성매매 특별구역과 서쯔다오 개발 계획

항쟁에 직면해서야 정부는 제방의 높이를 높였지만 건축 금지 제한은 해제하지 않았다. 여전히 타이베이 시가지와 산충, 루저우 등의 발전이 우선이었던 것이다. 언제나처럼 희생해야 했던 서쯔다오 주민들은 오랜 기간 동안 개발을 기대했지만, 그 인내 끝에 얻어낸 것은 1980년대 말의 '성매매 특별구역' 지정이었다. 범람하는 윤락 업종을 정돈하기 위해 정부 관원들은 서양을 모방한 성매매 특별구역 집중관리제도를 제안했다. 서쯔다오는 3면이 강으로 둘러싸인 폐쇄적 지형이다. 그래서 이 제안에 굉장히 적합하고 동시에 서쯔다오의 개발 요구도 해결할 수 있으리라 여긴 것이다. 하지만 이 소식이 발표되자 주민들과 여성운동단체는 즉각적으로 반발했다. 결국 당시 타이베이 시장 우보슝吳伯雄은 즉시 전문(특별) 구역 계획을 취소한다.

1990년대에 들어서서야 서쯔다오는 개발열차에 탑승할 수 있었다. 타이베이 시장 선출이 민선民選으로 바뀐 것이다. 서쯔다오 개발안은 표심을 잡기 위한 시장 후보자들의 단골 정책공약이었다. 황다저우黃大洲 재임 때는 관두關渡 지역을 결합한 '도시 오락휴식 공간'을, 하오룽빈郝龍斌 재임 시기에는 경전철 철로, 거주, 상업, 쇼핑, 오락 및 산업 서비스를 결합한 대타이베이 '녹색 생태 기반 도시', 롄성원連勝文 경선 때는 '자유경제 시범구역'을 서쯔다오 주요 정책사안으로 삼았다. 40여 년의 건축 금지를 경험한 후인 2002년, 마침내 내정부 도시건설위원회는 조건부로 서쯔다오 개발안을 통과시켰다. 그러나 행정원은 2010년에 접어 들어서야 홍수방지 계획을 심사하고 개발안에 대한 환경평가를 시작했다.

연민에서 벗어나 자립으로 나아간 지역사회의 역량

서쯔다오 주민들은 확정되지 않는 개발 계획을 가만 기다리고만 있지 않았다. 1993년, 지역인사들은 '서쯔문교기금회社子文教基金會'를 조직해 서쯔다오의 역사문화를 기록하고 생태자원 데이터베이스를 구축했다. 또한 이들은 1999년, 향토문화 커리큘럼을 만들어 주민들이 어릴 때부터 자신들의 고향을 긍정적으로 인식해 홍수지대라는 악몽에서 벗어나게 했다. 그 밖에 현지 마을 조직은 정부나 민간계획을 계승해 외부 자원을 이용하여 환경개선에 나섰다. 또한 다른 마을건설의 사례를 본떠 서쯔다오의 지역 역량을 강화했다. 이들은 오랜 기간 동안 조직의 기초를 다지고 있었지만 대규모 민중참여는 2005년 다오터우 공원 조성 때야 시작될 수 있었다.

다오터우 공원은 서쯔다오 최북단의 단수이강과 지룽강이 모이는 곳에 위치한다. 이곳은 멀리 관인산觀音山, 관두關渡평원, 홍수린紅樹林습지의 풍부한 자연 경관을 감상할 수 있는, 시민들의 휴식공간이다. 하지만 과거에는 잡초가 무성한 황무지에 불과했었다. 마을에서 '서쯔다오 문화제'를 개최해 현지 생태와 농업생활을 소개하자 3일 동안 진행된 행사에 많은 인파가 몰려들었다. 이때 마을 주민들은 서쯔다오의 새 면모를 발견하고 서쯔다오의 또 다른 발전 가능성을 감지했다. 지역의원들은 주민들과 협조해 정부의 지원을 확보하기 시작했고 나아가 참여식 기획으로 다오터우 공원을 조성하기에 이른다. 이는 건축 금지 이래 서쯔다오에서 가장 규모가 큰 공공건설이었다.

과거 주민들은 수동적으로 개발을 기다리며, 서쯔다오 개발이 큰 변화를 제공할 것이라 기대했다. 그러나 '개발을 기다'릴 수밖에 없었던 것은 기초건설이 정체됐기 때문이었다. 정부와 일부 주민들은 '머지않아' 개발계획이 시작될 것이라 생각했고, 현재 자원과 자본을 투입하고 있으니 자연스레 개발이 진행되리라 여긴 것이다. 그래서 이들은 그 어떤 변화도 원하지 않았었다. 20여 년이 지났고, 개발안은 여전히 종이 위에 머물러 있었다. 기대했던 정부의 자금 지원도 이뤄지지 않았다. 수동적인 기다림에 지친 주민들이 의견을 소통하고 공감대를 형성해 주동적으로 나서기 시작한 것이다. 생활환경 개선을 위한 공동의 노력은 '개발 번영'의 미신을 뛰어넘어 지속 거주가 가능한 환경을 창출해 냈다.

 社子島島頭公園：臺北市士林區
延平北路九段二一二號

왼쪽: 다오터우 공원은 여가 활동을 할 수 있을 뿐만 아니라 단수이강 일몰의 아름다운 광경을 감상할 수 있다. 일찍부터 타이베이 시민들의 관광레저 장소로 쓰였다._커웨이원 제공
오른쪽: 농업이 몰락하자 일부 지주들은 농지를 메우고 양철 지붕의 창고와 공장을 지어 임대했다. 임대료가 저렴하던 서쯔다오는, 도심발전 때문에 교외 이전이 불가피했던 2차 산업을 수용하게 된다._커웨이원 제공

37 베이터우 케이블카에 반대하다
– 내 삶의 행복으로 만든 당신의 온천길[4]

여자 무당의 땅 – 근교 레저화의 잠식과 병탄

　북쪽으로 향하는 지하철 단수이선을 타고 위안산교圓山橋를 건넌다. 저 멀리 보일 듯 말 듯하던 다툰산大屯山의 풍경이 점차 또렷해진다. 계절이 변하고 겨울이 되면 짙푸른 색의 모감주나무가 검붉은 열매를 맺는다. 등대꽃나무는 작은 등롱 수백 개가 나무 가지마다 걸린 것처럼 보인다. 또한 일 년 내내 자욱한 열기 섞인 안개가 색다른 정취를 더한다. 이곳은 바로 '베이터우北投'다. 도시인들이 사시사철 꽃놀이와 산책을 즐기러 오고, 서늘해진 겨울에는 온천을 즐기려 들리는 휴양지다.

4　'내 삶의 행복으로 만든 당신의 온천길'은 노래
　〈다시 만납시다! 베이터우(再會吧! 北投)〉에서
　인용한 것이다. 이 곡은 베이터우에서 출생한 저
　명한 음악가 천밍장(陳明章)의 곡이다.

베이터우 케이블카 예정지 베이터우 공원

'베이터우'라는 지명은 초기 다툰大屯 화산군火山群에 골고루 퍼져 있던 평포족 원주민 카이다거란凱達格蘭 마을에서 유래한다. 전설에 따르면 이 곳에는 무엇과도 비교할 수 없는 아름다움, 지혜, 그리고 신묘한 영력을 가진 '여무당女巫, KIPATAW'이 살았다. 그리고 그녀가 점괘와 기도 등 평안을 기원하는 제사의식을 치를 때면 열기로 가득한 연기가 피어올랐다. 이 '여무당'을 부르는 카이다거란어 발음이 민남어 발음 중 '팍타우北投'와 비슷했고, 훗날 이 지역을 '베이터우北投'로 부르게 된다.

청대 베이터우는 산발적으로 개발됐다. 욱영하郁永河도 이때 유황을 찾으려 이곳을 방문한 바 있다. 일본인이 이곳에 타이완 첫 번째 온천 여관을 짓고 나서부터 온천 관광이 시작됐다. 당시 베이터우에 가려면 반드시 단수이선 철도를 타야 했다. 일본인이 청대의 철도를 수리해서 사용한 것이었다. 이후 이 노선은 재건을 거쳐 오늘날의 지하철 단수이선이 되었다. 베이단선北淡線에서 유일하게 남겨진 유적은 타이완민속촌으로 이전하여 보존되다가 2014년, 베이터우의 신베이터우 기차역으로 되돌아왔다.

일본인이 개발한 베이터우는 타이완총독부철도부臺灣總督府鐵道部가 진행한 명승지 투표에서 '8경 12승' 중 하나로 선정됐다. 또한 1923년, 히로히토裕仁 일본 왕자가 베이터우를 방문하며 관광지 베이터우의 명성은 더욱 높아졌다.

이때부터 베이터우 발전과 온천은 떼려야 뗄 수 없는 긴밀한 공생관계가 됐다. 가장 빨리 개발된 평지 취락인 '구베이터우'와 근처 산악지대 온천지역인 '신베이터우' 일부분이 여기에 속한다.

전후, 즐비한 온천 관광 여관과 연관 산업의 성행은 베이터우의 경관을 크게 바꿨다. 또한 산지가 많은 지형의 특성 때문에 '오토바이 퀵서비스'나 '나카시'[5]와 같은 지역 특색 산업이 더욱 발전한다. 그러나 1980년대 이후 접대부제도 폐지, 베이터우 목욕탕 보존, 베이터우 케이블카 반대 등 일련의 사건을 겪으면서 베이터우 지역 발전을 둘러싼 각기 다른 미래 구상이 시작됐다.

---

5 나카시(那卡西)는 일본어 나가시(ながし)를 중국어로 음역한 것. 이들은 호텔, 식당, 노래방, 나이트클럽 등을 돌아다니며 손님을 접대한다.

베이터우 케이블카의 시련
- 진짜는 마오쿵 케이블카 위에서 펼쳐지다

1985년, 정부는 환경보호와 국민여가를 위해 양명산국립공원陽明山國家公園을 설립했다. 국립공원은 베이터우를 대신해 온천이 아닌 관광산업 발전의 계기가 됐다.

1979년, 타이베이 시장 리덩후이李登輝는 접대부제도를 폐지한다. 베이터우는 이에 대응해 우라이烏來 온천의 원산낙원雲仙樂園을 모방해 케이블카를 설치하려 했다. 이를 통해 지역경제 활성화를 도모하려 한 것이다.

정부는 베이터우 케이블카 설치 정당성을 강화하기 위해 케이블카가 양명산 꽃 축제시즌의 교통정체도 동시에 해결할 수 있다고 발표했다. 심지어는 진산金山, 산지三芝, 단수이淡水, 베이터우, 톈무天母 등 다섯 개의 케이블카 노선을 합친 '양명산국가공원 전체 연외 케이블카 계획陽明山國家公園整體聯外纜車計畫6'이 확장 가능하단 입장을 밝혔다. 그러나 이는 교통문제 해소를 명분으로 지역 세력 이익 도모와 국가공원 강제 개발을 위한 황당한 논리에 불과한 것이었다.

1998년 타이베이 시장 마잉주馬英九는 '베이터우 케이블카는 반드시 건설되어야 한다'고 주장했다. 그리고 오래지 않아 정경유착 및 환경평가 회피에 따른 부정 사건이 연달아 터졌다. 뇌물 수수와 관련된 관료는 내정부 차장부터 양명산 관리처장에까지 이르렀다. 케이블카 개발은 오랜 기간 동안 모든 환경평가를 의도적으로 회피했다. 15년에 걸친 투쟁이 지나고 2010년, 타이베이 시장 하오룽빈은 환경평가 진행을 선언한다. 공동개발집행주체인 타이베이 시정부는 선수이자 심판과 같았다. 그들은 환경평가 논쟁을 정부 측에 유리하게 이끌었다. 결론부터 말하자면 2014년 7월 3일, 고등행정법원은 케이블카 환경평가 철회 소송사건의 원고(베이터우 주민) 승소판결을 내렸다.

---

6 1980년대, 지역 개발을 위해 베이터우에 케이블카를 설치하려 한 정책의 범위는 곧 양명산국가공원 전체 연외 케이블카 계획으로 확대된다. 양명산을 끼고 있는 5곳의 도시로부터 양명산 중앙으로 케이블카를 설치해 지역경제를 활성화하고 교통정체를 해결하려 시도한 것이다.

그러나 당시 타이베이 시장 마잉주는 베이터우 케이블카 완공 지체로 인해 연임 관련 압박에 직면했다. 결국 자신의 뜻을 관철하려 문산구文山區에 마오쿵貓空 케이블카 설치를 감행한다. 2007년 7월 4일, 운행을 시작한 마오쿵 케이블카는 베이터우 케이블카 입지와 마찬가지로 약한 지질을 토대로 하고 있었다. 그러나 타이베이 시정부는 똑같은 케이블카 계획을 그대로 가져와 마오쿵 케이블카 건설에 사용했다. 결국 마오쿵 케이블카는 운행 당일 수차례 고장을 일으켰다. 탑승 중이던 승객들은 여름날 고온의 케이블카 안에 갇히는 봉변을 당하고 만다.

2008년에는 태풍 칭마이薔蜜의 상륙으로 마오쿵 케이블카 탑 기둥이 기울고 산사태 등의 재해가 발생한다. 타이베이 시정부는 이런 재해 상황을 은폐하려 했고 거짓으로 시추조사를 진행하는 무리수를 두고야 만다. 결국 케이블카 운행은 만 2년을 채우지 못하고 중지됐고, 2년이 지나서야 겨우 재개될 수 있었다. 이런 사건들이 베이터우 지역 내 케이블카 설치에 대한 반대 여론을 더욱 견고하게 만들었다.

베이터우 관련 기타 논쟁은 베이터우의 생활 수준 저하에 대한 것이다. 베이터우가 오랫동안 의지한 온천산업이 불황을 겪으면서 온천 여관업자는 모두 열악한 상황에서 경영을 지속해야만 했다. 또한 주거빌딩 신축 및 주거인구 증가에 따라 베이터우 교통정체가 이미 일상이 되어버린 상태였다. 베이터우 케이블카의 출발 및 종착은 신베이터우 마을 공원新北投社區公園으로 설정돼 있었다. 이에 지역인사들은 '케이블카가 매 시간 2천 4백 명이라는 상당한 탑재량을 어떻게 부담할 수 있을 것인가, 또한 파생되는 환경문제를 어떻게 해결할 것인가'에 대해 질문하기 시작했다.

초기 일본인은 일본 본토에서의 경험을 그대로 가져와 향수병을 잠재우는 장소를 만들려고 베이터우 온천을 조성했었다. 이후 국민당 정부는 베이터우를 합법적인 성산업구역으로 계획 조성했다. 뒤이어 신베이터우 일부 지역은 양명산 국립공원으로 편입됐고, 이는 베이터우 케이블카 설치 계획으로 이어졌다. 이 모든 일련의 과정은 국가의 힘을 이용한 상명하달식 의사결정이 베이터우의 운명을 좌지우지하였음을 보여준다. 그러나 베이터우 발전에 대한 지역민들의 구상은 온천 중심 산업을 중지시키거나 관광 케이블카 개발 전략을 세우는 것만은 아니었다.

1994년, 베이터우 초등학교와 지역민은 힘을 합쳐 일제강점시기 사용된 베이터우 대중목욕탕을 되살리려 했다. 결국 기존 건물을 '베이터우 온천박물관'으로 재탄생시키고 3급 고적 지정을 받아내기에 이른다. 이에 따라 주민들은 베이터우에 대한 '대안적 발전 상상'을 전개해 나갔다. '신베이터우 시립도서관新北市立圖書館'의 친환경적 특색의 건물, 베이터우 지역사회가 주도하는 '생활환경박물관' 개념은 새로운 면모의 베이터우 인문역사와 온천 경관을 만들어내는 데 기여했다.

베이터우의 발전역사와 개발논쟁은 시민역량의 중요성과 지역사회 협력으로 다른 미래를 탐색할 수 있다는 가능성을 세상에 알려주고 있다.

베이터우 온천박물관은 일제시대 가장 큰
대중목욕탕이었다. 현재는 베이터우 발전과
관련된 중요한 자료를 소장하고 있다.

베이터우 케이블카 항쟁 기록

1979년	타이베이 시장 리덩후이, 접대부제도 폐지 및 베이터우 케이블카를 통한 관광 진흥계획을 발표.
1989년	양명산풍경관리처는 「양명산국가공원전체교통개선연구계획(陽明山國家公園整體交通改善研究規劃)」의 연구 및 제정을 위탁함. 연구에 따라 「케이블카통로시스템(空中纜車通道系統)」이 건의, 채택됨. 노선은 신베이터우에서 양명산으로 정해짐.
1990~1991년	양명산풍경관리처는 케이블카 계획을 위탁. 그 결과 베이터우 대중목욕탕을 철거하고 해당 지점을 케이블카 출발·종착점으로 예정 제안. 이후 지역사회 협조로 철거를 면한 목욕탕은 3급 고적으로 지정됨.
1993년	타이베이 시장 황다저우, 케이블카 설치 결정.
1997~1998년	양명산풍경관리처, 개발 결의. 타이베이 시는 케이블카 계획 및 초기 설계를 위탁함. 시장 천수이볜은 BOT개발에 동의.
2005년	타이베이 시정부와 리산림휴한개발공사(儷山林休閒開發公司), BOT 계약을 체결함. 계약금은 약 10억 원에서 29억 원으로 급증. 환경평가 역시 제대로 수행되지 않음. 당시 타이베이 시장은 마잉주.
2006년	케이블카 건설 시작. 그러나 정경유착 비리가 터져 공사 중지.
2012년	하오룽빈, 타이베이 시장으로 선출. 이후 총 3회의 베이터우 케이블카 환경평가를 실시. 그 결과는 조건부 통과. 거주민은 행정소송을 걸고 반대투쟁 시작.
2014년	고등법원, 기존 환경 평가 철회를 선고
2015년	타이베이 시장 커원저(柯文哲), 타이베이 시정부의 베이터우 케이블카 건설 취소 입장을 밝힘.

 北投公園：由臺北市北投區 中山路´光明路所圍繞之區域

 北投溫泉博物館：臺北市北投區 中山路二號(位於北投公園內)

38 관두자연공원
– 아무 말도 할 수 없는 '원주민'

　타이베이 중심지에서 차로 약 40여 분을 달린다. 무미건조한 빌딩으로 가득찬 차창 밖 풍경이 점차 광활한 평야가 펼쳐지는 농촌의 정경으로 바뀌기 시작한다. 타이베이 시 최대 허파인 관두자연공원^{關渡自然公}에 다다른 것이다. 타이베이 시와 신베이 시의 경계, 그리고 단수이강과 지룽강이 합류하는 곳에 자리한 관두자연공원은 그 지리적 위치가 경계들을 넘나드는 혼합성을 그대로 상징한다.

　초기 타이완 육로 교통은 편리하지 않았다. 타이베이 분지를 개척했던 스페인, 네덜란드, 나아가 한인들 역시 단수이강이 바다로 흘러나가는 지점에서부터 강을 따라 내륙으로 개발을 진행했다.

　6천여 년 전의 타이베이는 소금물로 가득한 분지였다. 관두평원은 움푹 패인 호수 밑바닥이었다. 호숫물이 빠져나간 뒤 지룽강과 단수이강이 번갈아 범람해서 쌓인 모래가 오늘날의 관두평원을 형성한다. 관두의 지형은 관문^{關門}의 형상과 비슷해 나룻배로만 진출이 가능했다. 그래서 '관두^{關渡}'란 이름을 얻게 됐다.

　그러나 1963년, 태풍 글로리아가 타이완 북부지역을 강타하자 정부는 오랫동안 관두평원을 보호하고 있던 '사자상 애구'[7]를 폭파하기로 결정했다. 이는 수재로 고인 물을 흘려보내려 한 것이었지만, 반대로 매번 조수가 들어올 때마다 바닷물이 유입됐다. 이로써 관두의 수많은 논은 다시 경작을 할 수 없는 지경이 되고 말았다. 토양 염류화는 경작지를 황폐화시켰다. 또한 각종 공업폐수와 폐기물이 제멋대로 쓸려들

7　애구(隘口)는 좁고 험한 길목을 뜻하며, 그
　곳에 세워져 있던 사자상을 합쳐 사자상 애
　구라 불린다. 그러나 현재에는 철거되고 거
　대한 기념비만이 남겨져 있다.

어왔다. 이렇게 습지는 마치 파도 물결 같은 계단식 형태로 변형됐고 동식물의 서식환경도 위협을 받았다.

버드맨의 특수성

1970년대부터, 관두에서의 조류 관찰 활동은 몇 명의 외국인 조류 관찰자들로부터 시작됐다. 당시 타이완은 계엄 통치 아래 있었고, 관두 일대는 군사통제구역이었다. 따라서 일반인의 출입은 제한됐다. 게다가 조류 관찰용 설비는 고가였기 때문에 아무나 부담할 수 있는 것이 아니었다.

그러나 중산층의 증가로 레저활동이 활발해지면서 조류를 관찰하는 사람들이 증가했고 타이베이야생조류학회臺北野鳥學會가 만들어졌다. 이렇게 물새를 보호하는 힘들이 모이기 시작했다.

80년대, 야생조류학회 회원들은 타이베이 시장 리덩후이李登輝에게 투서를 통해 관두소택구역의 보호구 설정을 건의했다. 그러나 당시에는 보호구 선정 의견보다는 관두를 '타이베이 부도심'으로 삼자는 개발여론이 더 컸다.

1986년, 행정원농업위원회는 문화자산보존법에 의거해 '관두자연보류구'를 설정하고 물새를 보호대상으로 지정한다. 하지만 이 정책은 홍수림紅樹林, 망그로브의 빠른 확장을 유발해 습지 다양성을 위협했다. '관두자연공원'과 '관두평원'의 보존과 개발을 둘러싼 논쟁은 지속됐다. 1996년에서야 타이베이 시의회는 150억 위안 규모의 관두자연공원 토지징수 특별예산을 통과시켰고, 논쟁은 중대한 전환점을 맞이한다. 2001년 타이베이 시 야생조류학회는 관두자연공원 경영권을 취득했다. 생태 다양성 보호를 경영 목표로 삼았다. 관두자연공원이 타이완 최초의 비정부조직 위탁 경영·관리 보호구가 된 것이다.

환경보호운동 측면에서 '관두자연공원구역'은 순조롭게 진행됐다. 이는 아마도 버드맨鳥人, 조류 관찰자의 특수성에 기인한 것일지도 모른다. 그들은 일반적인 거리항쟁 같은 전략을 선택하지 않았다. 조류 관찰자와 조류학회를 이용해 사회적 지위가 높은 이들과 문화자본네트워크를 조직했다. 이런 안팎의 상호 협력으로 정책결정을 서서히 변화시켰다.

어떤 말도 할 수 없는 '원주민'

'관두자연공원'이 만들어지자 관두자연공원 관리처 및 시정부와 현지 주민들의 관계는 미묘해졌다. 행위자마다 동식물을 대하는 방식과 관두자연공원의 역할에 대한 기대가 어떻게 달랐는지를 보여준다.

먼저, 교통의 편리성과 레저 활동의 가치가 생태보존의 가치보다 더 중시됐다. 딱딱한 도로가 공원과 보호구역을 가로지르며 깔려나갔다. 이는 생태 시스템의 완전성을 경시한 것이다. 그뿐 아니라 타이베이 시정부는 공원관리처에 이윤을 반드시 '환원'하라고 요구했다. 시정부는 관두자연공원을 시정자산으로 여겼고 영리사업처럼 생각했다. 그래서 공원의 모든 이윤은 지역에 환원하고 손실은 스스로 부담해야 한다고 규정한 것이다.

지역공동체의 이질성은 공교롭게도 '환원계획'에 대한 각기 다른 구상에 반영됐다. 인근 주민 공원 무료 입장에 대해 '환경보존'과 '자연경관'을 중시하는 주민들은, 감각기관으로 자연환경을 향유하는 레저가치에 공감했다. 따라서 무료 공원 입장을 환원계획에 포함시키려 한 것이다. 이와 달리 일부 주민들은 자연자원이 물질적 이익을 확보할 수 있는가의 여부에 관심을 가졌다. 사람들은 환원계획에 대한 다른 인지가 관두 신주민들과 구주민 간의 차이를 어느 정도 반영하는 것이라고 본다.

그러나 보다 근본적인 문제는 우리가 동식물을 어떻게 대하고 그 권익을 어떻게 보장할 것인가에 대한 것이다. 타이완은 야생동물보호법을 시행하고 있지만 식물 보호 관련 법령은 없다. 경찰이 생태 파괴 행위를 구속할 수 없는 것이다. 만약 융통성이 없는 문화자산보호법만 적용한다면 각종 소규모 농사는 금지되고 주민 생존공간은 줄어들게 된다.

　자연보호는 세상의 보편적 가치로 자리 잡았다. 그러나 인류 생존과 자연의 관계 개선은 여전히 쉽게 해결할 수 없는 문제다.

臺北市北投區關渡路五十五號

관두자연공원 내 일경. 인류의 개발과 생활로 동식물의 서식지는 점차 줄어들고 있다.

39 단수이 - 베이터우 자동차 전용도로 -단 7분을 단축하기 위한 여정

다시 깨어난 단수이 - 베이터우 자동차 전용도로

2008년 9월 11일, 강력한 태풍 실라코가 근접했던 늦은 밤. 단수이 주웨이竹圍 교회에 단수이 문제에 관심을 가진 주민들이 빼곡히 앉아 있다. 불안감이 팽배했던 이 밤, 엄숙한 현장 분위기 속에서 진행된 이 설명회는 단수이-베이터우 자동차 전용도로에 반대하는 연맹이 개최한 것이다. 설명회에서 현정부가 환경보호서와 임무국林務局 그리고 환경평가회의 건의를 무시하고 고가도로의 길이를 축소하려 한 사실이 드러났다. 환경평가 책임을 회피하려 단수이-베이터우 자동차 전용도로계획 통과를 강행한 것이다. 이는 단수이의 생태와 문화자산 보존에 큰 충격을 가할 것이 분명했다. 단수이 문화조직은 곧바로 반격에 들어갔다. 인터넷에서 만인 서명운동, 생태보존 및 녹색도로 요구, 매년 9월(9월 22일 세계 차 없는 날) 대규모 시위행진 전개를 시민들에게 호소했다. 같은 해 단수이 읍사무소 측은 민간단체, 국민당 지방 당사무소 등의 조직을 동원하여 '단수이강 북측 평면도로 건설 지지' 시위 행진을 시작한다. 정부와 지자체가 서로 연대하는 기묘한 상태가 만들어진 것이다.

1990년대로 거슬러 올라가보자. 부동산 폭등을 해소하기 위해 중앙정부는 타이완 전역 다섯 곳에 신도시 계획을 실행했다. 하지만 단수이 신도시 계획은 교통 정체 등의 이유로 인해 진행이 쉽지 않았다. 발전을 원하는 지역 주민들은 '단수이 강변 자동차 전용도로 촉진회'를 열

204

어 중앙 정부에 강변 자동차 전용도로 건설을 청원했다. 이로 인해 단수이 강변 자동차 전용도로 건설에 반대하는 '후웨이 문교촉진회瑊尾文敎促進會'와 갈등을 빚고, 20년간 계속된 도로 논쟁이 시작됐다.

조직의 궐기 - 20년, 길고 긴 항쟁의 도로

단수이의 인문과 자연환경을 아끼는 문화계 종사자들은 '단수이 역사 필드 작업실'과 '후웨이 문화역사 작업실', 즉 양대 단수이 문화단체를 조직했다. 이들은 20년 동안 단수이 지역사회에 스며들었다. 단수이의 인문과 풍광을 강조하고 단수이에 대한 사람들의 감정의 공명이 발생하기를 희망했다. 이때 행정원 문화건설위원회는 지역사회의 총체적 건설을 추진한다. 단장대학교 건축학과 교수들이 학생들을 인솔해 단수이 지역사회 작업실을 만들었고 단수이 환경계획과 지역사회 조성을 진행해나갔다. 또한 지방의 정치경제계 인사와 학자들을 모아 '단수이 문화기금회'를 준비했다. 이로써 단수이 지역사회 조성 운동은 최고조에 이르게 된다. 하지만 20년의 기나긴 노력도 단수이를 고가도로라는 거대한 괴물로부터 해방시키진 못했다.

단수이 - 베이터우 자동차 전용도로의 재개

2000년 환경보호서는 도로공사가 제출한 단수이-베이터우 자동차 전용도로 환경 영향 보고서를 부결했다. 관련 안건이 이후의 홍수림紅樹林 생태에 심각한 영향을 미칠 경우 개발은 불가하단 점을 인정한 것이다. 하지만 2008년, 타이베이 현정부는 5km로 설정된 환경 평가 표준을 교묘하게 피하려 했다. 기술적 측면에서 공정을 4.7km로 축소한 '단수이강 북측 강변 평면도로' 건설을 발표해버린다. 2009년 환경보호서는 사람들의 항의를 받고서 반드시 환경 평가 절차를 거치도록 정책을 입안했다. 하지만 2011년 '환경 영향 평가 심의 조건부 통과'라는 결론을 내리고는 단수이-베이터우 자동차 전용도로 환경 평가를 통과시켰다. 지역 주민들과 환경 보호단체 조직들은 적극적으로 소원과 소송을 제기하며 환경 평가 결정의 철회를 희망했다. 그러나 같은 시기, 신베이 시정부는 환경평가 조건 불충분을 개의치 않았다. 나아가 타이베이 시정부 교통국이 단수이-베이터우 자동차전용도로 베이터우 구간 공정 논쟁에서 부결했던 사실 역시 싱관하지 않았다. 2011년 12월 16일, 관두대교 방면에서 서둘러 착공식을 강행하고 기초공사 작업을 진행했다.

하지만 2013년 9월 주민들은 환경 전문 변호사와 협조하며 마침내 일단의 성과를 확보했다. 타이베이 고등법원은 환경 평가 결과를 기각하는 판결을 내렸다. 그럼에도 신베이 시정부는 고등법원의 판결에 상관하지 않고 계속해서 개발 공사를 진행하며 판결에 불복하고 최고법원에 항소했다. 최고법원은 다시 기각했고, 시정부에 공사와 토지 징수 중지를 명령한다. 이런 조치들이 있었음에도 환경 및 생태 파괴 위기는 여전히 남아 있었다. 신베이 시정부는 최고법원에 패소한 후, 곧바로 두 단계의 환경 평가를 받고 방향을 바꿔 단수이-베이터우 자동차 전용도로의 활로를 찾으려 했다. 조만간 단수이로 가는 길의 푸르고 무성한 홍수림은 아마 고가다리와 도로로 나뉘게 될 것이다. 또한 단수이-베이터우 자동차 전용도로 시스템 연결을 위해 타이베이 항만의 중책을 담당하는 단장대교와 각종 대규모 도시재개발안건이 단수이의 문화경관과 대치하게 될 터다. 대기오염은 더욱 심각해지고 단수이 지역 부동산 가격도 계속 상승할 것이다.

교통 정체 완화와 지역 경제 선도란 기치 아래의 단수이-베이터우 자동차 전용도로는, 고가도로와 평면도로 구역구분 건설방법으로 환경평가를 교묘히 피해 갔다. 지역 발전을 선도하는 정책처럼 보일 수 있다. 그러나 그 이면에는 진귀한 홍수림 보호구역 파괴 같은 대가, 많은 건설 자본 낭비, 아름다운 단수이 강변 경관의 희생이 잠복한다. 이 난폭한 과정과 개발로 얻은 건 타이베이 시-단수이 지구 이동 시간이 7분 단축됐단 것뿐. 이처럼 낮은 효율과 이익, 그리고 생태파괴의 계획은 애초의 환경 평가 통과 때문에 가능했다. 이는 정부의 정책 결정 순

위에서 경제발전이 생태보존과 자연환경을 능가하며, 생태보존은 언제든지 경제발전에게 그 자리를 넘겨줄 수 있음을 뜻한다. 만약 이런 것들이 결코 당신과 내가 기대하는 미래가 아니라면, 우리가 할 수 있는 일은 바로 앞으로 나와 서는 것이다. 정부가 시민들의 목소리를 보고 듣게 해야 한다.

北端起自登輝大道口,
跨越臺二線與捷運線到河岸。
南端接臺北市大度路。

2011년 9월 17일, 녹색공민행동연맹 등
환경단체들은 '차 없는 거리, 단수이–베이터우 자동차
전용도로 반대' 활동을 발기했다. 사람들은 단수이–
베이터우 자동차 전용도로 반대 표어를 높이 들어 차
없는 거리의 정신을 요구했다._왕중밍(王鐘銘) 제공

40

단수이 중젠가
– 안녕히 계세요! 중젠가의 할머니

우리가 만약 마음의 문을 연다면,
오색 찬란한 봄빛을 볼 수 있을 거예요.
비록 봄날이 그리 길지 않더라도
우리의 슬픔으로 가득 찬 마음도 늘 금방 사라질 것이에요.
봄빛 봄빛 당신은 어디에 있나요.
당신이 우리의 마음속에 영원히 함께하기를 원해요.
우리가 만약 마음의 문을 연다면,
오색의 봄빛을 볼 수 있을 거예요.

— 〈우리가 만약 마음의 문을 연다면〉
(작사 : 왕창슝王昶雄, 노래 : 뤼취안성呂泉生)

<u>2008년 5월 30일 오후 4시, 비 옴</u>

중젠가 한편에는 중젠가에 관심을 갖고 각지에서 모인 사람들이 서있다. 이들은 단수이의 사진작가 청쉬중程許忠이 시작한 침묵시위를 위해 질서정연하게 모였다. 이들은 모두 왕창슝王昶雄 선생이 1965년 중젠가(예전 주칸가九崁街) 35호에 살던 당시 작사한 노래를 함께 부른다. 단수이의 아름다운 경치와 정취, 그리고 번영한 거리의 삶들을 보며 고향을 그리워했던 마음으로 만들어진 노래다. 이제 이곳에서는 단수이 강변이 보이지 않는다. 이미 확장되고 개발된 중젠가의 미래도 볼 수 없다. 하지만 모두 함께 모여 거리의 마지막 모습을 지켜보고 있었다. 이들은 머지않아 사라질 단수이의 첫 번째 거리가 모두의 마음속에 남겨지기를 희망했다.

돌 계단을 따라 올라가면 구불구불한 비탈을 따라 지어진 집 한 채를 볼 수 있다. 과거 주칸가九崁街로 불리던 중젠가는 청대에 단수이강과 육로 교통을 이어주는 주요 노선이었다. 후이안惠安 출신 진첨陳添은 이곳에 9칸짜리 상점을 지었다. 주칸九崁, 9칸이라는 이름은 바로 여기서 비롯된 것이다. 가경년간嘉慶, 1796년~1820년 동안, 오늘날 단수이 맞은편 강변에 위치한 바리八里 마을이 수해로 파괴되면서 많은 주민들이 이곳으로 옮겨와 살았다. 그래서 중건한다는 의미의 중젠가란 이름이 생겨났다. 중젠가는 청나라 함풍제 때咸豐年, 1850년~1861년 통상항구가 설립된 이래로 후웨이滬尾, 단수이 옛 명칭 지역에 번성했던 교역의 증거다. 600m가 채 되지 않는 이 언덕길은 과거 무수한 단수이의 권력자와 명망가들이 사업을 위해 들어와 대대로 살던 곳이다. 따라서 단수이 지역의 중요한 인문 발전의 역사가 기록돼 있다. 하지만 1968년, 현 정부와 단수이 읍이 협력하여 '단수이읍 도시계획 6호 도로'를 계획했다. 1989년에 단수이 제1가의 확장을 진행하고 징수에 대한 보상을 시작하면서 중젠가는 확장되면서 동시에 철거되는 운명에 처했다. 현지 인문·역사 종사자들과 지역주민들은 이 길 위에 새겨진 단수이의 발전과 시민 생활의 흔적이 곧 사라질 것을 우려했다. 지방 문화 단체들과 단수이 공동

중젠가의 거리 풍경

체는 합심하여 특색 있는 민가의 고적지정과 마을 보존 신고를 진행해 나갔다. 이런 조치를 통해 현 정부가 깊이 있는 인문역사적 가치가 있는, 백 년 옛길의 중요성에 대해 다시 한번 생각해보기를 희망한 것이다. 이들은 오직 교통 발전에만 매몰돼 지역의 흔적을 지워버리는 파괴적인 계획이 무산되도록 맞서 씨웠다.

오후 4시 30분, 흐림

우리는 이곳에 있다. 중젠가 또한 여전히 존재한다. 하지만 얼마 지나지 않아 고적으로 지정된 시가고택施家古厝과 중젠가 14, 16호 건축 이외의 다른 주택들은 계속 철거되리라. 구불구불하게 올라가는 돌계단도 미래에는 아마도 더 이상 존재하지 않게 되고, 오직 50m 너비의 아스팔트 도로와 역사적 가치를 인정받은 건물만 외로이 남겨져 있을 것이다. 당신이 이곳에 왔을 때, 멈춰 서서 눈을 감고 무역의 열기로 가득했던 단수이 강변과 삶의 기운이 충만했던 길을 상상해도 괜찮다. 그때, 아마도 당신의 마음속에서 우리가 이미 알고 있는 이 노래가 들리기 시작하겠지.

중젠가의 거리 풍경, 저 멀리 현지에서 촬영일을 하는
청쉬중의 옛집이 보인다._청쉬중(程許忠) 제공

우리가 만약 마음의 문을 연다면,
푸른 봄의 아름다운 꿈을 볼 수 있을 거예요.
비록 앞길은 희망이 없을지라도
원망과 한숨으로 가득 찬 마음도 늘 금방 사라질 것이에요.
푸른 봄의 꿈은 지금 어디에 있나요?
당신이 영원히 우리의 마음속에 함께하길 원해요.
우리가 만약 마음의 문을 연다면,
푸른 봄의 아름다운 꿈을 볼 수 있을 거예요.

중젠가의 제1단계 공사가 완료된 후, 신베이 시정부는 2011년 5월 23일 회의를 개최했다. 그리고 이 회의에서 '중젠가를 철거하지 않겠다'고 약속하고 주택 개축 시 반드시 자발적으로 퇴거할 것만을 요구했다. 그렇지만 2013년, 정부는 약속을 어기고 공무국의 새 사무소를 세우는 제2단계 공사를 재개한다. 2013년 말, 지역민간단체들은 '중젠가 좋아요 클릭' 페이스북 활동을 재개하고 지역 인문·역사의 중요성에 대해 다시 고민하길 바랐다.

2010년 5월 30일,
네티즌들이 중젠가 입구에서
모여 찍은 단체 사진,
중젠가의 최후의 모습이
남겨져 있다.
_천이홍(陳逸宏) 제공

도시계획에 따른 도로개발과 토지징수 보상금 논쟁에 직면해서 공민의식이 고개를 들고 있는 이때, 지역주민들은 과연 자주권을 가지고 지역의 미래에 대한 상상에 참여할 수 있을까? 도시발전은 행정체계의 손아귀에 장악당한 것은 아닐까? 어떻게 하면 시민 자주를 통해 시민들의 도시를 돌려받을 수 있을까? 아마 중젠가 보존 운동은 대표적인 한판 싸움이 될 것이다.

중젠가 사건 기록

청대	푸젠(福建) 후이안 사람 천톈(陳添), 9칸짜리 상점을 개업. 주칸(九坎) 명칭의 기원.
1796년	가경원년, 바리(八里) 강변 마을이 수해로 파괴. 바리 주민들, 주칸가로 이주 후 일대 중건. 곧 중젠가로 명명.
1969년	타이베이 현 정부, '단수이읍 도시계획 6호도로'를 계획·설계. 2001년, 도로 확장 계획 설계 작업 돌입.
1990년	단수이문화기금회, 주민과 협조해 '단수이 주칸 공동체 총체 경영 발전 협회' 설립.
2006년	4월 단수이공동체, 중젠가 28호 작업실을 이용한 '거리 미술관' 개시.
2007년	중젠가 14, 16호, 시지정 고적으로 지정.
2009년	5월 9일 중젠가 최초 '창의 마켓(創意市集) 개시. 사람들의 자발적 활동. 매월 둘째 주 주말에 열린다.
2010년	5월 30일 정부, 단오절 후 확장 공사 진행 예정. 페이스북 '나는 단수이사람입니다(我是淡水人)'의 페이스북 친구(현지에서 사진기사로 있는 청쉬중 선생이 발의한) '선 사람이 가득한 중젠가'는 활동을 전개하여 중젠가의 여론을 전달함.
2010년	12월 7일 단수이 중젠가 확장 및 건물철거. 길이 380m의 도로는 모두 세 차례에 나눠 시공. 제1단계 이미 다음해 7월에 확장이 완료(150m). 제2단계 계획은 2013년 말 착수, 철거 범위는 중젠가 30호(왕창숭의 옛집) 및 중젠가 계단. 제3단계 계획은 문화국 주관으로 중정로 8항 골목에 입구 이미지 기획, '단수이 치자이딩(崎仔頂) 시(施)씨 고택'을 보수하고, 고적 이외의 건물은 철거.
2011년	5월 신베이 시정부, '단수이구 도시계획 6호도로(중젠가)개발을 위한 관계 업무'회의 진행. 이미 철거한 1단계 공사(대상) 외 주택들은, '잉여 건축 기지 내 건축물 개축 증축 방법'에 의한 자발적 퇴거 승인.
2013년	12월 1일 새로 건설되는 사무소로 인해 제2단계 확장공사 진행이 결정됨. 시민단체들은 '중젠가 좋아요 클릭' 활동을 시작해 사람들이 중젠가에 모여 재차 호소해서 정부 기관이 중젠가의 역사 자산의 중요성에 대해 알 수 있기를 원함.

 新北市淡水區重建街

41

13행 유적의 박물관화

자전거를 타고 강변을 따라 지도에 표시된 관광구역으로 유유히 이동한다. 관두대교에서 북쪽으로 가다 보면 음식 냄새가 사방으로 퍼져나가는 줘안左岸 광장에 들어선다. 한적한 와자이웨이挖仔尾 마을을 넘어서면 커다란 오수처리타워가 눈 안에 들어온다. 멀지 않은 곳에 높이 솟은 기계설비와 크레인, 그리고 선박모양의 박물관이 들어서 있다. 이곳이 바로 관광, 자연생태 및 인문역사적으로 유명한 강변 바리다.

바리, 누구의 강변이며 누구의 공동체인가?

오늘날부터 약 6, 7천여 년 전 바리에는 원시시대 주민들이 생활하고 있었다. 청나라 통치 시기에 접어들면서 정부는 이곳에 해양방어기관인 바리번八里坌을 설립, 관구官口를 설치해 통상 개항했다. 이후 한인 이민자들이 대량으로 이곳에 몰려와 강변 마을을 형성한다.

바리 뒤쪽에는 명당으로 인정받는 관인산觀音山이 위치한다. 산간지역에는 채석산업이 흥성했다. 바리의 산간지역에는 묘지들이 늘어져 있어 기묘한 풍광을 자랑한다. 하지만 단수이강 하구에 흙이 쌓이고 하천이 자주 범람하기 때문에 무역 기능이 점차 단수이淡水로 대체되면서 바리의 발전은 침체된다. 이는 역설적으로 바리가 비교적 자연적인 생태환경과 어촌마을을 유지하도록 만들었다.

급속히 늘어나던 인구 때문에 타이베이 시 변경의 바리는 각종 님비시설이 자리 잡는 곳으로 전락하고 말았다. 그 어떤 발언과 주장도 할 수 없는 조상들의 안식처와 역사유적은 의식적으로 무시됐다. 최근 들어 바리 주변 풍경은 변했다. 그 시작은 아마도 1990년대부터일 것이다. 13행 유적 논쟁으로 탄생한 '13행 박물관'을 따라가보자.

재편되어버린 박물관

1957년, 타이완대학교 지질학자 린차오치林朝棨는 바리 일대를 조사·측량했다. 탐사를 통해 바리향 딩구촌頂罟村 일대의 지표면에서 선사시대 인류의 제철 유적을 발견한다. 이곳은 딩구촌의 또 다른 이름이었던 '13행十三行'으로 명명됐다. 그 후 고고학계는 이곳에서 여러 차례 발굴을 진행했고 2개 문화층의 존재를 발견한다. 1980년대 교통부 관광국은 13행 유적을 중요 고고학 유적으로 지정했다. 1989년, 타이완 성정부 주택·도시발전처는 바리 북쪽 강변에 '바리 오수처리장' 건설을 계획해 유적보존과 중대건설 간의 충돌을 야기했다. 정부는 민생 관련 건설의 우선적 고려와 오수처리장 작업의 지속 진행을 설파해 시민들의 불만을 불렀다. 약 58개 대학 동아리와 지역조직은 '13행 문화유적을 구하는 행동연맹(이하 행동연맹)'을 설립했다. 이들은 오랜 기간 저열한 방식으로 문화자산을 처리해왔던 정부의 수법을 비판한다. 수차례에 걸친 보존운동으로 문화자산보존문제는 에스닉 문화와 정체성을 고민하는 수준까지 발전했고, 국가가 13행 유적 문제를 직시하도록 만들었다. 고고학자 장전화臧振華 선생에 따르면, "이는 아마도 타이완 역사상 최초의 문화보존과 국가건설 사이의 충돌 사건"이었다.

그러나 몇 차례의 협상에도 불구하고 정부는 기존 계획을 고수했다. 단지 삼성三成 유적을 보존 및 내정부의 국가 2급 고적 지정에만 동의했을 뿐이다. 그리고 정부는 유적 근방에 박물관(오늘날의 13행 박물관)을

> **바리 님비시설의 기록**
>
> | | |
> |---|---|
> | 1990년 | 바리 오수처리장. |
> | 2001년 | 바리 쓰레기 소각장. |
> | 2003년 | 타이베이 항 건설(바다를 메우고 육지를 조성해 수력발전소, 화학저장고, 석유저장고 건설하는 계획). |
> | 2005년 | 바리 쓰레기 매립장. |

건설해 발굴된 선사유적을 보관하게 했다. 이로써 13행 유적 보존을 둘러싼 충돌과 논쟁은 일단락됐다.

주목해야 할 것은 유적을 경시하는 정부의 소극적 태도만이 아니다. 13행 박물관 탄생 역시 온갖 우여곡절을 겪었다. 정부는 '문물진열관', '유적박물관'에서 타이베이 현縣 정부가 기대했던 '생태박물관'까지 유적의 문화·경제적 가치를 경영 목표로 설정한다. 즉 유적문화의 가치를 '자산'으로 설정하고, 역사문화와 지역산업 간 결합을 통한 관광객 유치로 지역발전의 새 희망으로 상정한 것이다. 이는 13행 유적의 가치가 정부에 의해 재편되고 재해석됐음을 뜻한다. 따라서 생태 박물관의 역사적 맥락과 지역적 특색 같은 본래 가치도 퇴색되기 시작했다.

그러나 13행 박물관은 타이베이 현 정부의 기대와는 달리 '지역발전으로 나아간다'는 목표에 도달하지 못했다. 그러자 중앙정부는 '신新 농촌 개조 계획'을 추진한다. 지방정부는 생태박물관과 지역사회의 총체적 건설을 정책 기조로 삼았다. '부둣가, 공동체, 박물관'이란 타이틀로 박물관 일대를 이국적 느낌이 충만한 관광레저공간 '바리줘안八里左 岸'으로 조성하려 했던 것이다.

타이베이 현 정부는 관두대교에서 단수이 강변을 따라 타이베이 무역항까지 약 10km에 달하는 강변도로를 깔았다. 자전거 전용도로를 깔고 강변 공원도 만들었다. 강변의 불법 건축물인 굴 양식장을 철거하고 그 자리에 줘안극장과 부두 등 레저시설을 건설했다. 이렇게 박물관 서쪽 방면으로 휴식·레저·관광 산업을 일체화시켰다.

'상명하달' 식의 정부 계획, '관광객'을 중심으로 하는 환경 조성은 현지 주민들의 참여와 지역사회 정체성의 구조를 무시한 것이었다. 13행 유적 박물관에서부터 만들어진 이국정취의 '바리줘안'까지, 이곳은 점차 '바리'의 새로운 상징이 되었다. 바리에 대한 정부의 틀에 박힌 발전 개념이 이렇게 반영되었다. 바리 지역의 전통문화와 강변 마을은, 기억과 망각 사이에서 계속 끌려다니고 있다.

新北市八里區博物館路二〇〇號

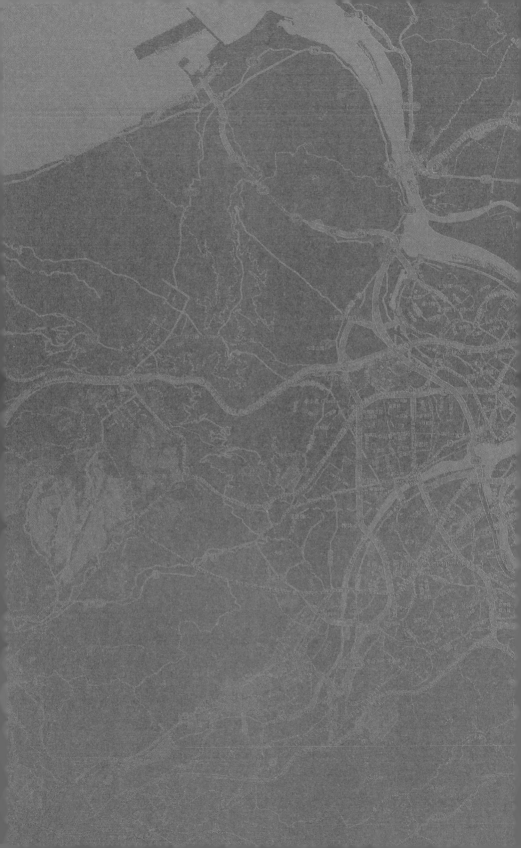

신뎬 新店

융허 永和

투청 土城

42 징메이 인권문화공원
– 예술의 외투를 뒤집어쓴 과거청산

계엄의 가면을 벗겨낸 군사교도소

두 개의 두터운 콘크리트 벽 사이로 스며드는 한 줄기 하늘빛을 바라본다. 구불구불한 철선을 꿰어 만든 비둘기는 자유의 희망을 상징한다. 이런 것들이 징메이 인권문화공원景美人權文化園區 입구의 이미지다. 이 구역은 1957년에 지어졌고 처음엔 군법학교 캠퍼스였다. 1967년, 학교는 옮겨갔고 이후 경비총사령부 군법처, 군법처교도소, 국방부 군법국 등의 국가 기관이 들어왔다. 이곳은 계엄령 치하에서 군인 범죄자와 정치범을 구금하는 삼엄한 곳이었다. 그 유명한 메이리다오 사건 대심원 판결도 바로 이곳에서 이뤄졌으며, 정보국 국장 왕시링汪希苓이 강남사건江南案[1]으로 연금된 곳도 바로 이곳이다.

1992년, 경비총사령부가 해체되자 징메이 교도소는 국군 신뎬 푸싱復興 주둔지가 된다. 내부에는 군사법원 검찰서檢察署 교도소가 있었다. 2002년, 행정원 문화건설위원회(이하 문건회)는 이 구역을 역사건축물로 지정하고 인권기념공원으로 재조성하기로 했다. 2007년, 타이완 인권 징메이 공원이 설립돼 펑밍민彭明敏 문교기금회가 위탁경영했다. 동원감란시기動員戡亂時期, 정치적 박해를 당한 사람들을 기념하는 공간으로 만들었다. 그러나 얼마 지나지 않아 이 '인권' 공원은 도전을 받는

---

[1] 1984년 10월 15일. 당시 중화민국 총통이던 장징궈(蔣經國)를 비판한 책 『장징궈전(蔣經國傳)』의 작가 류이량(劉宜良, 필명 강남)이 살해당한 사건. 류이량은 미국국적의 화교 작가다. 당시 중화민국 정보국장 왕시링의 명령으로 괴한들은 미국의 류이량의 자택에 침입해 그를 암살했다. 당시 미국의 압력 때문에 사건 은폐는 불가능했고, 결국 책임자 왕시링을 구금하며 도마뱀 꼬리 자르기 식으로 사건이 마무리됐다.

다. 2007년 12월 10일 국제인권의 날, 현판 제막식을 진행할 때였다. 러성요양원 철거에 항의하는 사람들이 정좌시위를 시도했다. 당시 행사에 참석하는 총통 천수이볜과 부총통 뤼슈렌에게 청원하려 한 것이다. 하지만 경찰은 총통이 도착하기 전, 이들이 이미 집회시위법을 위반했다며 강제로 쫓아냈다.

문권회는 2008년 말, 위탁 경영되던 인권공원의 경영권을 회수해 자체경영을 시작했다. 공원 일대를 징메이 문화공원으로 변경하는 계획을 세웠다. 예술 공연 공간과 교육 활동 공간으로 공원을 두 형태로 분할하고, 여기에 예술 공연 연습장, 인권자료 전시관, 창의創意 설계 공방 등을 배치하려 했다. 공원 공간을 보다 활성화해 활용하려 했던 것이다. 그러나 이 계획은 피해자 단체의 항의에 부딪쳤다. 문건회의 계획은 인권침해 관련 역사를 경시하고 있다고 여겼다. '문화의 이름으로 역사적 사실을 지워버린 것'이라는 주장이었다. 몇 번의 논쟁을 거쳐, 문건회는 양자를 모두 포괄하기로 결정한다. 공원을 인권문화공원으로 명명했다. 이로써 관련 역사를 경시한다는 비판에 대응하면서 동시에 예술문화로 공원 활성화를 도모하려 한 것이다.

징메이 인권문화공원의 외관. 군법사무소 및
군사법정 건물을 개보수한 것이다.

예술의 외투를 뒤집어쓴 과거청산

하지만 인권과 문화를 병치하는 조치로는 문제가 된 공원 성격의 모호함을 해결할 수 없었다. 2009년 말, 왕시링 특별구역에서 장치예술 충돌사건이 발생했다. 이 사건은 예술과 정치 간 충돌을 격화시켰다. 왕시링은 1984년 강남사건 당시의 정보국장이었다. 암살 주모자란 죄목으로 군법재판에서 무기징역을 선고받고 징메이 교도소 내부에 별도 건설된 관사에 연금됐다. 그래서 이곳을 '왕시링 연금구역'이라 부른다. 2009년의 충돌 사건은 문건회가 개최한 현대예술창작전 때문이다. 예술가 유원푸游文富는 왕시링 연금구역에 예술장치 '벽밖'을 설치했다. 이 작품은 백색으로 염색된 수만 개의 죽첨竹籤과 비둘기를 형상화한 구조물로 구성해 구금됐던 왕시링의 심경을 표현한 것이다.

왕시링 연금구역. 1984년 왕시링은 정보국장에 재직했다.
그는 『장징권전(蔣經國傳)』을 집필한 미국 체류 작가
류이량(필명 강남)에 대한 제재를 명령했다. 역사는 이를
'강남사건'으로 부른다. 당시 징메이 교도소는 특별히
독채를 짓고 다른 건물과 독립된 관사를 왕시링에 제공해
거주하도록 했다. 이는 다른 수형인과 다른 특별대우였다.
1991년, 왕시링은 병보석으로 풀려났다.

계엄시기의 정보국장을 영감의 근원으로 삼은 이 작품에 대해 스밍더施明德와 천시쥔陳嘉君 부부는 이의를 제기했다. 그들은 해당 작품이 강남사건의 정치암살범을 미화했다고 여겼다. 공원과 문건회 측에 항의했으나 아무런 반응이 없었다. 그러자 그들은 두 차례에 걸쳐 붉은 페인트를 덧칠해 작품을 훼손했다. 이는 많은 논쟁을 불렀다. 비판적 시각을 가진 사람들은 부부가 예술창작활동을 과도하게 정치적으로 해석해 창작의 자유를 존중하지 않았다고 주장했다. 다른 입장의 사람들은 이 예술작품에는 역사적 시야가 결핍됐고 정보국장 왕시링의 신분을 망각했으며 독재체제와 밀접하게 연결됐다고 주장한다. 예술가는 '역사건축과 직접 대화'를 시도했다며 입장을 표명했지만 왕시링과 기타 정치범 간의 근본적 차이, 즉 압박자와 피압박자의 차이를 없애버린 것이었다.

왼쪽: 징메이 인권문화공원 입구의 이미지.
콘크리트 벽 사이에 비둘기가 걸려 있다. 이 설계
이념은 구금과 격리의 이중적 의미를 암유한다.
오른쪽: 1980년 3월 18일 바로 이곳에서 9일간의
'메리다오 대심'이 열렸다. 스밍더(施明德),
황신제(黃信介), 린이(林義), 슈(秀蓮), 천쥐(陳菊)
등이 모두 이곳에서 재판을 받았다.

아직도 정의를 기다리는 공원과 비통한 기억

　　왕시링 특별구역의 장치예술 논쟁은 결국 '창작자의 자체 철거'로 일단락됐다. 하지만 징메이 인권문화공원의 애매한 성격 문제는 여전히 남아 있다. 이후 노동 가치 상품전과 위안부 여성 인권 영상전 등이 개최됐지만, 모두 정치범 구금이란 역사맥락과 결이 다르단 이유로 철거됐다. 징메이 인권문화공원 논쟁의 근원은 겉보기와는 달리 예술과 인권 역사 간의 논쟁이 아니다. 공원 일대를 '인권문화'라는 모호한 성격으로 이름 붙인 순간부터 충돌의 씨앗은 잠재하고 있었다. 마치 '인권문화'라는 만병통치약이 갈기갈기 찢겨진 사회적 기억을 치료할 수 있다고 본 것이다. 하지만 실제는 정반대였다. 오히려 모든 것을 씻겨 보내버리는 것에 가까웠다. 참담하고 비통했던 역사 기억의 흔적을 강제로 지워내려 했다. 이 일련의 사태는 아직 아물지 못한 상처를 다시 한번 들쑤신 것이나 다름없다.

 新北市新店區復興路
一三一號

43

시저우 마을 투쟁
– 고향의 이름으로

저녁 무렵, 신뎬新店의 한 아파트 옥상에서 노랫소리가 드문드문 흘러나온다. 때때로 틀린 음정 때문에 터져나오는 웃음 소리도 섞여 있다. 아메이족阿美族² 말로 나누는 대화도 들려온다. 이곳에서는 매주 한 차례 도시 원주민들의 모임이 열린다. 도시에서 자란 원주민 아이들에게 전통 가요를 가르치는 것이다. 노랫소리는 바람을 타고 고향을 향한 그리움을 날려보낸다. 여기서 멀지 않은 어떤 곳, 또 다른 도시 원주민들이 노래를 부르고 있다. 이들은 제각기 다른 방법으로 저 먼 곳의 고향과 자신을 잇는다. 이들은 아메이족의 생활전통을 따라 강변에 거주했고, 신뎬강 어귀에 시저우 마을을 만들었다.

1970년대, 고향에서 생계를 잇기 힘들던 많은 원주민들은 도시로 이주해 활로를 찾았다. 30여 년 동안 아메이족 사람들은 신뎬강을 따라 마을을 형성했다. 현재 이들이 거주한 주요 지역은 약 다섯 곳이다. 안캉구安康區, 샤오비탄小碧潭 마을, 칭탄靑潭 마을, 바오챠오구寶橋區 및 중정中正 국민주택. 시저우 공동체는 안캉구에 속한 마을이다. 부족 사람들은 고향과 유사한 강변을 따라 들나물을 캐고 닭을 키우고 임시 노동자 숙소를 세웠다. 인맥 네트워크를 통해 고향 사람들이 이곳으로 모여들었다. 이들은 스스로 집을 지으며 독특한 도시 풍경을 만들어 냈다. 마을 중심부의 광장에는 어린이 놀이터가 있다. 바로 옆의 집회소는 마을의 중요 회의가 열리는 곳이다. 도로의 양 옆으로 잡화점, 빈랑가게, 카라오케 등이 늘어서 있었다. 부족 사람들은 하루의 일이 마무리되면 이곳에 모였다. 고기를 굽고 술을 마시고 자기 집의 요리를 가

---

2 타이완에서 인구가 가장 많은 원주민 집단으로 주로 타이완 동부 화롄(花蓮)과 그 일대에 분포한다.

져와 서로 나눠 먹었다. 이곳은 부족 내부의 정서와 공감을 유지하는 공간이었던 셈이다. 양철과 콘크리트가 뒤섞인 단층집은 강변의 억새 사이에 몸을 숨기고 있다. 신뎬 강 맞은편에 도열한 초고층 빌딩들과 강렬하게 대비되는 곳이다.

'강변 조망권 제1열 아파트'는 근래 가장 각광받는 부동산 유형 중하나다. 도시를 가로지르는 강은 더이상 오염과 홍수의 주범이란 부정적 인식의 대상이 아니다. 1980년대부터 시작된 친수親水 정책을 통해 강변은 시민들이 휴식을 즐기는 레저 공간으로 거듭났다. 강변의 경관은 도시의 중요한 자산으로 변모했다. 이와는 상대적으로, 강변을 따라 늘어선 양철지붕 집들은 정부가 빠른 시일 내에 철거해야 하는 불법 건축물로 전락한다. 1995년, 정부는 신뎬 강변의 불법건축물을 구축하고 원주민을 국민주택으로 이주시키는 계획을 세웠다. 2년 후, 갑작스런 화재로 집이 불타고 부상자가 발생했다. 시저우 마을은 이 사건을 거치며 자구회를 만들어 거주권 쟁취를 꿈꿨다. 그리고 풍년제를 개최하며 부족 사람들의 정체성 의식을 결집시켰다.

2007년부터 실질적인 투쟁이 시작됐다. 학생들은 '시저우 마을 후원회'을 조직했다. 후원회는 선거나 정부가 주도하는 단오절 용선龍舟, 드래곤 보트 대회 등의 기회를 적극적으로 이용하며 자신들의 의견을 밝혔다. 터키 예술가 부락 델리어Burak Delier와 미국의 농업예술극단The Rural Academy Theater은 2008년 타이베이 비엔날레 예술작품과 2010년 창작 행

시저우 마을과 강변을 따라 일렬로 늘어선 주택.
강을 사이에 두고 마주한다.

위 예술로 이 사회문제에 개입했다. 수년간 이어진 노력. 결국 정부는 주민들이 자가 건축 방식의 시저우 아메이족 생활문화 특구 건설을 승인하고 만다. 타이완대학교 건축·도농연구소와 마을은 참여식 설계로 원주민 공동체 주택을 조성하려 했으나 경비 등 여러 문제 때문에 줄곧 연기되고 있다.

**'당신이 우리의 도시에 왔으면, 우리의 사람이다.
당신이 타이베이에 왔다면, 바로 타이베이 사람이다.'**

또한 생활문화특구의 설립 역시 도시 원주민이 도시의 삶에서 봉착하는 곤경을 쉽게 해결하지 못했다. 게다가 도시 원주민의 본래 고향과 제2의 고향 사이에서 발생하는 정체성 충돌도 막을 수 없었다. 신덴 강변은 자전거도로가 연결된 휴식 공간이자 고층 주택의 발코니에서 풍경을 조망하는 곳이면서 동시에 슈구루안강[3]에서 조상의 신령과 대화하는 신성한 장소이기도 했다. 서로 다른 '타이베이 사람'들의 신덴 강에 대한 이질적인 상상. 수년간 투쟁이 이어졌음에도 효과적인 대화 창구는 없었다. 선거기간 중 국민당 총통 후보인 마잉주는 마을 좌담회에 참석해 "나는 당신들을 사람으로 본다"라는 실언을 한다. 이는 한인 집권자와 도시 원주민 간 인지의 격차를 생생히 보여줬다. 시저우 아메이족 생활문화특구는 투쟁의 최종적 승리를 뜻하는가? '생활문화'

3   타이완 동남부에 흐르는 강으로 아메이족의
    고향이 있는 곳이다.

특구가 드러내려 하는 생활은 도대체 무엇인가? 또 누구의 역사와 문화를 담지하겠다는 것인가?

시저우 마을로 들어섰다. 멧돼지는 거리 위를 노닐고 화마火魔가 지나간 터에서 올라온 빵나무가 새 가지를 무성하게 드리운다. 고향의 식물, 산나물, 가축을 새 마을로 들여와 자리 잡게 한 것이다. 강변의 부드러운 흙에는 족장과 장로들이 화롄 위리玉里에서 가져온 돌이 묻혀 있다. 이들은 새로운 고향을 수호하는 중이다. 고향과 타향은 세대 간에 생겨난 영원한 숙제를 품고, 한인과 원주민 사이의 타이베이 '사람'을 둘러싼 다양한 정체성 논쟁도 여전히 해소를 기다리는 주제다. 도시 원주민에게 고향의 생활전통을 이어나가는 것보다 더욱 중요한 것은 자신들만의 역사를 쓰고 새로운 고향 문화를 만들어야 한다는 점이다. 이 집에 특구라는 이름의 명명은 아무 상관없다. 파키faki, 아메이족 언어로 아저씨를 뜻한다가 집 앞에서 흥얼흥얼 노래하는 것처럼, 생활의 진짜 모습은 집과 가정을 수호하려 이어간 투쟁 속에서, 작은 일상의 생동에서, 전통적 지혜와 현대성이 서로 끌고 당기는 와중에서도 부단히 누적되며 만들어지는 것이다.

 新北市新店區新店溪畔

시저우 마을 입구

위: 2011년 3월 5일 시저우
마을 정착 35주년 활동. 부족
사람들은 조상들의 신령을 향해
자랑스럽게 외친다. "우리는 바로
이곳에 뿌리를 내렸습니다!"
_위신커(余欣可) 제공
아래: 강변에서 풍년제 청년
훈련이 진행되고 있다. 이 훈련은
주로 강과 관련된 지식과 기술을
가르친다._위신커 제공

44

류궁전 비관영 군인마을
– 기억으로 이야기할 때

1968년 장징궈 총통은 류궁전瑠公圳에서 구두 지시를 내린다. "이곳에 거주 중인 사람들은 대부분 은퇴했거나, 타이완이 아닌 다른 지역 혹은 중국 대륙에서 온 군인과 그들의 가족들이다. 이들은 오갈 데 없는 사람들이므로 여기서 합법적으로 거주할 수 있게 하라. 우리 역시 이들에게 제공할 주택이 없지 않나? 그러니 이곳을 군인마을로 만들라."

강변 판자촌

지하철을 타고 신뎬스공쉬 역新店市公所站에 내린다. 비탄碧潭 방향으로 따라가면 류궁전을 찾을 수 있다. 직선의 도로에서 벗어나 구불구불한 골목으로 들어간다. 낡고 낮은 집이 양쪽으로 늘어서 있다. 그 사이의 '배수로'를 따라가면 곧 골목 끝까지 연결된 중신군영忠信軍營을 마주하게 된다. 이곳은 지하철 신뎬선의 끝자락이자 도시의 주변지대다.

'류궁전'은 보통 1740년 곽석류郭錫瑠가 건설한 관개수로를 뜻한다. 곽석류는 장화彰化의 가산을 모두 팔아 신뎬강新店溪의 원류 칭탄青潭으로부터 시코우錫口(현재의 숭산구松山區)로 물을 끌어왔다. 수로 개발 중 그는 원주민 타이야족泰雅族[4]의 적의를 달래려 현지 원주민 여성과 결혼한다.

관개 면적이 1164헥타르에 달하는 류궁전이 완공되자 타이베이 평원의 전체 모습은 새로이 탈바꿈했다. 그러나 도시의 빠른 확장과 산

---

4 타이완에서 세 번째로 인구가 많은 원주민. 모두 고산지대인 중앙산맥 일대에 분포한다. 이들은 과거 적대 부족의 머리를 사냥하는 습속 때문에 유명세를 치렀다. 일제시대 최대 규모 항일 봉기인 우서(霧社) 사건의 주역들도 바로 타이야족의 일원인 사이더커족(賽德克族)이다.

업 변화에 따라 관개수로는 끊임없이 시멘트로 복개됐고 농지 또한 건축지로 변한다. 현재는 소량의 관개수로만이 힘겹게 잔존하고 있는데 중신군영 근처도 그중 하나다.

국공내전이 끝나자 국민당 정부는 타이완으로 철수했다. 이때 수십만 명의 군인 및 군인 가족들의 정착을 위해 건설 혹은 배치했던 마을이 바로 '군인마을'이다. 그러나 정부는 군인마을에 말단 군인들을 정착시킬 수가 없었다. 그래서 이들이 군영 주변 혹은 공유지에 스스로 집을 지어 거주하는 것을 묵인했다. 이를 통해 군인마을 조성 비용을 절약했고 한편으론 군인들의 충성과 지지를 확보할 수 있었다. 여기가 바로 정부에 등록되지 않은 속칭 '비관영 군인마을'[5]이라 불리는 곳이다.

개천을 끼고 있는 중신군영(훗날 류궁전 비관영 군인마을로 불린다)은 당시 다수 군인과 그 가족, 농촌 이주민들에게 도시 내 거주 공간을 제공했다. 이들은 자력구제의 방식으로 국가의 주택정책 실패에 대처한 것이다.

---

5 비관영 군인마을(非列管眷村) : 국민당 정부가 타이완에 온 후 직접적으로 설치한 군인마을의 수는 약 886개로 10만 호 정도였다. 하지만 당시 타이완으로 넘어온 군인의 숫자는 50~60만 명 정도였다. 10만 명을 제외한 40~50만 명의 군인 및 더 많은 수의 군인가족들은 국가의 관리감독 밖에서 자체적으로 마을을 만든다. 이런 마을을 비관영 군인마을이라 일컫는다.

개천을 연접해 지어진 댜오자오루 건축
형태_타이완대학 건축 · 도농연구소
비류불가팀(臺大城鄉所非瑠不可小組) 제공

도시 강변 경관 재건 VS 문화 풍경 보존

주민들 역시 토지 보유가 불가능하단 사실을 잘 알고 있었다. 그들은 자력으로, 손발이 닳도록 일하고 집을 지어 큰 걱정 없이 살 수 있는 공간이 존재한다는 것만으로도 만족했다. 도시 주변부인 이 지역의 집값은 신뎬의 타구역보다 낮았다. 하지만 이곳에 거주하던 하층 군인과 퇴역 군인의 급료로는 생계를 겨우 유지할 수 있을 뿐이었다. 이들은 도처에서 날품을 팔아야만 적은 돈이나마 저축하고 집세를 납부하거나 집을 구매할 수 있었다.

이곳에서 거주하는 연로한 퇴역 군인들은 정부가 자신을 부양할 것이라 굳게 믿었다. 그래서 일생 대부분을 류궁전 수로와 연접하는 곳에서 머물렀던 것이다. 정부 역시 상수도, 전기, 문패 등을 제공하며 주민 생활의 편리함을 배려했다. 이런 조치들은 정부가 어느 정도는 이들을 승인하고 있다는 일종의 정당성을 상징하고 있었다.

당시 건축 자재 부족 현상에 대처하기 위해 군민은 상호 협조하며 간이 건축 자재(예를 들어 붉은 벽돌, 널판지, 시멘트 기와)를 이용해 집을 지었다. 동시에 주민들은 취수取水의 편리함을 위해 욕실이나 화장실 같은 물이 쓰이는 비교적 큰 공간은 물가에 세웠다. 이로써 독특한 독특한 댜오자오루[6]가 형성된 것이다.

하지만 신뎬 발전과 지하철 개통에 따라 개발의 손길이 도시의 변방으로 은밀히 진입하기 시작했다.

2009년, 신베이 시는 류궁전 수로를 따라 녹지화 사업을 진행하고 류궁전 기념공원을 조성하겠다고 공표한다. 하지만 시정부는 적절한 이주계획이 없는 상태에서 퇴역군인 107가구가 거주 중이었던 류궁전 비관영 군인마을을 철거하려 했다. 때문에 즉각적인 논쟁이 불거진다.

류궁전 수로는 풍부한 동식물 생태계를 보존하고 있으며 오늘날까지 270여 년에 이르는 역사를 갖고 있다. 이곳은 수리기술과 산업변천의 역사를 보여주며, 그 자체로 문화경관의 가치를 지녔다. 또한 류궁전 군인마을은 도농이민자와 수변의 공생공존의 독특한 문화적 풍경

---

6 댜오자오루(吊脚樓)는 중국 남방 산간구역 소수민족들의 전통 건축양식이다. 나무로 받침대를 만들고 주거 구역을 지상에서 띄워서 짓는 건축형식을 보여준다.

정비 후의 류궁전 마을 모습. 무표정한 시멘트,
흐르지 않는 물. 삶의 에너지마저 줄어든 듯하다.

을 체현하고 있었다. 그러나 정부의 계획은 역사문화자산과 인민 거주권을 무시했다. 단지 휴식과 레저 공간을 꾸며나가는 데만 관심을 기울였다.

그래서 타이완대학교 건축·도농연구소의 교수와 학생들은 '류궁전 문화 경관 등록을 지지하는 사람들의 공론장 비류불가非瑠不可, 류궁전이 이니면 안된다'를 활용, 인터넷 플랫폼에서 토론과 서명운동을 전개했다. 그리고 바오창옌 사례를 거울로 삼아 땅을 임대하는 방법으로 현재 거주 중인 가구를 정착시키는 '류궁가원 임차 방법瑠公家園承租辦法'을 연구하고 입안을 신베이 시정부에 건의했다.

이런 행동과 전략들로 마을 사람들은 기존 거주구역에 그대로 재정착할 수 있었다. 이로써 류궁전과 주변 군인마을이 서서히 역사 속에 자리 잡을 수 있기를 기대했다. 주민들의 집단기억을 타이베이 시민 모두가 공감할 수 있는 보존가치로 전환하고, '문화경관등록'을 청원해 류궁전과 군인마을을 구해내려 한 것이다. 하지만 이런 시도 또한 철거란 운명을 막아내진 못했다. 주민들은 소액의 철거보상금을 받고 묵묵히 마을을 떠났다. 주민들이 떠난 후, 이제 류궁전의 서사는 그저 흑백 사진에 기대 추억할 수밖에 없다.

新北市新店區力行路一帶

전문 건축기술의 부족한 상황에서 자력으로 건설한 마을에서만 사진과 같은 특수구조를 볼 수 있다._타이완대학 건축·도농연구소 비류불가팀 제공

45

융허 커뮤니티 칼리지
– 그 학교들은 가르치지 않는 것들

커뮤니티가 대학을 만나다

"우리는 왜 학교에 가야 할까?"

1980년대 초까지, 타이완의 대학에는 국부國父사상 과목이 필수교과였다. 타이완대학교 교장 위자오중虞兆中 임기 중에 박식博識교육을 적극적으로 추진했다. 기획팀의 일원이었던 황우슝黃武雄이 강의계획서를 제출했으나, 삼엄했던 당시 정치적 환경의 영향을 받아 교육부 심의 과정에서 이 계획은 삭제됐다. 박식교육은 통식通識교육과정[7]으로 바뀌었다. 이 한 글자의 차이는 컸다. 박식교육의 원래 목표는 독립적이고 다양한 사고가 가능한 인재 배양이었다. 하지만 이 목표는 훼손되고 말았다. 황우슝은 계속해서 이상적 교육이 가능한 다른 길을 고민한다.

1994년에 시작된 교육개혁운동을 기점으로, 민간단체와 정부는 모두 기존 교육의 경직성이란 문제를 발견했고 이에 따라 대규모 교육개혁을 시작한다. 동시에 '지역 커뮤니티(공동체) 개발社區總體營造, community development'기획이 제안됐고, 지역 공동체 의식 역시 응집되기 시작했다. 흔히 말하는 '아래에서부터 위로' 유형의 현지 역량이 점차 형성된 것이다. 교육개혁과 공동체 건설이란 두 파도는 커뮤니티 칼리지社區大學, community college의 탄생을 촉진했다. 커뮤니티 칼리지는 지역 시민들의 참여로 사유능력을 배양하려는 것이었다. 그리고 '경험지식經驗知識'이 기존의 관습적 '주입식지식套裝知識'을 대체가능하단 점을 강조했다. 황우슝이 제창한 커뮤니티 칼리지는 바로 각 공동체 현지의 특수 경험을 결합하고, 사고의 추상화 능력 훈련으로 기존 교육체제의 한계를 넘어

---

7 타이완에서의 통식교육은 한국으로 치면 교양수업 혹은 교양과목으로 해석될 수 있다.

서려는 시도였다.

1998년, 첫 번째 커뮤니티 칼리지인 원산^{文山} 커뮤니티 대학이 타이베이 시 무자^{木柵}에 설립됐다. 이어 이듬해, 타이완 각지에서 모두 20곳의 커뮤니티 칼리지가 우후죽순처럼 설립된다. 황우슝의 기획과 노력으로 타이베이 현(오늘날의 신베이 시)에는 융허^{永和}, 반차오^{板橋}, 신좡^{新莊}, 시즈^{汐止}, 루디^{蘆荻} 등 다섯 곳의 커뮤니티 칼리지가 세워졌다. 초기에 설립된 일부 커뮤니티 칼리지는 사회운동의 색채가 짙고 학술과 시민사회단체 관련 강좌가 핵심이었다. 작업실 등을 활용하며 공동체 건설의 기초 환경을 구현해나가며, 민중들의 실질적 참여를 독려해 새로운 학습의 가능성을 열어나가려 했다.

이상과 현실의 거리

1997년부터 추진된 커뮤니티 칼리지 운동은 제안자의 기대처럼 타이완 각지에서 꽃을 피워냈다. 하지만 커뮤니티 칼리지 역시 질적인 변화와 부닥치게 된다. 타이베이 시 커뮤니티 칼리지 연합 사이트의 강좌 검색 페이지[8]에 접속해보면 생활·예능류 교과가 대부분을 차지한다. 언어, 정보, 요리부터 재정관리까지 없는 게 없다. 이와는 대조적으로

8 http://www.ccwt.tp.edu.tw/cht/index.php?act=class

융허 커뮤니티 칼리지가 개최한 '너(흙)를 가지고 집으로
돌아가다' 행사. 모두가 습지 공원에서 진흙을 퍼 도시농경
수업장으로 가지고 왔다._샤오황(小黃) 제공

약간 무거운 주제인 공민公民 관련 교과는 전무하다. 초기 커뮤니티 칼리지는 이상적 교육의 색감이 가득했던 운동조직이다. 하지만 법제화 좌절과 주체세력 교체 등을 거치면서 결국 종신학습법이 정의하는 비정규 학습기구 정도로 인식됐고, 점차 지역의 재능 개발만으로 그 면모가 변하게 된다.

대부분의 커뮤니티 칼리지는 자기계발 유형 교과를 개설하지 않을 경우 인원 모집 자체가 힘든 곤경에 처해 있다. 하지만 여전히 많은 커뮤니티 칼리지는 현지 특성을 결합한 독특한 수업을 개설한다. 이런 수업들은 교사와 자원을 연결해 신선한 사회운동과 지역실천의 가능성을 개척해나간다.

교실에서 벗어나다 – 융허 커뮤니티 칼리지

예를 들어, 초기 융허 커뮤니티 칼리지는 일반 생활 과목 개설뿐만 아니라 인문·자연과학 학술 과목, 그리고 시민참여의 공공성을 강조한 사회단체활동 과목을 중심으로 삼았다. 융허 지역에는 외국인 신부新婦가 상당하단 지역적 특색이 있었다. 이에 융허 커뮤니티 칼리지는 한자수업을 개설하고 학생들과 함께 교재를 만들기도 했다. 융허 커뮤니티 칼리지에서 가장 특색 있는 과목은 교실 밖으로 나가는 수업으로, 바로 햇빛 아래서 땀 흘리고 대지 위에서 실습하는 '생태교육공원' 과목이다.

'수생식물생태' 과목에서 교사들과 학생들은 강변 모래톱 활용 가능성을 고민했다. 그리고 칼리지 인근 중정교中正橋에 생태농장 실천도로를 만들고, 더 나아가 습지생태교육공원을 열었다. 칼리지와 지역 주민들이 함께 기획하고 경영·관리하는 이 인공습지는, 자녀와 함께하는 활동 및 휴일 생태활동을 진행했다. 시민들이 다함께 봄에는 토란을 심고, 여름에는 나비공원을 조성했으며, 조류를 관찰하고, 산책길을 만들었다. 육체적 노동으로 사람과 습지가 관계를 맺은 것이다. 이런 교육공원 출현 뒤에는 녹색 중심의 환경에 대한 인식이 반영돼 있다. 가장 중요한 것은 커뮤니티 칼리지가 만든 교육기제가 공간기획자, 강사, 지역 주민들을 하나로 엮어 '시민참여'를 통해 아래에서부터 위로의 협력과 합작의 과정을 만들었던 점이다.

　황우슝은 「우리는 어떤 커뮤니티 칼리지를 만들어야 할까?」라는 글에서, 시민들이 스스로 경험을 축적하고 새로운 세계관을 만들어가리라 기대한다며 독려했다. 여기에는 '누구의 세계인가'와 '어떻게 세계를 상상하는가?'라는 질문을 내포한다. 이 질문은 우리가, 커뮤니티 칼

융허 커뮤니티 대학은 비정기적으로
휴일생태활동을 개최하여 공동체 일원들의
공공활동 참여를 격려했다._샤오황 제공

리지가 지금까지 직면해온 다양한 상황, 그리고 앞서 언급한 여러 문제들에 어떻게 대응할 것인가를 새로이 고민하는 데 큰 도움을 준다. 융허 커뮤니티 칼리지의 교실 외 활동과 육체 노동은 어쩌면 여전히 세계관을 구축하는 길 위에 있을지도 모른다. 하지만 융허 커뮤니티 칼리지는 시민참여와 실천으로 커뮤니티 칼리지의 이상을 계승하는 중이다. 이를 통해 지역 주민들과 시민들이 이곳에서 또 다른 형태의 생활방식을 목격할 수 있고, 육체 노동과 공동참여로써 새로운 가능성을 실현할 수 있을 것이다.

新北市永和區永利路
七十一號(福和國中內)

46

투청 탄약고
- 형무소를 반대하고 녹지를 지켜내자

지하철 투청 역土城站에서 출발해 허핑로和平路를 따라 곧장 걷는다. 길을 따라 군부대가 남긴 초소와 먼지로 가득한 탄약창고가 보인다. 고속도로 아래의 배수로를 넘어가면 정면으로 드넓은 들판이 펼쳐진다. 청록青綠의 논밭, 연못, 관개수로, 나무가 울창한 산 사이로 들쑥날쑥 솟은 낮은 지붕의 집들과 허리 숙여 밭을 가는 농부의 정경이 시야로 들어온다. 시간의 터널을 지나 1960년대의 농촌으로 돌아온 것 같다. 투청탄약고는 차들이 쉴 새 없이 달리는 도시와 다르다. 오랜 기간 군사통제구역이었기에 풍부한 생태환경을 보존할 수 있었다.

청말 이래, 투청탄약고 부지는 줄곧 중국 푸젠성福建省 장저우漳州 출신 이민자[9]들이 개간하고 농사짓던 땅이었다. 국공내전 이후 국민정부는 타이완으로 철수했고 중국 대륙 수복을 위해 끊임없이 군비를 증강했다. 1955년, 정부는 주민들의 반대를 무시하고 당시 도시 변경에 위치했던 투청 피탕리埤塘里에 탄약고를 건설하기로 결정한다. 1평에 8위안. 강제로 민간토지를 징수한 셈이다. 몇 대에 걸쳐 농사짓던 주민들은 부득불 군부대와 함께 생활해야만 했다. 일상적 출입도 모두 엄격한 통제를 받게 된다. 2007년이 되어서야 군은 안전을 고려, 탄약고 전체를 타 지역으로 옮긴 후 일대의 통제를 모두 해제했다. 하지만 주민들의 자유는 오래가지 못했다. 타이베이 형무소가 이곳으로 옮겨와 투청의 땅들이 다시 징수될 것이란 소식이 들려온 것이다. 확정되지 않은 개발이 주민들을 악몽으로 몰아넣었다.

---

9 외성인과 구분되는 의미에서 객가인과 민남인은 내성인(內省人)으로 분류된다. 이 중 민남인은 푸젠성의 지역 출신에 따라 또다시 구분될 수 있는데, 취안저우 출신과 장저우 출신으로 구분되기도 한다.

투청 형무소 이전 위기

주변의 도시재개발 압력과 수용 가능 수형인^{受刑人} 초과 같은 상황에 직면했던 타이베이 형무소는 사용 공간의 부족 때문에 타지역으로 이전을 갈망하고 있었다. 이때 갓 비어진 탄약고 부지는 넓은 면적과 사법기관과의 근접성 때문에 정부가 가장 눈여겨보던 지역이었다. 당시 타이베이 현 현장 저우시웨이^{周錫瑋}와 행정원장 수전창^{蘇貞昌}은 형무소 이전을 지속적으로 동의하면서 '투청도시개발확대계획안' 명목의 정책평가를 실시했다. 이 계획안에는 형무소중심의 사법특구뿐만 아니라 주택지구와 상업지구도 포함돼 있었다. 투청 탄약고를 도시계획의 관할 범위에 집어넣은 것이다. 일부 주민과 지역 지도자들은 토지개발의 미래 이익을 고려해 정부 개발계획을 지지하는 쪽으로 기울었다.

투청 탄약고 전경. 오랫동안 통제구역 때문에 여전히 풍부한 자연생태환경을 보유하고 있다._황런즈(黃仁志) 제공

'투청의 자연을 보호하고 사랑하는 연맹'이 조직되다

　　개발을 반대하는 주민들은 되려 토지를 잃을 수 있다는 위기의식을 갖고 사람들을 모아 '투청형무소의 부당한 이전에 반대하는 연맹反對土城看守所不當遷移聯盟'을 설립하고 가두시위를 벌였다. 그들은 형무소의 탄약고 부지 이전은 수백 억 타이완 달러를 소모하는 것이며, 고작 약 2km의 이전 때문에 시민들의 혈세를 낭비해선 안 된다고 생각했다. 또한 형무소가 투청 발전을 저해하고 인구고도 밀집 문제 및 도시 발전으로 인한 압력을 해결할 수 없다고 판단했다. 게다가 얼마 지나지 않은 미래에 형무소가 또 이전할 수 있으리라 여겼다. 극렬한 투쟁을 이어가면서 주민들은 자신들이 살아온 평온한 전원 풍광과 곁을 지키던 곤충과 동물이 바로 환경단체들이 강력하게 보호를 주장했던 생태환경 그 자체임을 깨달았다. 이렇게 주민들은 형무소 이전에 반대하면서 생태보존에 착안한 상상의 싹을 틔워나간다.

　　자연에 중점을 두기 시작하면서 연맹 이름 역시 '투청의 자연을 보호하고 사랑하는 연맹'으로 바뀐다. 또한 연맹 활동 내용 역시 자연환경보호, 생태보존 추진, 레저 농업 발전 요구 등의 방향으로 전환됐다. 나아가 정부가 총체적 생태레저관광계획을 입안하리라 기대하기도 했다. 탄약고 인근 주민들은 정부에 압력을 넣으면서 동시에 생태 가이드, 농부의 시장, 시민농원 등을 개설했고, 나아가 '내가 나의 생활을 결정한다'라는 제목의 음반을 내기도 한다. 이러한 실질적 활동을 통해 더 많은 도시인들에게 자연을 친근하게 느끼고 다가오라고 호소했다.

주민이 반대하는 것은 형무소 이전과 자연을 파괴하는 개발방식이다. '투청의 자연을 보호하고 사랑하는 연맹'을 조직해 거리 항의를 진행하는 모습_황런즈 제공

현재 탄약고 일대에는 30여 종의 조류, 70여 종의 양서류, 50여 종의 나비목, 70여 종의 원생식물이 있다. 그중 멸종위기에 처한 타이완 고유 동식물도 적지 않다. 가령 타이완 물까치와 관수리, 머리깃참매가 있는가 하면 타이완 전체에서 이곳에만 백 그루의 야생 체팔란투스風箱樹가 있다. 주민들은 이 '타이베이의 폐, 생태계의 보고'를 지켜내려 자연생태계의 발전 방식을 존중하자고 주장했다. 또한 형무소 이전은 정부의 토지징수를 합리화하는 기만책이며, 추후 상업적 주택건물 건설로 창출할 방대한 이익을 감추는 방편에 불과하다고 여겼다.

대안형무소와 생태교육 재발전 계획

통제구역 해제, 탄약고 부지 개방 후 일부 지주들은 농지를 밀었다. 컨테이너 집을 짓고 공업물품을 방치하거나 대형차량 주차장으로 만들어버린 것이다. 사람들은 자연에 다가서면서 동시에 불시에 큰 소음을 내며 지나가는 덤프트럭을 주의해야만 했다. 이런 사례는 모든 지주가 농지의 용도를 농업으로 사용하려는 생각을 갖고 있지는 않았단 사실을 방증한다. 땅을 한달 동안 세주고 얻는 수익이 한 해 농사를 지어 얻는 수익보다 많았던 것이다. 스스로를 '즐거운 농부'라고 자처하고, 생태 보존을 주장하는 현지 주민들 역시 결코 발전을 반대하는 것만은 아니다. 단지 형무소의 탄약고 부지 이전과 자연을 파괴하는 개발방식을 반대한 것이다.

현지 주민들은 탄약고 마켓, 음악회, 그리고 각종 생태가이드 활동을 진행했다. 현지 주민들이 청년학생들을 데리고 모종심기, 벼 베기 농사를 체험하는 사진_황런즈 제공

피의자를 감금하는 형무소는 대개 발전을 저해하는 님비시설로 여겨진다. 형무소는 발전 기획의 시작에서부터 제외되기 마련이다. 만약 우리가 이 문제를 직시하고 토론한다면 아마 '진보적 형무소'를 만들어낼 수 있을지도 모른다. '투청의 자연을 보호하고 사랑하는 연맹'이 대안적 형무소 논의를 거부하는 것은 절대 아니다. 그들은 형무소 위주의 사법특구가 이미 용도사용에서 우위를 점하는 다른 발전 가능성을 억제한다고 믿는다. 현재 확대도시계획안은 아직 내정부 구역계획위원회에서 심사 중이다. 지역사회는 생태환경과 교육을 결합한 재개발 계획을 지지하면서 아직도 사법특구 안건과 힘겨루기를 하고 있다.

 新北市土城區和平路

산충 ^{三重}

루저우 ^{蘆洲}

우구 ^{五股}

신좡 ^{新莊}

궁랴오 ^{貢寮}

47 싼충 다퉁남로 일대의 젠트리피케이션
– 군인마을, 공공지원주택 그리고 도시 재개발

우리들은 이방인입니다.
도시의 이방인, 서로의 이방인, 감정의 이방인.
습관이 만든 이방인, 가까움으로 인한 소외감,
익숙함으로 인한 낯설음.

— 중원인, 「재하좌안在河左岸」

강 왼편 기슭에 사창가, 가금류 시장, 무허가 건물, 군인촌이 밀집한 강변마을은 국가의 기획과 자본의 힘으로 속칭 젠트리피케이션gentrification[1]의 현장으로 전락했다. 강변의 빈민가라는 악명이 사라지고 땅값은 신흥 부동산 시장에서 고공행진을 거듭했지만, 그곳에서 살아

[1] 젠트리피케이션은 낙후된 구도심 지역이 활성화된 후 중산층 이상의 자본 보유 계층 유입으로 인해 상승한 토지 지가 및 임대료 때문에 기존의 저소득층 원주민이 구축되는 현상을 가리킨다. 주거지역, 문화지구, 소비지구 등 그 종류를 막론하고 전 지구적으로 발생하고 있다. 이에 대한 이론적 검토는 현재까지도 매우 치열하다.

가던 약한 자들의 거주권과 이익은 배제되고 쪼개졌다.

공군 1촌 – 공원에서 군인마을 문화공원으로

　단수이강淡水河을 접한 공군싼충1촌은 계급이 비교적 높은 군인 가정들이 살아가는 군인마을이다. 이곳 주민들은 이 마을만의 독특한 생활경관을 만들어냈다. "어떻게 이사를 가겠나. 나는 이 집에 매우 만족하고 있어. 여기의 풀 하나, 나무 하나, 못 하나 수도꼭지 하나, 모두 내 손을 거친 것들이지." 1촌의 제1세대 주민 주방쉬朱邦煦는 여기를 타이완의 고향처럼 여긴다. 그는 퇴역 이전까지 공군 방공포대 부사령관으로 복무했다. 그는 마을 안에 있는 일제시대 방공포대 입구 근처에서 살고 있다.

　1촌 주민들은 2006년 8월부터 반차오 시板橋市의 젠화신청健華新城으로 이사했다. 원 재개발 계획은 1촌을 모두 밀어버리고 공원을 조성하는 것이었다. 공원 조성으로 인해 싼충 군인마을의 역사가 소멸될 것을 우려했던 지역 청년 샤오둥小董은 시민단체와 마을주민들을 적극적으로 규합했다. 이들의 계획은 1촌을 전국 최초의 군인마을문화특구로 만드는 것. 샤오둥의 움직임이 마을에 대한 주민들의 정체성을 일깨웠고, 주민 스스로가 자신을 마을 구성원으로 자리매김하게 했다. 2006년, 드디어 '마을 전체'를 역사건축으로 등록했다. 이로써 '싼충 시 군

싼충 다퉁남로 일대의 공공 지원주택 예정지는 현재 비어 있다. 인근의 거주자들은 자발적으로 채소를 심으며 도시 속 행복농장을 만들었다._중성슝(鐘聖雄) 제공

인마을문화특구' 조성 과정이 시작된 것이다.

싼충 다퉁남로 일대의 공공임대주택 – 님비 × 재개발

공공주택 설명회에서 다수의 이장들은, "공공임대주택에는 해당 지역 주민들이 우선 신청 및 입주해야 한다. 무슨 상인을 불러 모으는 것처럼 외지 빈민들이 이곳에 와서 싼충 사람들의 생활수준을 떨어트려서는 안 된다."고 반응했다. 주민들은 강 왼편 기슭에 대한 도시 재개발을 기대하고 있었다. 이들은 연식이 오래된 베드타운이 새롭게 거듭나기를 원했지만, 동시에 공공주택 건설로 부동산 가격이 하락하지 않을지 우려하기도 했다.

타이완의 공공임대주택의 비율은 겨우 0.08%에 불과하다. 2011년 정부는 새로운 공공주택 정책을 시행한다. 하지만 선정대상지역 인근 주민들은 공공주택 주민이라는 오해를 우려해 마을 인근의 공공주택 건설을 종종 반대했다. 싼충 다퉁남로 일대와 쑹산 바오칭가寶清街 일대, 완화구 청년공원 인근부지가 공공주택 건설 예정지로 선정됐다. 공공임대주택과 같은 공익시설에는 모두 빈민의 낙인이 찍힌다. 인근 주민들은 부동산 가격 하락에 따른 지역경기 침체를 우려했고, 이들 시설은 강력한 님비 현상에 직면한다.

조상들의 땅도 재개발이 필요하다
– '불법 건축물'로 몰아세우기

싼충 다퉁남로의 139항, 143항, 172항의 토지소유권은 수십 년 동안 신명회神明會 사인공舍人公과 제사공업祭祀公業의 사인공舍人公 등에 속했고 토지 재산권 구성은 굉장히 복잡했다.[2] 수년간에 걸친 토지 매매 이전 과정에서 위조문서 관련 문제까지 있었다. 결국 일부 토지소유자는 불명확했고 건물 등기마저 용이하지 않았다.

---

2 신명회(神明會)의 사인공(舍人公), 제사공업
   (祭祀公業)의 사인공(舍人公) 등은 모두 사
   원 건설과 관리 업무를 담당한다. 각종 축제
   와 구술 역사 기록 등의 부가적 업무도 있다.

2002년부터 타이베이 현 정부는, 앞장서 관련 구역을 국가 도시 재개발 범위에 편입시킨다. 실제로 다퉁남로에 거주 중인 가구들이 정확한 진행 과정을 알지도 못한 상황에서 해당 부동산 등기가 이곳 저곳으로 전매됐다. 도시 재개발 시행자들은 주민들을 불법 입주자로 간주해 그들의 집을 철거하고 땅과 부당이익 환급, 지상권 취소 등을 요구했다. 시행자들과의 싸움이 역부족임을 깨달은 많은 가구들은 소정의 보상금만 수령하고 이사할 수밖에 없었다. 현재 이 구역에는 오직 단 1가구(쉬수화許素華와 그녀의 동생이 예전에 낳았던 3명의 아이)만 남아 있다.

쉬수화는 도서관 사서다. 그녀는 변화하는 도시 재개발을 직면하면서 법률을 이해하지 못하는 이들은 사회 속에서 피해를 받게 된다는 걸 깊게 깨달았다. 그녀는 푸런대학輔仁大學 법학과에서 수강했다. 법률의 이해로 스스로를 구제할 기회를 가지려 했던 것이다. 도시 재개발의 피해자인 그녀는, 어린 시절 겪은 소아마비로 중급 지체장애 때문에 거동이 불편했다. 하지만 항상 자전거를 타고 다닐 만큼 건강했고, 강제 철거 및 도시 재개발 관련 논쟁이 발생하면 꼬박꼬박 참여했다. 그녀는 흔들리는 자전거를 몇 시간씩 타고 다니며 투청 법원에 출석해 자신의 도시재개발 관련 소송을 처리해나갔다. 2014년 여름, 쉬수화는 법원의 판결에 따른 강제집행, 철거, 토지 환급을 눈앞에 두고 있었다.

다른 신분, 불공정한 거주권

군인마을, 공공임대주택, 무허가 건축은 중원인鍾文音이 쓴 '가까움으로 인한 소외감'과 같다. 가까움, 그들은 국가와 자본이 결탁한 고급진이 땅의 바로 곁에서 병존한다. 특별한 사람들만 누릴 수 있는 특이한 거주권, 이들은 서로를 이해한 적이 없다.

군인마을이 1촌으로 재건될 때 국가로부터 거주권을 보장받은 사람들은 공공주택으로 개량하는 다른 군인마을의 분양권을 확보할 수 있었다. 하지만 유사한 상황의 쉬수화에게는 이런 행운이 없었다. 도시 재개발 계획은, 비등록 가구들을 소송을 통해 다른 곳으로 내몰았다.

어떤 퇴로도 없이 쫓겨나간 이런 사람들은 더 멀리, 변경으로 배척됐다. 공공임대주택 주변 주민들은 부동산 사유 재산권을 보유했다. 이들은 자그마한 집을 소유했을 뿐이었지만 인근 구역의 발전에 영향을 행사할 수 있었다. 심지어 단체를 조직해 더 취약한 계층의 사람들을 내쫓는다. 거주의 가능성을 박탈해버린 것이다.

거주권 차별은 신분에 따라 극명하게 다르다. 우리는 거주권이란 페인트를 전신에 바른 도시에 살고 있다. 페인트 색이 옅은 지역에서는, 신분이 없는 사람들이 다른 곳으로 쫓겨난다. 신분이 높은 사람들은 자신들이 살고 있는 땅을 더욱 진하게 칠해 핵심 공간에서 삶을 영위한다. 선긋기, 단절, 그리고 변화가 이 도시 위에서 끊임없이 생성된다. 어쩌면 당신도 어느 날 갑자기, 쉬수화처럼 경계에서 표류하는 공간으로 쫓겨나 경악할지 모른다.

空軍三重一村 : 新北市三重區
正義南路八十六巷十一號

위: 소아마비 때문에 거동이 불편한 쉬수화는 늘 이렇게 비틀거리면서도 자전거를 탔다. 출퇴근 시간, 법률 공부를 위해 싼충에서부터 푸런대학교로 등교, 다른 강제 이주 문제를 지원하러 갈 때 모두 이 자전거를 탔다._중성슝 제공
아래: 쉬수화가 3명의 조카와 같이 살고 있는 12평 크기의 집. 도시 재개발의 강제 철거 위협은 끈끈하게 함께 살아가는 이들에게도 크나큰 시련으로 다가왔다._중성슝 제공

48

얼충 둔치와 농민 항쟁
– 한 마을의 생사흥망

일찍이 리원지李文吉와 리밍당李明當은 말했다. "이것은 1984년 7월 저우허우 마을이 자체적으로 개최한 기자간담회입니다. 이는 유사 이래 처음으로, 위정자들이 평범하고 작은 농촌마을을 진중하게 생각하고 담판의 대상으로 삼은 것이었습니다."

사자머리가 비호하는 저우허우 마을

300여 년 전, 중국 푸졘福建에서 바다를 항해해 타이베이로 건너와 개간을 진행한 한인들은, 평포족이 '오곡五穀'(오늘날 우구五股)이 풍성하게 수확된다고 여기던 '저우자이웨이洲仔尾'(저우허우 마을洲後村)에 정착한다. 천陳 씨 가문은 타이베이 곳곳에 정착하고 조상들의 훈계를 대대손손 잘 기억했다. 그것은 단수이강 입구의 작은 산구릉 위에 있는 사자머리를 마을을 지키는 수호신으로 여기라는 것이었다.

1968년, 타이베이 시는 홍수 방지 계획이 절실했다. 산충, 루저우, 우구, 신쫭 일대의 저지대는 '홍수평야 1급 통제구역'으로 지정됐고, 저우허우 마을도 역시 여기에 포함된다. 이 때문에 둔치 입구에 위치한 저우허우 마을은 토지징수와 철거의 위기에 직면한다.

선건설 후철거 그리고 부도 - 징수의 함정

정부는 이 계획의 순조로운 진행을 위해 '선건설 후철거'를 기조로, 저우허우 마을의 이전을 약속하고 '토지징수 보상금'을 지급한다고 말했다. 하지만 얼마 지나지 않아 무산된다. 마을 이전 계획에 따라서 우구五股 저우쯔양구洲子洋區를 저우허우 마을의 최종 이주 구역으로 정했다. 또한 루저우의 후이야오灰窯 재개발구역을 최종 이주 이전까지 잠시 사용하기로 했지만 저우쯔양구은 저지대였기 때문에 개발에 적합하지 않았다. 홍수예방계획 역시 불분명하고 불완전했다. 이에 후이야오를 최종 이주 구역으로 결정하게 된다. 행정의 시간 지연으로 시기를 놓친 마을 사람들은 결국 2년 이상을 기다린 후에야 이주할 수 있었다.

또한 정부는 공시지가에 의거한 토지 가옥 징수를 공표했다. 저우허우 마을은 '1급 홍수통제구역'에 포함됐으므로 10여 년 동안의 추가 주택건설이 금지된 상태였다. 공시지가는 낮았다. 보상금액 역시 보통의 대가족이 인근지역의 낡은 아파트를 살 수 없을 정도로 부족했다. 마을 주민들의 생활은 나날이 어려워졌다. 때문에 마을주민들은 투서, 유세, 항쟁을 전개했다.

1983년 1월 4일 공사 개시 전야, 비슷한 운명을 맞게 된 주화 마을竹華村, 경랴오 마을更寮村, 허우푸 마을後埔仔 등 합계 수백여 명의 민중이 함께 모여 산충 시三重市 충신로重新路에 정좌해 이주 분양을 요구했다. 세로로 길게 나 있는 도로를 약 9시간 정도 막아섰다. 이는 얼충 둔치 논란에서 가장 큰 규모의 투쟁이었다. 하지만 정부의 대응 수준에서는

얼충 둔치의 전경

이주 분양 문제를 해결할 수 없었다.

1984년 8월 16일 강제철거 당일, 지친 마을 주민들은 밤에도 눈을 붙이지 못하고 분노에 가득찬 상태로 수백여 명의 경찰과 폭동진압경찰, 헌병, 사복경찰 들의 마을 포위를 지켜봐야만 했다. 굴삭기와 불도저는 태연하게 집들을 때려부쉈다. 신앙을 담당하던 천 씨 가문의 종사[3] '덕성당德星堂'과 '충의묘忠義廟' 역시 허물어졌다.

저우허우 마을은 비교적 운이 좋았다. 이주 공간과 보상 조건을 결국 쟁취했기 때문이다. 비슷한 운명을 맞닥뜨렸던 인근 마을 사람들은 대부분 루저우, 산충 일대의 재개발구역으로 이주해 새로운 삶을 모색한다. 일부 마을 주민들은 정처 없이 떠돌다가 친척 혹은 친구집에 얹혀살았고, 어떤 이들은 저우허우 마을 공터로 돌아와 천막을 치고 살았으며, 폐교돼 겨우 6개의 교실만 남은 경랴오更寮초등학교에 잠깐 거주하기도 했다. 이후, 저우허우 마을에 거주했던 316개 가구의 마을 주민들은 여기저기 흩어졌다.

강변개발과 도시농원의 시소게임

얼충 둔치가 완성되자 물이 흘러가는 구역은 도시의 외곽이 됐다. 홍수가 나지 않는 얼충 둔치에는 장물과 짝퉁물건으로 유명한 '중고시

---

3   종사(宗祠)는 일족의 조상을 함께 모시고 있는 사당이다. 타이완에서 종사는 가문의 각종 사무와 재산을 관리한다. 과거에는 해 당 가문이 마을의 유지였고 주민들의 소작을 주관했다. 오늘날에는 지역개발 관련 의제에도 참여한다.

장'이 생겨나기 시작한다. 제방 양쪽에도 법규를 위반하고 양철판으로 만든 공장이 늘어서거나 폐기물이 쌓여가는 쓰레기산이 출현했다. 농민들은 대를 이어 내려온 관습처럼, 둔치 내부 토지를 개간해 채소를 심었다. 정부는 몇 차례 제제를 가했지만 특별한 성과는 없었다. 이곳은 지역주민들의 밭으로 변해버렸다.

1990년대부터, 둔치 안에는 정부가 세운 운동장, 공원, 자전거도로, 인공습지 등이 생겨났다. 이후 정부는 '대타이베이도회공원'을 기획했다. 휴식과 생태보존 및 도시재개발을 엮어 통합형 강변개발계획을 만든 것이다. 다만 깊이 생각해봐야 할 것은, 행복하고 아름다운 대타이베이도회공원 안에 도시농원의 자리는 존재하지 않는다는 점이다. 철거에 반대한 초기 항쟁의 궤적은 둔치와 그 주변의 중산계급화로 인해 사라졌고 다시는 찾아볼 수 없다.

 洲後村遺址位於疏洪道尾端成蘆橋下的疏洪生態公園，現屬於大臺北都會公園(二重疏洪道河濱公園)五股生態園區的一部分。大臺北都會公園位於新北市三重區'五股區'蘆洲區'新莊區內，面積四百二十四公頃

대도회공원의 풍경. 신베이 시정부는 시민을 대신해 수준 높은 휴식공간을 만들어냈고, '공공성'의 이름으로 시민의 농지와 농원을 희생시켰다.

49

얼충 둔치의 외곽 노동자
- 전민택시의 이동항쟁

막 계엄이 해제된 1990년대 타이완에서는 농민, 환경, 성별 등 각종 사회운동이 꽃폈다. 도시 곳곳을 누비며 생계를 유지하던 택시 운쨩運匠, 기사들도 '해적 방송'을 이용해 결집을 호소하고 노동 권익을 제고하려 했다. 이들은 상당한 동원 능력이 있었다. 하지만 곧 '저속'하고 '수준이 낮은' 폭력집단으로 표상됐고, 주류 질서 속에서 공포를 조성하는 풍경으로 각인됐다. 그들은 사회의 변경으로 쫓겨났고, 도시 주변부에 기거하는 이동 노동자가 되었다.

밥벌이, 대집합 - 해적 방송과 기사친목회

1990년대 이전, 택시 운쨩은 택시회사에 소속돼야만 영업이 가능했다. 이 '지입제'로 기사들은 회사의 제약을 받았고, 어떠한 권리도 보장되지 않았다. 국가가 엄격하게 택시를 통제했고 전파매체 역시 관리했지만 이 둘 모두 계엄해제 이후에는 도전에 직면한다. 1992년, 국회의원 보좌관을 거쳐 국회의원을 역임했던 쉬룽치許榮棋는 타이완 최초의 해적 방송인 '전국민의 소리全民之聲'를 가설했다. 아무리 먼 곳이라도 닿는다는 무원불계無遠弗屆의 라디오, 그리고 지하 라디오의 저항적 특성은 지입제에 불만을 가진 택시 기사들과 '전국민의 소리'를 일치단결시켰다. 1993년 말, 25명의 기사들은 지하 라디오를 통해 연대했고, 중산中山축구장에 모여 기사친목회를 성립한다. 이들은 지하 라디오의 이름을 인용해 이 친목회를 '전민택시全民計程車'라고 명명했다.

사회운동인가, 거리의 폭도인가?
에스닉 대립과 오명의 딱지

전민택시는 노동착취 반대를 요구했을 뿐, 결코 일부 정당이나 사상에 치우쳐 있지 않았다. 그러나 정보 플랫폼으로서의 지하 라디오는 분명 사회운동 경향과 민주진보당(야당) 색채를 선명하게 띠고 있었다. 이 때문에 전민택시의 운짱들은 각양각색의 사회운동 현장으로 자주 투입됐다. 여기에는 교육개혁, 반핵운동, 연금문제 등이 포함된다. 때로는 민진당 정치인 선거집회에서 지지 목소리를 내곤 했다. 정치색이 짙어지면서 전민택시는 선거 때마다 공격의 대상이 됐다. 1994년의 타이베이 시장 선거 기간, 신당[4] 후보인 자오샤오캉趙少康은 민진당 후보 천수이볜을 지지하는 해적 방송과 택시기사들을 저속하고 수준이 낮은 폭력집단이라며 여러 차례 비판했다. 민진당 또한 중간계층의 표를 얻기 위해서 이들과 확실한 선을 그었다. 몇 차례에 걸쳐 발생했던 택시회사 간 시위와 충돌에서 기사 다이정창戴正昌이 사망했다. 이 사건은 당시의 각종 사회적 모순 및 문제에 대한 시선을 택시충돌사건으로 옮겨버렸다. 결국 노동 권익을 쟁취하려 했던 이 변경의 단체는 사회질서를 위한 희생양이 되고 말았다.

여론에서 배제되고 부정적 꼬리표를 달게 된 전민택시 운짱들은, 도심지 외곽의 얼충 둔치에 자신들만의 영역을 구축한다. 돈을 모아 충신교 아래에 컨테이너 구조물을 만들어 전기와 수도를 연결하고 냉장고, 에어컨, 노래방기기 등을 설치했다. 이곳은 기사들이 모여서 휴식을 취하는 장소로 자리매김한다. 그러나 타이베이 현(현 신베이 시) 정부는 얼충 둔치를 관광과 휴식 중심의 레저강변으로 만들려고 했고, 택시기사들은 또 한 번 '질서를 파괴하는 자들'로 전락하고 만다. 이들은 정부에 의해 강제로 쫓겨나고 그들이 설치해둔 시설들 역시 철거됐다.

---

4 신당(新黨)은 1993년 국민당 개혁파들이 만든 타이완 정치정당. 국민당과 함께 범보수 진영을 구성하고 있다. 한때 선풍적 인기를 끌었다. 그러나 2000년 총통 선거에서 독자 후보 숭추위(宋楚瑜)가 국민당 표를 잠식, 민주진보당의 천수이볜 당선에 일조하면서부터 당세가 약해졌다.

길들여진 변경
- 아름다운 강변과 우수 서비스를 자랑하는 기사

2000년에 있었던 몇 번의 거리충돌 후, 원래 곳곳에 흩어져 있던 전민택시기사친목회는 사단법인 타이완 전민택시기사협회로 변신했다. 새로 조직된 웨이싱衛星운수회사에서 이들은 제복을 입고, 넥타이를 메고, 빈랑을 씹지 않는 새 이미지를 구축했다. 예전에 기사들이 사회운동, 항쟁, 거리시위에 참여하며 시민들에게 누적된 부정적 이미지를 바꾸려 한 것이다. 다른 방면에서는, 전민택시의 단단한 기층동원능력이 정치인사들의 강압적 태도를 협상과 협력의 태도로 전환시켰다. 우수한 서비스를 제공하는 택시운수회사들은 선거철마다 여러 정치세력들이 우호적 관계를 맺으려 노력하는 대상이 됐다.

폭력운짱의 이미지는 고객만족과 우수 서비스로 시나브로 달라져갔다. 원래 얼충 둔치는 사회 주변부에서 운짱과 하층민들이 모이는 공간으로 인식됐다. 하지만 이곳 역시 환경보존 및 레저를 중심으로 한 아름다운 개발을 통해 중산계급 시민이 휴식하는 공간으로 이미지가 달라졌다.

그러나 우리는 우려해야 한다. 이토록 아름다워 보이는 이야기의 이면에는 초기 변경의 항쟁이 내포하던 에스닉 문제와 계급불평등, 그리고 수많은 사회문제가 존재한다는 것을. 또 이 문제들이 변경의 강변과 노동자와 같이 주류질서에 의해 정리되고 길들여지고 있다는 사실도.

반지식
얼충 둔치의 하층문화

  1982년 정부가 얼충 둔치를 건설했지만 제방 바깥 쪽의 황야는 관리하지 못했다. 쓰레기는 쌓여갔고, 중하층계급의 민중들이 모이는 곳이 됐다. 이들은 이곳에서 논밭을 일구는가 하면 사당을 모시거나 야시장을 열고, 장물 및 중고물건을 파는 시장도 개설했다. 1980년대 로또가 성행하면서 얼충 둔치는 유명한 '벼룩시장'이 된다. 사람들은 이곳에 모여 로또 번호를 분석하거나 도박을 했다. 노점상도 들어왔다. 1997년 이후 타이베이 현은 녹화사업을 추진하며 노점상 등의 하층활동을 근절시키려 이들을 모두 충신교 아래로 몰아넣고 '관광시장'으로 만들었다. 그러나 시장 내에서 암암리에 이뤄지는 불법적인 상거래는 근절하지 못했다.

新北市三重區疏洪一路重新橋下

50

공장을 집으로 삼은 둥링전자
- 공장 폐쇄와 실업의 축소판

어디서 어디서 이 항쟁의 길로 오는가
내가 밥 먹기 힘들어서가 아니다
당신이 와서 이해해주길 바란다
어디서 어디서 이 항쟁의 길로 오는가
악질사장을 만나서
돈을 빌려다 그를 도망가게 해줬다
정부가 우리를 돌보지 않았기에
우리는 항쟁의 길로 들어섰다
최선을 다했던 우리의 일을 인정하려 하지 않는다
처참한 몸뚱이는 한 푼 돈으로조차 바꿀 수 없네

— 〈항쟁의 길〉, 〈정情의 길〉을 원곡으로 한다

항쟁의 길로 나아가다

타이베이 분지 중심, 단수이 강 지류 다한 강大漢溪 북쪽 기슭에서 초
기 한인 중심 촌락이 형성됐다. '신좡新莊'은 '신흥新興의 가좡'⁵을 의미한
다. 신좡 부둣가에 모래가 퇴적되기 전이자 맹갑이 아직 새 부두로 대
체되지 않았던 청나라 통치시기, 신좡 시가지는 당시 북타이완 농산품
이 집산·운송되는 중추 지역이었다. 곧 모래가 퇴적되자 신좡은 선박
운송이란 이점을 상실한다. 게다가 일제시대의 타이완철도계획에서,

---

5   가좡(街莊)은 청대 타이완의 마을 단위. 현
    재의 시군구 개념이다.

철도가 신좡을 경유하지 않고 반챠오板橋로 연결돼 교통 요충지란 강점 역시 잃게 됐다. 이로써 신좡은 번영의 후광에서 쫓겨났다. 이후 일본정부는 제2차 세계대전 당시 폭격에 대비하면서 동시에 타오위안桃園 지역의 발전을 도모한다. 이때 타이베이 시 주변 경중공업을 교외로 이전하기 시작했고 신좡은 상공업 발전의 기초를 다졌다.

1960년대 타이완 경제는 호황을 누렸다. 정부는 각종 경·중공업을 육성하고 많은 가공수출구역을 설립했다. 미국 전자회사들은 타이완의 저렴한 노동력과 부동산에 주목해 앞다퉈 타이베이 도회구역을 둘러싸며 공장을 세워나갔다. 타오위안에는 RCARadio Corporation of America, 중허에는 텍사스 인스트루먼트Texas Instruments, 타이완 자본의 거린歌林, 다퉁 등의 회사까지 들어섰다. 1990년대, 임금 상승과 국제 경제 정세 변화로 중국 대륙 등 신흥 공업국이 성장하면서 전통 제조업은 다른 국가로 옮겨간다. 이어지는 양안 관계의 팽팽한 긴장 속에서 타이완 정부는 '산업의 남진産業南進' 정책으로 '서진의 중국대륙' 압력에 대응하려 했다. 1985년에는 노동기본법이 시행됐다. 퇴직금을 지불하지 않으려는 공장들의 악성 공장폐쇄와 파산이 잇따랐다.

그러나 노동권익 수호의 최후 보루인 행정원 노동위원회는 기업이 노동자를 위한 퇴직금 준비 계좌를 할당하지 않는 문제에 대해 법을 엄격하게 집행하지 않았다. 많은 기업주들은 법에 따른 계좌 할당을 조치하지 않거나, 할당할 경우는 금액이 부족했다. 때문에 공장폐쇄로 실업한 노동자들은 법이 보장하는 해고수당과 퇴직금을 수령할 수 없었

둥링전자 공장 건물. '공장을 집으로(以廠為家)' 투쟁의 근거지였다. 투쟁 노동자들은 법원이 '불이양'에서 '이양'으로 결정을 번복하고 강제집행을 결정하자 불만을 갖고, '둥지 지키기(護巢)'란 구호로 방어태세를 강화하며 투쟁을 준비했다.
_왕잉다(汪英達) 제공

다. 이런 문제가 누적되면서 타이완의 공장폐쇄와 실업문제는 나날이 심각해졌다.

오늘날 타이완 경제의 기둥이 된 하이테크 전자산업의 성공 이면에는 타이완 산업 구조 전환과 노동운동의 궤적이 숨겨져 있다.

공장을 집으로 삼고 함께 생활하다

신좡구의 신슈로新樹路를 경계로 상신좡과 하신좡이 나뉜다. 신슈로는 신좡과 슈린 두 지역의 생산라인을 연결한다. 도로를 따라가면 길 위에 끝없이 늘어서 있는 잿빛 공장들을 볼 수 있다. 밤낮 없이 오가는 근무교대 인파는 이곳을 북부 타이완의 유명한 가공생산구역으로 만들었다. 그중 가장 주목을 끄는 곳은 1960년대에 경제부 수출 금메달상을 받은 둥링전자東菱電子다. 둥링에서 생산된 오디오, 언어학습기는 모두 시대를 호령한 유명 상품이었다.

1996년, 둥링전자 사장 잔쥔선詹俊森은 공장과 부지를 담보로 은행대출을 받아 경영손실에 따른 자금 부족을 메우려 했다. 공장 폐쇄 후, 노동자들은 회사가 연체했던 6개월치의 월급 모두 사장의 도주자금으로 사용됐단 사실을 알았다. 또한 잔쥔선은 법이 보장하는 노동자 퇴직금과 보험금을 준비하지 않았다. 수백여 노동자들의 생계 곤란이 발생한 것이다. 이런 모습은 단지 둥링전자뿐 아니라 전국 각지의, 악성 공장 폐쇄 바람이 몰아치는 현장에서 쉽게 볼 수 있었다. 이런 사건들이 훗

제1 전선을 고수 중인 선봉대. 노조간부와 학생은 쇠사슬로 자신들의 몸과 문을 묶어버렸다. 육신으로 집을 지키겠다는 결심을 보인 것이다. 수십 시간의 대치 후, 경찰 측의 공장 진입을 성공적으로 막아냈다. 그러나 경찰이 불도저를 동원해 공장 뒤편에서 벽을 허물고 둥링에 진입하는 걸 막을 수는 없었다._왕잉다 제공

날의 노동운동 및 투쟁의 발단이 됐다.

이 소식을 들은 둥링 노동자들은 '둥링전자자구회' 결성을 결의했다. 노동운동가 린쯔원林子文의 협조로 밀도 있는 청원과 투쟁을 전개할 수 있었다. 1997년 5월, 자구회는 노동위원회 앞에서 28시간의 단식을 진행하며 당시 위원회 주임 쉬제구이許介圭가 직접 나서서 이 문제를 해결하라고 요구했다. 이들의 투쟁은, 노동위원회가 '공장폐쇄와 폐업에 따른 실업 노동자 창업 대출 대책법'을 제정하게 만들었다. 노동자들은 대출 형태로 해고수당과 퇴직금을 수령할 수 있게 됐다. 하지만 이런 조치는 노동자를 '채권자'에서 '채무자'로 만드는 불구덩이와 같았다. 국가와 자본가들은 정세를 이용해 책임을 회피했고, 당시 심각했던 공장폐쇄와 실업문제 해결은 미궁에 빠졌다.

둥링전자자구회는 롄푸제의聯福製衣 등 9곳의 공장 노동자들과 함께 '전국 폐쇄공장 노동자 연합'을 설립한다. 이들은 '노동자 실업 보험' 실시를 성공적으로 쟁취했고, 정부가 연체 월급에 대한 우선 배상 기금을 만들도록 해 실업 노동자의 안정적 생활을 확보해나갔다.

이 두 단계적 성과 이후 둥링전자자구회는 해산했다. 일부 구성원만이 지속 투쟁을 결심한다. 공장을 집으로 삼고 밥솥으로 밥을 지어 먹는, '둥링 공장 진주 호조회'가 탄생한 것이다.

하지만 공장 폐업 이전, 공장건물과 부지는 모두 은행에 담보로 잡혀 있었다. 자본주의 사유제 체제 안에서 '물적 소유권' 개념은 침해불가의 전제가치다. 그러므로 저당권이 기타 채권보다 우선된다. 바꿔 말해, 은행 채권이 노동자 임금 청구권보다 우선시되는 상황이라 노동자들은 자신의 생존권을 주장할 수 없었다. 공장부지가 전부 경매로 팔려나가도 노동자들은 체불 임금을 한 푼도 받을 수 없는 것이다.

그래서 호조회 구성원은 가정집기와 가솔들을 공장으로 들여 생활공간을 만들고 호적 주소마저 공장으로 바꿨다. 구성원들은 불침번을 정해 공장을 지켰다. 또한 공장의 빈터에 세를 주고 주차장, 채소 재배, 먹거리 판매 등으로 틈새에서 생존해갔다. 공장을 점거하는 투쟁은 공장폐쇄 사건에서 쉽게 볼 수 있는 것이지만, 점거기간이 8년에 달하는 사례는 찾아보기 힘들다.

법원은 호조회 일원들이 둥링전자 공장 주소로 호적을 옮긴 것에 대해 거주 조건을 확보했다고 인정하고, 둥링공장 경매 후속 절차를 이양에서 '불이양'으로 변경했다.[6] 즉, 법원은 강제 철거를 집행하지 않고 경매 입찰자는 호주의 동의를 통해서만 이주를 시킬 수 있게 됐다. 당연히 이런 소송 전략은 잠재적 부지 구매자들을 움츠러들게 만들었다. 공장부지는 7차례의 경매를 거쳤지만 입찰은 유찰됐다. 2005년 2월 23일, 타이완 금융자산서비스회사의 '특별경매' 과정에서 한 입찰자가 3억 7천여만 위안의 입찰 보증금으로 둥링공장을 사들였다.

둥링공장 매각 후 법원은 갑자기 강제 이양을 결정했다. 이 결정은 즉각적인 반발로 이어졌다. 노동운동단체, 학자, 학생들은 함께 방어선을 만들어 몸으로 둥링의 집을 지켰다. 결국 입찰자는 여론의 압력으로 투쟁 노동자들에게 2천만 위안을 보상금으로 지급했다. 현재 옛 공장 건물은 평지가 됐고, 이곳에는 아파트가 들어섰다.

공장폐쇄 실업의 축소판

같은 시기, 노동위원회는 롄푸제의 등 9곳의 공장폐쇄에 대응해 '공장폐쇄와 폐업에 따른 실업 노동자 창업 대출 방법'을 입안한다. '대위구상'[7] 형식으로 계속되는 공장폐쇄 문제를 해결하려 시도한 것이다. 이 계획에 '대출'이란 두 글자가 포함돼 있었으므로, 둥링 노동자들은 이 돈을 신청하지 않으려 했다. 둥링 노동자들에 따르면 당시 노동위원회 주임 셰션산謝深山이 그들에게 채무를 안기지 않는다고 입장을 표명했고, 노동자들은 그제서야 관련 자금을 신청했다고 한다. 그러나 15년이 지난 현재, 정부는 노동자들에게 상환을 요구했다. 원래 채무

6 부동산 경매 절차에서 이양(인도 명령)은 낙찰자가 합법적으로 부동산을 인도 받는 마지막 절차다. 불이양은 낙찰자가 낙찰 받은 부동산에 제3자가 합법적으로 거주하고 있는 경우에 한해 부동산 인도가 불가능함을 뜻한다. 이양의 경우 매물은 강제적으로 낙찰자에게 인도되지만, 불이양의 경우 제3자의 동의 없이는 인도가 불가능하다.

7 대위구상(代位求償)은 1996년 노동위원회가 공장폐쇄에 따른 노동자 항쟁을 무마하기 위해 제정한 '공장폐쇄와 폐업에 따른 실업 노동자 창업 대출 방법'이다. 이는 위원회가 사측을 대신해 해고수당과 퇴직금을 노동자에게 지불하고, 그 금액을 위원회가 다시 사측으로부터 받아내는 방식을 취한다.

(채고수당, 퇴지금)를 독촉채야 할 노동자들이 오치려 빗(대춘)을 진 셈이다. 현재 이 '대출' 논쟁은 전국폐쇄공장노동자연합이 지속적 항의 후 '7, 8, 9' 보조 방안으로 일단락됐다. 노동위원회가 노동자의 연령과 경제적 능력에 따라 대출 금액을 각기 70, 80, 90% 보조하는 내용이다.

이때 폐쇄공장 노동자들은 대회를 열었다. 총 270명은 끝까지 투쟁하리라 결의했다. 16년간, 소리 높여 부르던 폐쇄공장 노동자들의 애환 섞인 노래가 지금까지 이어지고 있다.

 東菱電子舊址：新北市新莊區新樹路五〇三號, 現為住宅大樓

51

러성요양원
– 중대건설에 희생은 불가피한가?

러성원樂生院은 1929년 일제시대에 설립됐다. 주로 한센병 환자를 수용·치료했다. 설립 초기에는 한센병 환자 격리를 위해 군인이 초소를 지키고 서 있었다. '타이완성나병예방치료규정'이 제정된 1961년이 되어서야 강제 격리는 폐지되고 문진치료가 실시됐다. 부연하면, 초기에는 한센병 환자에 대한 부족한 인식이 오해와 공포, 낙인으로 이어져 사람들은 시설을 두려워하고 피해야 할 곳으로 여긴 것이다. 이렇게 러성원이 세상과 격리되어 있었기 때문에 오히려 본래 풍경과 환경이 잘 보존될 수 있었다. 러성원은 타오위안桃園 구이산龜山과 타이베이 신좡의 경계구역(속칭 후이룽廻龍지구라 부른다)에 위치했다. 산비탈에 지어진 이 낮고 작은 가옥은 사람들 스스로 만들어낸 공동생활공간으로, 자연환경 속에서 요양하기에 좋았다.

러성원 풍경_장리번 제공

그러나 행복한 세월은 오래가지 않았다. 1994년, 러성요양원은 지하
철 신창 역 부지로 선정됐다. 요양원 사람들이 입주할 수 있는 별도의
의료빌딩 제공 계획도 세워졌다. 겉보기에 새 의료빌딩은 참신한 설비
와 냉방시설을 두루 갖췄다. 그러나 이미 햇빛과 나무, 자연의 바람에
익숙한 요양원 사람들에게는 비둘기 새장 같은 주거환경의 수용은 힘
든 것이었다.

2004년, 러성원 사람들을 응원하는 학생들이 '청년러성연맹'을 조직
했다. 연이어 2005년에는 요양원 사람들을 중심으로 '러성보존자구회'
가 만들어져 일련의 격렬한 투쟁을 전개해나갔다. 정부가 제안한 보존
계획 일부와 관련 있는 학계의 교수 및 학생들도 이 행렬에 참여한다.
이제 러성요양원 보존 논리는 애초의 생태 및 인권 요구에서 고적보존
요소까지 다루게 된 것이다. 이 과정에서 타이완 근대 의료사에서 러성
원이 갖는 중요성도 강조됐다. '중요 건설사업에서 희생은 불가피하다'
는 입장은 러성보존운동에 대응하는 정부의 일관된 태도였다. 게다가
정부는 고의적으로 '지하철 VS 러성원보존'이라는 허상의 대립 구조를
만들어냈다. 교통 관련 건설은 발전을 의미하고 지하철은 종종 도시
현대화의 중요한 지표로 형상화됐는데 정부는 이를 이용한 것이다. 이
에 대해 러성보전운동은 인권, 고적, 생태환경가치를 강조하며 개발이
내포하는 현대성에 대한 새로운 성찰을 시도했다.

지지단체들은 개발지상주의와 인간이 자연을 정복해야 한다는 미
신에게 계속 도전했다. 투쟁이 최고조에 달했던 2007년, 행정원 문화건

2007년 4월 15일,
강제철거라는 막다른
길 앞에서 러성원
사람들과 지지
단체들은 '전 타이완
러성 수호 투쟁'
대행진을 진행했다.
정당의 지지와 매체의
관심을 받지 못한 채,
6천 명의 민중들이
함께 장대한 물결을
이루며 거리를 걸으며
러성원 보존을
요구했다._장리번 제공

설위원회行政院文化建設委員會, 줄여서 문건회는 미리 신루공정欣陸工程 고문회사에 연구를 위탁하고, 이후 요양원 부지 90% 보전 방안을 제시한다. 많은 건축 및 공학자들은 러성원 보존을 공개 지지하고 동시에 정부 제시 방안에 대한 시뮬레이션 진행 후 지하철공사의 개발 방안은 산사태 위험 가능성이 높다고 지적했다. 그러나 각계의 도전과 질문 앞에서도 지하철공사는 기존 개발 계획을 고수한다. 2012년 1월 5일, 지하철 역이 미완공 상태였지만 신좡선新莊線은 지하철 푸다輔大 역까지 운행했다. 이는 '지하철 개통'과 '러성원 보존'이 병존할 수 없다는 정부의 거짓말을 단번에 드러낸 것이었다. 게다가 대규모 채굴이 산사태 위험을 만들어낼 수 있다는 공학자의 예언 역시 점차 현실이 되었다.

2008년 말, 정부는 정덕사貞德舍를 강제 철거했다. 이어 순차적인 강제 철거가 진행됐다. 자구회와 지지 단체는 강제철거 앞에서 그 어떤 저항도 할 수 없었다. 그럼에도 자구회는 부상을 불사하고 계속 균열 정도를 측량해나갔다. 이는 일전 요동친 6천 명의 거리 행진이 '잠깐 나타났다가 사라지는 우담바라'가 아닌, '역사는 잊어선 안 되며, 잘못은 짚고 바로잡아야 한다'는 가치에서 생성된 '오래도록 흐르는 가느다란 물줄기'임을 보여주는 것이었다. 2008년 설립된 러성공동체학교는 러성원의 신좡지역 재진입을 목표로 다양한 수업을 개설했다. 러성원은 이런 가벼운 활동을 통해 러성원과 신좡주민 간의 관계를 재정립하고, '격리'라는 단어가 수반하는 공포 및 오해를 소거시키려 한 것이다.

지하철 공사 때문에 토지 균열이 생기자 러성청년연맹과 자구회는 측량을 시작한다. 또한, 채굴이 야기하는 산사태 위험을 계속 체크했다._장리번 제공

보존운동에 적극적으로 참여하는 학생들은 다른 사회문제에도 관심을 갖고 열의를 보였다. 러성원은 타이완 농촌전선農村陣線, 반핵, 248 농학시장農學市集처럼 사회운동의 부화기였다. 또한 2000년 최초로 정당 교체가 이뤄지자 체제 내에서 정치적 입장을 고민하지 않아도 되는 중요한 사회운동으로 거듭났다.

 新北市新莊區中正路七九四號

2007년 3월 16일, 당시 타이베이 현지사(縣長)
저우시웨이(周錫瑋)는 직원을 파견해 러성원장에게 철거를
통지하고 러성원 사람들이 모이는 걸 막으려 했다. 좌측 두 번째의
러성원 거주자 탕샹밍(湯祥明)은 18세 때 젠궈고등학교에서 수학
중에 병에 걸려 러성원에 강제 격리됐다. 그때부터 그는 러성원을
자신의 집으로 여겼고 2014년 2월 14일 81세의 나이로 러성원에서
병사한다. 생전의 탕샹밍은 러성원보존운동 당시를 다음과 같이
평했다. "우리는 성공하지도 않았고, 실패하지도 않았다. 그저
우리는 위대하다."_장리번 제공

52

반핵시위와 항쟁 퍼레이드
– LOVE, PEACE or FIGHT?

핵 피해 경계, 특별구역 봉쇄, 제4원전 종결, 원자력발전 0%!

2013년 3월 9일, 타이완 전역에서 20만 명이 넘는 민중들이 모여 거리행진 시위를 벌이며 '핵 없는 나라'를 요구했다. 타이베이 카이다거란대로, 타이중 시정부, 가오슝 아오자이디凹仔底공원, 타이둥臺東 신성공원은 모두 인파로 가득 찼다. 각양각색의 반핵 깃발, 반핵의상, 항의피켓, 그리고 사람들의 몸에 부착된 'NO NUKE' 스티커는 태양 아래 일제히 반짝거리며 빛났다. 따사로운 봄 햇살에 잠긴 또 다른 곳에는 신베이 시 궁랴오貢寮구 해변의 룽먼龍門원자력발전소(제4원자력발전소, 줄여서 제4원전) 역시 번쩍이고 있었다. 다른 점은 이곳에는 열정적으로 함성을 지르는 투쟁인파가 적다는 것이다. 제4원전, 그리고 좀 더 멀리 떨어진 곳에 위치한 핵폐기물 처리장은 평온하게 우뚝 솟아 20만 민중과 진동 속에서 서로를 마주하고 있었다.

반핵을 요구하는 민중들이 거리로 쏟아져 나왔다.

1980년대, 정부는 제4원전 계획안을 제시했다. 그날 이후, 관련 질의 및 투쟁 관련 활동은 중단된 적이 없었다. 1988년 3월 1일, 타이완전력공사는 궁랴오에서 '합리적인 전기 이용 실천시범 행사'를 실시하고 초등학교 대강당에서 열린 이 행사에 사람들의 참여를 독려했다. 냉장고를 비롯해 현장에 비치된 상품은 추첨을 통해 참가자들에게 제공됐다. 행사 도중 주민들은 원자력발전소 건설에 반대하는 주장을 설파했지만 다음 날 신문에는 사실과 정반대로 보도된다. 분노한 민중들은 행사 때 나눠준 달력을 태워 반대입장을 확실히 표명하기로 결심했다. 그리고 '엔랴오반핵자구회'鹽寮反核自救會'를 조직하여 거리 항쟁을 전개하기에 이른다.

투쟁 초기, 그들의 호소를 통해 만 명의 시민들이 가두행진을 벌였고 반핵문제가 수면 위로 떠올랐다. 민진당 정권은 2000년 총통 대선 후 제4원전 건설 중지를 공표하며 여론의 열렬한 지지를 획득하기도 했다. 그러나 공사 중단 4개월이 지난 후, 정권은 정치적 압박을 받고 결국 공사를 재개하고 만다. '엔랴오반핵자구회'는 10여 년간의 투쟁을 이어오면서 함께한 사람들의 열정이 식어가고 있었고 연이은 투옥 등의 타격을 받고 조직동원 역시 정체된다. 이 시기 궁랴오는 아름다운 해안풍경 덕분에 2000년부터 매해 여름 인디 레이블 회사가 주최하는 뮤직페스티벌 개최지로 선정된다. 궁랴오는 지방의 작은 어촌마을에서 여름이면 타이완 북부에서 가장 큰 뮤직페스티벌을 개최하는 명소로 순식간에 탈바꿈했다. 해변 위에서 수만 개 야광봉이 불을 밝혔지만 무대 뒤의 제4원전까지 닿지는 않았다. 하지만 음악과 열정의 함성

다양한 반핵표어를
손에 들고 있는
민중들

은 어둠 속에서도 가동 중인 기계소리를 삼켜버렸다. 궁랴오는 해변을 때리는 파도처럼 각지에서 몰려오는 음악인들을 너그러이 받아들였다. 이 모습은 잠시 고요해진 반핵운동과 함께 선명한 대비를 만들어냈다.

그러나 시험가동 중인 제4원전에 계속 문제가 발생하고 이어 일본 후쿠시마 원전사고가 터졌다. 그 충격파는 지지부진하던 궁랴오 투쟁의 역량을 재결집시켰다. 이로써 새로운 가두시위의 대오가 만들어진다. 이 시위에서는 전부터 진행하던 다큐멘터리 순회 방영과 반핵No Nuke 플리마켓을 통해 더 많은 '개인 여행자'가 시위에 참여하도록 격려했다.(이들은 아마도 해양 뮤직 페스티벌 때에야 궁랴오를 가보거나 들어봤을 것이다.)

변경 지역의 의제로 여겨지던 궁랴오 항쟁이 도시 중심으로 들어왔다. 지역투쟁 맥락이 주류화되는 과정은, 도덕과 시대 흐름이 뒤섞인 퍼레이드 파티 현장처럼 흡수되듯 자연스럽게 이뤄졌다. 그렇다면 '반핵 열풍'을 등에 업은 퍼레이드 참가자와 거리 예술문화인들은 소위 '반민'에 부합하는 사람들일까? 정답은 바로 시위행진 안에 숨어 있다.

'아이孩子는 원하지만, 핵核子은 원하지 않는다', '즉시 공사를 중단하고, 아공阿公을 살려내라', '청명상핵도'[8] 등 창의적이고 자신의 정체성을 내포하는 표어가 시위 현장 도처에서 눈에 띄었다. 반핵이라는 공통된 요구에 여러 관점이 겹치면서 이 시위는 다양한 소리를 녹여냈다.

8　청명상핵도(青瞑上核圖)의 중국어 발음은 북송 시대 수도 카이펑(開封)을 그린 청명상하도(清明上河圖)에서 따온 것이다. 밝을 명(明)을 눈이 어둡다는 명(瞑)자로, 강 하(河)를 씨 핵(核), 즉 핵무기의 핵자로 바꾼 것이다.

2014년 4월, 시위행진에 참여한 민중들이 타이베이 기차역 앞의 도로를 점령했다. 그들은 분필을 이용해 다양한 주장을 그렸다.

이것은 이 행진의 특이점이자, 시위행진이 퍼레이드화된 원인이기도 하다.

제4원전과 핵폐기물 처리장이 위치한 궁랴오와 란위는 시작지점이라는 신성성과 정당성을 갖고 있었다. 의제가 중심화·유행화 되면서 '지방변경-도시중심'과 '지역주민-시위민중' 관계에 대한 검토 역시 각 분야에서 진행됐다. 나아가 사회운동 자체의 저항성을 생각해보자. 우리는 적어도 시민들이 손에 들린 각종 표어에서, '반민'을 다양하게 해석할 수 있는 가능성을 발견할 수 있다. 또한 이는 결코 도시와 농촌, 변경과 중심, 운동과 퍼레이드라는 단순 대비의 논쟁에 머물지 않았다. 이 밖에도 의제가 중심화되면서 님비시설도 이슈가 됐다. 이는 핵폐기물 처리장을 궁랴오에서 타이둥으로 이전하는 문제에 그치지 않았다. 시위행진은 이런 모든 문제를 수면 위로 떠오르게 했다. 각 지역의 요구가 중심화될 수 있도록 만든 것이다.

과연 평화적인 행동과 다양한 표어를 효과적인 저항으로 여길 수 있을까? 핵폐기물을 총통부에 가져다 묻어버리면 모든 문제가 해결되는가? 아마도 그렇지 않을 것이다. 하지만 우리는 반민에 대한 다양한 이질적 해석을 확인했다. 우리가 도시 한가운데서 항쟁할 수 있다면, 또는 우리가 넓은 도량으로 다양한 가능성을 포섭할 수 있다면, 축제가 된 시위는 지역과 지역, 변경과 중심 간의 대립을 해소할 수 있는 방식이 될 것이다.

그러므로 이 항쟁은 거리의 축제임과 동시에 투쟁의 축제이다. 음악이 흘러나오는 자동차, 해바라기 가발, 방독면, 작은 곡주병, 반핵깃발을 이용한 비키니는 투쟁의 퍼레이드화가 가진 다양한 면모를 보여줬다. 그리고 이로써 나타난 혁신적인 힘인 지역 넘어서기와 경계 넘어서기는, 깃발을 펄럭이게 하는 바람을 따라 꽃이 피고 열매를 맺은 시위행진 거리 위로 퍼져나갔다.

龍門核能發電廠(核四廠)：新北市
貢寮區龍門里研海街六十二號

칼럼

칼럼 1.
타이베이 항쟁 승리의 장소 – 반민 충돌의 핫스팟

타이베이는 타이완의 수도로서 중요한 정치경제 활동과 정보가 집결하는 곳이다. 수도가 갖고 있는 풍부한 자원과 여러 조건 때문에 각종 논의와 항쟁 대부분은 의사 표출의 거점으로 타이베이를 선택한다. 각종 상징적 의의를 띤 건축물과 광장 또한 민중 항쟁의 목표이자 집결지가 된다.

이러한 거점들은 대부분 그들 자체의 정치적 속성과 연관한다. 가령 중정기념당, 총통부, 카이다거란대도凱達格蘭大道 같은 유형의 장소는 특히 독재체제와 국가기구에 대항하는 이미지를 표상한다. 그 외 몇 곳은 운동단체의 전략적인 선택과 관련이 있다. 민달팽이의 중샤오동로 점령이 하나의 예다. 일부는 항쟁 거점을 선택할 때 사회적 기능의 정상 작동을 마비시키는 걸 목적으로 삼는다. 타이베이 역이 대표사례다. 자발적인 인민들의 투쟁은 항쟁 성지들에 본래의 사용목적과 용도가 아닌, 사람들을 즐겁게 하는 새로운 이야기와 색감을 덧댄다.

원래 기획된 기념의 성질과 상관없이 각종 항쟁과 집회의 표지가 된 박애특구 내 중정기념관. 이곳은 정치적 함의로 충만한 공간이다.
_홍둥리(洪冬力) 제공

중정기념당 - 자유광장

　항쟁 성지를 언급할 때 사람들이 가장 먼저 떠올리는 지점은 바로 중정기념당이다. 1980년에 준공된 중정기념당은 장중정蔣中正, 장개석 총통을 기념하기 위한 것으로, 일부 사람들은 이를 두고 '중정묘中正廟'로 비꼬기도 했다. 기념당 양측에는 국가희극원와 국가음악청이 타이완 예술문화 활동의 거점으로 자리 잡았다.

　건축물 및 동상을 건설해 국가 원수의 죽음을 기념하는 것은 독재 국가에서 쉽게 볼 수 있다. 이런 유형의 장소는 상징적 의미가 농후하기 때문에 종종 항쟁의 목적지가 되곤 한다. 그중 가장 대표적인 항쟁 활동은 1990년의 예바이허野百合, 야생 백합 학생운동이다. 당시 약 6천여 명의 학생들이 집결해 정좌항의를 전개했다. 이들은 '국민대회[1] 해산', '임시조례 폐기', '국시회의 개최' 및 '정재계 개혁 계획' 같은 4대 요구를 제기했다. 당시 총통 리덩후이李登輝는 직접 나서서 학생들의 요구를 수용해 국시회의를 개최하고 동원감란시기임시조례[2]를 폐지했다. 이로써 타이완의 전제독재체제는 막을 내렸다. 그 후 타이완의 정치운동이 거세게 일어나 민주화의 단계로 진입하게 된다. 당시 학생운동 참여자들 중 일부는 민진당에 가입해 공직에 종사했고 일부는 학계에 남아 교수에 임용됐다. 또 다른 소수는 사회 기층에서 지속적으로 풀뿌리 조직 운동을 전개해나갔다.

1　1947년 제정된 중화민국 헌법에 따라 설립됐다. 국민대회는 쑨원(孫文)의 정권(政權)과 치권(治權)을 분리해야 한다는 헌법 구상에 기원한다. 치권은 중화민국 특유의 5원인 행정원, 입법원, 사법원, 감찰원, 고시원이 행사하고 정권은 정부, 영토 주권, 헌법 개정 등을 국민대회가 행사한다고 명시한 것이다. 이로써 국민대회는 중화민국의 최상위 중앙정부기구가 된다. 국민대회는 박정희의 통일주체국민의처럼 대통령 간접 선거 기능도 가지고 있었다. 국민대회 구성원을 살펴보자. 제1차 국민대회의 경우 1948년부터 1991년까지 종신직처럼 유지됐다. 타이완인들은 이를 '만년국대'로 비꼬았다. 총통 선출 기능은 1996년부터 중지됐고, 2005년 헌법 수정을 통해 기타 기능 역시 국회, 헌법재판소 등으로 이관되었다.

2　동원감란시기임시조례(動員戡亂時期臨時條款)는 1948년에 선포된 중화민국 헌법 임시 조항으로 1991년에 폐지됐다. 국공내전 때 중국공산당 진압을 위해 제정했지만, 국민당의 타이완 철수 이후로 국민당 일당 독재 체제를 유지하는 기조로 전용(轉用)됐다.

273

2007년 민진당 통치 당시, 중정기념당을 타이완민주기념관으로 개명하고 광장명을 '대중지정大中至正'에서 '자유광장自由廣場'으로 바꿔 격렬한 분쟁이 발생했다. 2008년 국민당이 재집권하면서 중정기념당은 옛 이름을 회복했지만 광장 입구에 걸린 '자유광장'은 떼지 않고 지금까지 이르고 있다. 2008년 11월 중국해협회中國海協會 회장 천윈린陳雲林의 타이완 방문 당시, 경찰의 공권력 행사와 치안유지 분야에서 사회적 논쟁이 촉발됐다. 경찰은 집회와 시위의 자유를 억압했다. 여기에는 국기 몰수와 상양레코드사 음악 방송 금지 등의 실제적 사건들이 포함된다. 이에 중정기념당에 군집했던 수많은 학생들은 집시법이 위헌임을 주장하기 시작했다. 이들은 일전의 예바이허 학생운동에 착안해서 이 활동을 '예차오메이野草莓, 산딸기 학생운동'으로 이름 붙였다.

중정기념당은 지리적 요충지에 위치한다. 인근에 주요 정보기관들이 밀집한 데다가 넓은 광장을 끼고 있으며, 기념당을 둘러싸는 도로는 폭이 넓어 관광버스 주차가 용이하다. 민중들이 쉽게 집결할 수 있는 것이다. 이러한 이유로 숱한 항쟁 활동은 종종 이곳에서 집회를 가졌다. 중정기념당 입구에서도 다양한 유형의 시위가 진행됐다. 이곳에서 출발하는 시위대는 수없이 많다. 이들의 목표는 대부분 총통부, 카이다거란대도, 행정원 혹은 입법원이다. 아마 준공 당시 도시 기획자는 이런 상황을 전혀 예상치 못했을 것이다!

제슈로에서 카이다거란대도까지

총통부를 정면을 마주하는 카이다거란대도는 길이 400미터, 넓이 40미터를 자랑한다. 옛 명칭은 제슈로介壽路이다. 1996년, 천수이볜 타이베이 시장이 타이완 원주민 카이다거란족을 존중한다는 의미에서 카이다거란대도로 개명했다. 2006년, 스밍더施明德가 민진당 정권의 부패문제에 항의하기 위해 '붉은 티셔츠 천수이볜 하야 행동'을 발기한다. 2007년 하오룽빈郝龍斌 타이베이 시장 임기 때는 카이다거란대도 위에 '반부패민주광장'이란 푯말이 내걸리기도 한다. 사람들은 이런 일련의 행동들이 민진당 정부가 추진한 '중정기념당'을 '타이완민주기념관'으로 개명을 추진한 것에 대한 반격이라고 여긴다. 개명의 과정은 단순한 정쟁이 아니라 역사 해석권을 둘러싼 전쟁이었던 셈이다.

카이다거란대도는 총통부 정면에 위치하기 때문에 숱한 주요 집회·시위의 종착지로 선택된다. 5·20농민항쟁, 반핵시위, 연금개혁 관련 투쟁, 추계투쟁, 반부패 천수이볜 하야운동 등을 포함한다. 법적 제한 때문에 시위 민중들이 총통부 앞까지 전진하지 못할 경우에는 타이베이빈관臺北賓館 입구를 집회 종착점으로 삼았다.

중샤오동로 – 집 없는 자들의 운동

1989년, 반챠오板橋 신푸초등학교의 교사 리싱장李幸長은 집 없는 자들의 조직을 발기한다. 이들은 재벌의 부동산 투기와 불합리한 집값 폭등을 방임하기만 하는 정부에 항의하고 거주권을 쟁취하려 덤볐다. 또한 수만 명이 함께 중샤오동로에 노숙(비박)하는 퍼포먼스를 통해 1평에 수백만 위안에 달하는 땅을 같이 누리자고 호소했다. 역사는 이를 '민달팽이 운동'이라 부른다. 그 뒤 이 운동은 두 개의 비영리 조직인 추이마마崔媽媽기금회와 전문가도시개혁조직을 만든다.

추이마마기금회는 세입자들을 돕고 부동산 시장의 투명화에 협조하며 약세자 거주 서비스를 제공하는 것을 목표로 삼는다. 추이마마기금회는 각종 렌탈 서비스와 주요 의제에서 을의 입장인 세입자가 더 많은 정보를 획득할 수 있도록 지원하고 사기를 방지한다. 전문가도시개혁 조직은 도시공간 개혁과 정책 의제 비판을 주축 활동으로 삼는 비정부조직이다. 이들은 사회문제에 관심을 가진 전문기획자들을 통해 지역 주민의 역량을 강화하고 스스로 자신들의 거주생활공간에 개입하면 관료 혹은 재벌의 공간 약탈에서 벗어날 수 있을 것이라 기대했다.

그날부터 지금까지, 도시재개발, 국유지매각, 용적률 부당 전환, 그리고 부동산 투기에 이르는 의제들은 여전히 미해결 상태다. 따라서 도시 문제의 개선·개조 운동은 현재진행형이다. 이들 운동의 전형적인 시위 노선은 타이베이 시정부, 런아이로仁愛路, 총통부로 이어진다.

런아이로는 타이베이에서 유명한 가로수 길로 서쪽 총통부에서 시작해 동쪽으로 타이베이 시정부에 이른다. 타이완의 정치권력의 양대 핵심이 바로 이곳에 있다. 이 밖에도 타이베이 시의회, 중정기념당, 국부기념관 등 주요 정치 상징공간이 바로 이 가로수 길에 자리한다. 그래서 많은 시위는 보통 '타이베이 시정부, 런아이로, 총통부'를 시위노선으로 선택하는데 이는 런아이로의 정치적 성질을 잘 드러내고 있다.

소결

타이베이의 정치경제적 위상은 다수 미디어의 시선을 빨아들인다. 그래서 억압과 부당함을 고발할 마땅한 방도가 없는 사안들은 모두 타이베이를 발언의 기점으로 선택한다. 타이베이 특유의 다양성과 이슈 흡입력이 반민의 힘 또한 생성해내는 것이다. 이들 항쟁의 성지가 대표하는 것은 해당 공간의 본래 용도뿐 아니라 전환·추동되는 항쟁의 힘까지 포괄한다. 층층이 누적된 반민들의 지혜와 용기, 피눈물과 분노, 그리고 관용까지 타이베이로 응집돼 소중한 기억과 자산을 만들어 낸다.

카이다거란대도는 숱한 대형 시위의 최종 집결지다. 사진은 2014년 홍중추(洪仲丘) 육군 병사 의문사 사건에 항의하기 위해 전개된 시위 정경을 담고 있다. 시민들은 군부대 내부의 부당한 처벌로 의무복무 중인 병사의 사망과 CCTV에 '찍힌 게 없다'는 군사검찰의 조사결과에 대해 항의했다.
_쑨샤오뉴(孫小牛) 제공

국가권력과 질서 속에서, 반민의 민주화와 정치권리 운동이 부상하다

국가권력에 저항했던 타이완의 민주·정치권리 운동을 일제시대부터 오늘날까지 종합해보면 가치경향과 정치 이데올로기를 기준으로 크게 세 유형으로 분류할 수 있다. 첫째, 자유주의를 지지하고 선거와 대의민주주의를 통한 인민자치를 추구하는 유형이다. 둘째, 좌익 색채를 띤 계급운동으로, 공산당과 노동자·농민 조직을 포함하는 유형이다. 이 노선은 개인의 정치적 권리와 자유보다는 계급정의正義를 핵심으로 한 사회의 구조적 전환을 꾀한다. 셋째, 몇 차례의 통치권력 이전 과정에서 점차 싹을 틔운 민족주의 운동 유형이다. 위의 두 유형 역시 부분적으로는 민족주의적 입장을 갖고 있긴 하다. 하지만 통일 혹은 독립을 핵심 정치 주장으로 삼는 이들의 사회적 요구는 숱한 정치권리 운동에 중요한 역할을 수행했기에 별도로 논의하는 게 낫다.

상술한 세 유형의 정치권리 운동노선은 시대별 국가권력의 유형과 질서에 따라 때로는 고양되고, 때로는 숨어들며, 때로는 연대하고, 때로는 대립했다. 이렇게 다채로운 운동의 양상은 각 시대마다 정치권리를 쟁취했던 반민의 주체성을 드러내고 또한 저항의 대상이었던 국가권력의 본질을 들춰냈다.

식민치하에서의 비무장 노선

1945년 8월, 제2차 세계대전 종전으로 타이완의 50년 식민지배도 종식됐다. 반세기 동안 식민정부는 민족 기반의 차별 통치로 자신들의 위계질서를 구축했고 이는 타이완 사회의 각종 저항을 불러왔다. 1896년부터 1915년의 서래암西來庵 사건까지, 항일운동으로 체포돼 사형이나 무기징역에 처해진 타이완인은 5천 명이 넘었다. 이 숫자엔 전사자 및 진압 과정 중 사망한 일반민중은 포함되지 않는다. 피지배 초기 무장 항일운동은 1920년대에 이르러 비무장의 정치권리 운동으로 전환된다. 저명인사 장웨이수이蔣渭水, 린셴탕林獻堂 등의 자산계급 및 지식인층을 중심으로 자유주의적 경향의 정치청원운동이 있었다. 이들은 타이완인의 참정권(타이완의회설치청원)을 쟁취하려 했었다. 많은 구성원들이 운동과정에서 체포되거나 탄압받기도 했지만, 총독부는 급진적이지 않았던 이들의 요구에 점진적인 '내지연장주의'[3]를 채택하며 응답했다. 결국 식민 체제하에서 반쪽짜리 지방자치선거를 실시하게 된다.

1921년에 설립된 타이완문화협회는 대표적인 비무장 저항단체다. 중요한 것은 문화협회의 몇 차례 노선 분열이 일제시대 저항운동의 노선 차이와 결을 같이한다는 점이다. 문협 설립 초기는 민족주의 색채가 강했고 문화활동과 강습이 중심이었다. 식민정부가 조직활동을 제한하기 시작하자 다수 구성원들은 개인 신분으로 정치청원운동에 뛰어들었다. 한편 오랜 기간 식민주의의 약탈을 받은 노동자·농민들이 1920년대부터 궐기했고, 일본과 세계 각지의 마르크스주의에 영향을 받아 타이완 농민조합 같은 좌익세력을 형성했다. 보다 선명해진 운동 노선처럼 문화협회는 두 개 파로 분열됐다. 신문화협회는 노동자·농민 운동에 적극적으로 참여했고, 청원운동을 핵심으로 하는 우익인사들은 이탈해서 타이완민중당을 만들었다. 장웨이수이는 노동자·농민 운동을 지지했고, 린셴탕, 차이페이휘蔡培火는 민중당에서 나와 타이완지방자치연맹을 조직했다.

1930년대 타이완 공산당, 좌익경향의 신문화협회, 농민조합, 그리고 분열 후의 타이완 민중당은 모두 식민정부에 의해 체포, 금지, 강제 해산됐다. 타이완지방자치연맹만이 유일하게 정상적으로 활동할 수 있었다. 자치연맹은 일찍이 1935년 제1차 타이완 식민지 선거에 참여해

3   일제강점기, 일본 정부는 식민지를 본국의 연장으로 삼아 법령 및 정책을 동일하게 시행하는 통치정책을 표방했다. 그러나 의무와 책임, 권리와 혜택에서 실질적 동일은 존재하지 않았다.

4   현재까지 정확한 집계가 이뤄지지 못했다. 대략 18,000명에서 28,000명이 사망했을 것으로 추정된다.

팬찮은 성적을 거뒀다. 종합하면, 1920년대의 정치운동은 단합(민족주의문화운동)에서 분열(좌익운동과 자유주의 정치 요구)로, 각기 다른 노선으로 발전했고 여전히 식민정부의 통제를 받았다. 급진적인 좌익단체는 탄압의 대상이었다. 수차례의 분열 후, 온건한 선거노선은 상대적으로 식민정부의 용인을 받았지만 1937년부터 대두된 군국주의에 의해 이들 모두 해산되고 만다.

당국의 전면 통제

국민당 정부가 전후 타이완을 접수했다. 하지만 그들이 타이완에 설치한 행정기관의 정책은 지역 실정에 맞지 않았고, 군대 기율 역시 엉망이었다. 이는 전후 타이완에 심각한 인플레이션과 실업문제를 유발했고 국가와 인민의 관계는 악화 일로로 치달았다. 이러한 배경에서 1947년의 2·28사건은 충돌의 도화선(천마차방 항목을 참조)이 됐다. 충돌이 시작되자 각지의 타이완 지식인들과 지방정치 엘리트들은 사건처리위원회를 조직했고 이로써 행정장관과 정치적 협상이 가능하리라 기대했지만 수포로 돌아갔다. 군경은 사건 직후, 반란진압을 명분으로 대규모로 무력을 행사했다. 2·28사건으로 타이완 각지의 수많은 엘리트(민의대표, 의사, 교수, 변호사, 학생 등)들은 막심한 피해[4]를 입었다. 광풍이 몰아친 후, 타이완 엘리트 대다수는 고개를 숙일 수밖에 없었고, 다시는 정치에 대해서 논하지 않았다. 일부만이 국외로 도망쳐 반정부단체를 조직했다.

일제시대 운동조직가들. 왼쪽에서부터 린셴탕,
장웨이수이, 젠지(簡吉, 타이완농민조합),
세쉐훙(謝雪紅, 타이완공산당)

2·28사건은 곧 무력을 중심으로 삼는 국가권력과 일제시대부터 차차 형성된 지역 엘리트 간의 충돌이다. 하지만 그중 존재한 성적省籍, 출신 성에 따른 대립[5]의 정서는, 국민정부에 저항하는 정치권리 항쟁들을 반중국·타이완 독립이란 담론으로 결집시켰다. 1970년대 이전, 국민정부에 반대하는 타이완 독립 인사들은 모두 해외에서 활동했다. 타이완 독립 단체로는 '타이완독립건국연맹'과 '타이완공화국임시정부'가 있었다. 1956년에 성립된 타이완공화국임시정부를 조직했던 랴오원이廖文毅은 이런 유형의 전형적인 엘리트다. 일본의 차별적 식민통치가 끝나자 그는 새로운 정치 조건에서 나름의 이상을 가졌다. 적극적으로 조직을 만들고 평론지를 창간했다. 이후 1946년, 최고민의기구인 '국민참정회'와 '제헌국민대회대표' 경선에 뛰어들었지만 각종 방해와 배척을 받으며 낙선하고 만다. 랴오원이가 참선 당시 주장했던 것은 타이완의 '연성자치'[6]로서 결코 타이완 독립이 아니었다. 그러나 2·28사건 이후 반란죄로 지명수배돼 국외로 망명하게 되자 그는 타이완 독립을 위한 해외조직을 기획하게 된다. 이후 대다수의 타이완 독립 세력은 수십 년 동안 해외를 거점으로 활동했다. 1972년이 되어서야 오랜 기간 일본에 체류했던 타이완청년독립연맹 위원장 구콴민辜寬敏이 대만으로 돌아와 당시 행정장관이던 장징궈와 면담을 가졌다. 그의 행위는 해외의 타이완 독립 세력에 의해 '투항'으로 여겨져서 제명으로 이어졌지만, 이는 타이완 독립세력의 본국 귀환 문제가 수면 위로 떠올랐음을 의미했다.

　　타이완 독립 세력이 해외에서 암약할 때 타이완섬 내부는 냉전체제 치하의 백색테러가 자행됐다. 반공계엄체제의 독재국가는 군대와 경찰, 특무기관을 이용해 물 샐 틈 없이 사회를 통제했다. '기밀 유지 및 방첩활동'의 기치 아래서 국가권력은 전력으로 반동사상 및 관련 조직의 그 어떤 가능성도 허용하지 않았다. 총통은 생사여탈권을 가지

5　이른바 본성인과 외성인의 대립이다. 본성인은 1949년 이전에 타이완에서 출생했거나 거주하고 있던 집단을 의미하며, 외성인은 1949년 이후 장개석의 국민당 정권과 함께 타이완으로 건너온 중국대륙 출신의 집단을 의미한다. 이러한 대립은 통치자와 피통치자, 억압하는 이들과 저항하는 자들로 선명하게 나뉘고 표상된다.

6　연성자치(聯省自治)는 중국의 행정 단위인 성(省)의 자치를 실현한 다음 중국 통일로 나아가자는 주장이다. 이는 1919년 량치차오(梁啟超)가 주장한 것으로 당시 군벌에 의해 분열된 중국의 정치 상황을 타개할 방도로 제시된 개혁방안이다.

고 있었다(아래 사진을 참조). 1950년대, 많은 사람들은 체포되면 신속한 재판과 동시에 마창딩馬場町, 안컹安坑 형장으로 보내져 곧바로 총살당했다. 시신은 류장리六張犂의 무연고 공동묘지에 매장됐다. 이 시신들은 20~30년이 지난 뒤에야 수습될 수 있었다.

　이 시기, 자유주의자와 좌익인사든 국가권력의 시선에서는 모두 반동세력이었다. 미디어가 당정군黨政軍에 의해 철저하게 장악됐던 시절, 잡지 발간은 반민의 목소리를 낼 수 있는 중요한 방법이었다. 자유주의와 민주를 표방했던 〈자유중국〉, 〈문성〉 등의 잡지 혹은 좌익 경향의 독서회는 종종 '반란조직 참여', '정부전복기도' 명목으로 처벌받았다. 잡지는 폐간되고 관련자는 투옥됐다. 혹, 공산당 조직에 참여할 경우 국가의 전력적인 체포를 피할 수 없었다. 공산당 지하조직 '타이완성공작 위원회'(이하 성공위)가 대표적인 사례다. 1946년에 창립된 성공위는 2·28사건 이후 독서회, 연극회, 식자반識字班 등의 활동으로 출발해 젊은 이들의 참여를 이끌어냈다. 관련자 모두가 사회주의자였던 것은 아니었지만, 대다수는 현실에 대한 불만 때문에 가입했고 타이완의 민주와 자치를 요구했다. 이런 공산당 조직은 국민당의 민감한 신경을 건드렸고, 정부는 특무特務체계를 활용해 조직원들을 체포한다. 국가는 이 과정에서 수차례나 관련자들을 참혹하게 잡아 죽였다. 체포 대상자에는 각지의 노조위원회가 포함됐고 종국에는 마을 자체를 지워버리는 스딩石碇 루쿠鹿窟 사건[7]까지 이어지게 된다.

장제스의 서면 지시. 원래 황원궁(黃溫恭)에게 판결된 15년 형을 사형으로 바꿨다.
_출처: http://rrn0227.blogspot.tw/2010/07/blog-post-6313.html

1950년대에서 1960년대는 백색테러가 가장 강력했던 시기였다. 반공적 냉전체제에서 국가권력은 군대와 경찰을 동원해 모든 이질세력에게 폭력을 행사했다. 그래서 핍박받던 타이완 독립 세력이 해외로 망명한 것이다. 층층이 침투해 사회에 밀착한 국가의 정보·치안 시스템은 사상을 통제하고 검열했으며, 사람들을 불안에 떨게 만들었다. 정치적 권리를 외치던 목소리는 전면적으로 억제됐고, 결국 입을 다물거나 불가피하게 보다 어두운 곳으로 은신할 수밖에 없게 됐다.

민주화 운동의 단합과 분열

1970년대 타이완이 UN에서 퇴출된 후 대중국 논술[8]은 도전을 받았다. 장징궈는 권력 승계 후 정치개혁을 통해 국민당 통치의 안정을 시도하며 타이완 출신 엘리트를 발탁했다. 그는 국민당의 중국의 유교 논리와 통치 시스템의 '본토화' 및 '민주화'를 함께 엮어냈다. 이 시기, 사회에 만연했던 스산한 분위기도 차차 사그라들었다. 국가권력 집행을 더 이상 군경의 강제력에 의지하지 않았다. 당정黨政 권력의 부분적 분산과 후견주의Patron-Client Theory를 통해 지역 토착 정치 엘리트를 끌어들이며 통치기반을 공고히 했다. 이에 대항하기 위해 국민당 당국체제 가담을 거부했던 당외인사 일부가 지방선거 투쟁에 뛰어들어 상당한 성과를 얻었다. 1977년, 다섯 단위의 지방 선거에서 도합 30명의 당외인사들이 성의원省議員과 현장縣長에 당선됐다. 그러나 이 선거에서 국민당의 투표조작으로 중리中壢 사건[9]이 터졌다. 이는 지역 당외인사들과 국민당의 결렬을 예고한 사건이었다.

---

7 스딩항(鄉) 루쿠마을에서 발생한 사건. 공산당 세력의 무장항쟁 관련 첩보를 접한 국민당 정부의 군대가 마을에 진입해 관련 인사들을 체포하고 처형했다. 당시 피해자는 모두 165명이며, 그 중 35명이 사형에 처해졌다. 1950년대는 이른바 청향(淸鄉), 마을 전체를 반란 혐의지역으로 보고 주민들을 체포, 고문, 처형하는 일이 비일비재했다. 오늘날 그들에게 덧씌워진 혐의의 진실 여부는 여전히 논쟁 중이다.

8 중국의 도통을 이어받으며 중화의 정통성을 이어받은 국가는 중화민국뿐이며, 세계에서 중국을 대표하는 국가 또한 중화민국뿐이라는 논리에 기반하는 주장이다. 이에 반대되는 개념으로 '타이완 논술'이 존재하는데 이는 타이완 고유의 정체성을 강조하며, 중국적 정체성에 반대한다는 내용을 담고 있다.

9 1977년 타오위안 현(桃園縣) 중리 시(中壢市)에서 벌어진 부정선거 사건. 현장과 시장을 선출하는 선거 중, 중리 지역에서 국민당에 사전투표 된 투표용지가 발견됐다. 이 소식을 전해 들은 야권 지지자들과 경찰이 충돌한다.

1978년, 미국이 타이완과 단교[10]하면서 총선과 국민대회대표선거가 중단됐다. 당외 세력은 연합전선을 구축했다. 타이완 사회의 저항의식은 예전부터 발아하고 있었다. 1970년의 조어대釣魚臺 사건[11] 이후부터 엘리트들과 중산계급은 잡지를 통해 정사政事를 논의하기 시작했다. 가령 1970년에 창간한 〈저일대〉, 1971년 새단장한 〈대학잡지〉, 1975년 창간한 〈타이완정론〉, 1976년 창간한 〈하조〉 등은 모두 폭넓은 호응을 받았다. 1979년에 〈저일대〉와 〈하조〉는 정간됐다. 당국의 압력에 반격하기 위해 각지의 세력은 〈메이리다오美麗島〉 잡지사에 가입했다. 이는 각 분야의 저항 논리를 하나로 엮는 연합전선과 같았다. 여기서는 각기 다른 성省 출신, 통일 혹은 독립에 대한 다른 입장 및 정치의식 모두가 연대했다. 잡지 〈메이리다오〉는 는 매 호마다 약 10만 부 정도를 발행했는데 이는 타이완의 정론성 잡지 역사상 가장 많은 단기 발행량이다. 그러나 당외인사들은 얼마 지나지 않아 연말 시위행진 충돌사건으로 진압·체포됐다. 비록 메이리다오의 연합전선은 최종적으로는 진압으로 종결됐지만 1980년대 돌풍 같은 사회운동의 서막을 열었다.

1980년대는 타이완 사회운동의 광풍이 몰아친 시대였다. 10년 동안 3천여 회의 각종 가두시위가 있었다. 여기에는 격렬했던 농민운동, 노동자운동, 반핵시위, 민달팽이 운동 등이 포함된다. 천잉전陳映眞이 1985년에 창간한 잡지 〈인간〉은 좌파적 사회에 많은 관심을 보인 보도문학 기록을 남기고 각종 소수자·경계인 문제에 대하여 깊이 탐구했으며, 이는 당시 학생운동과 사회운동에 큰 영향을 끼쳤다. 1990년에 접어들어 정치개혁을 요구하는 3월 학생운동과 그 이듬해 독립타이완회 사건으로 촉발한 항쟁은 사상을 억압하는 형법 제100조의 수정, 경비총부의 폐지, 국회 전면 재선거 등의 성과를 얻어냈다. 이는 타이완 정치 민

---

10 중화인민공화국은 개혁개방 시기 외교 역시 적극적이었다. 중국은 자신들과 수교를 맺으려는 국가에게 중화민국과의 단교를 요구했다. 당시 중국과의 수교는 곧 중화민국과의 단교를 뜻하게 됐다. 일본과의 단교(1972년)부터 미국과의 단교(1979년), 그리고 대한민국과의 단교(1992년)에 이르기까지 1970년대 이후 중화민국의 외교사는 단교사(斷交史)였던 셈이다.

<?> 1970년 발생한 조어대 사건은 이른바 조어

대 보호운동으로도 불린다. 일본이 실효지배하던 조어대가 중국 고유의 영토라는 사실을 주장하는 운동이다. 아시아 태평양경제사회위원회(ECAFE)가 조어대 주변 대륙붕의 석유매장 사실을 발표했다. 동시에 1972년의 오키나와 일본 반환이 미일 간 합의를 통해 진행됐다. 문제는 조어대가 오키나와와 구역 부속 섬이었다는 점이다. 홍콩 및 타이완은 서둘러 이에 대한 문제제기와 보호운동을 전개한다.

주화의 결정적인 전환점이었다.

종합하면, 이 시기 국가 권력은 책상머리에서 군대·경찰과 사법을 결합하고 계엄시기의 정보시스템을 이용해 사상범, 정치범을 잡아들였다. 그러나 사법부로 인해 편의적 사형 집행이 어려워지자 인신의 자유를 속박하는 것으로 권력 집행방식을 전환했다. 이 맥락에서 등장하는 감옥의 풍경에는 뤼다오감옥과 징메이간수소 등이 있다. 이 장소들 모두 최근 인권문화공원('징메이 인권문화공원' 항목 참조)으로 탈바꿈했다. 그러나 국가 폭력은 완전히 사라진 게 결코 아니다. 국가는 그저 탁상 아래로 몸을 숨겼을 뿐이다. 비공식 경로로 여전히 폭력을 집행했고 이로 인해 각종 '미제사건'이 등장했다. 천원성 '자살' 의혹, 그리고 린이슝 가택살인, 정보국에 고용된 암살범이 재미 화교 작가 류이랑을 척살한 1984년의 강남사건 등이 이 시기 지하에서 암약하던 국가 폭력을 폭로하고 있다.('린이슝 가택살인사건' 및 '징메이 인권문화공원' 항목 참조)

한편 계엄이 종결된 후 당외인사들은 집결해서 민진당을 창당했다. 또한 선거가 시행돼 타이완에는 양당 체제가 자리 잡게 된다. 자유파들이 주장했던 선거 민주주의가 뿌리내렸고 혹자는 이를 타이완의 '민주기적'이라 부르기도 했다. 그러나 메이리다오에서 3월 학생운동에 이르기까지, 연대했던 저항세력들은 서로 다른 정치적 입장 때문에 점점 소원해졌다. 일부 자유주의 옹호자들은 민진당에 가입했고 2000년 대선승리로 정권교체를 이뤄냈다. 당국체제[12]를 반대하던 이들은 국영기업의 민영화를 추진했고 점차 신자유주의의 통로를 열어나가게 된

경찰이 '집회시위법'을 인용한 경고판을 들고 있다. 이는 타이완의 시위 현장에서 쉽게 볼 수 있는 풍경이다. 이를 비판하는 사람들은 현행 법규가 채택한 '허가제'와 사전 '신고제', 그리고 행정기관 일대를 '금지구역'으로 설정한 것은 헌법에서 보장하는 과잉금지의 원칙을 위반한다고 생각한다. 또한 경찰기관의 권력 행사에 상응하는 구제 방법이 결여된 것은 헌법 가치를 위반하는 것이라고 본다.
_샤오싱 커리큘럼(紹興學程) 제공

다. 급진 사회주의 입장을 지지하고 순수 대의 선거민주주의에 회의하던 이들은 기층 노선으로 눈을 돌려 공공부문 참여 확대를 주장하거나 다른 기층 조직 구축 작업에 투신했다.

국가권력과 반민의 권리

이상 타이완 민주화와 정치권리 운동의 개괄을 소개했다. 각 시기의 국가권력 형태에 대응해 사회운동 역시 제각기 다른 모습을 보였다. 이러한 관점에서 볼 때 민주화는 결코 특정한 정치체제로의 전환을 뜻하지 않는다. 민주화는 국가권력의 인민 권리 침해에 맞서 발동되는 각종 저항인 것이다. 바꿔 말하면 각 시대마다 반민들은 권리와 정의에 대해 제각기 서로 다른 상상을 했다. 어쩌면 직면한 강력한 국가권력 때문에 이들은 단결했을지도 모른다. 국가에 의해 하나의 정당으로서 보기에는 동일한 저항전선을 형성하게 된 것일 수도 있다. 하지만 그들에게 내재된 이질성과 긴장은 노선이 분열될 때 여실히 드러났다. 동시에 이는 선거제도가 결코 민주화 및 정치권리운동의 종점이 아님을 뜻한다. 국가권력과 인민권리 사이의 장력張力은 필연적으로 서로를 계속 끌어당기게 한다. 계엄 해제 이듬해인 1987년, 정부는 '집회시위법'을 통과시켰다. 시민들의 집회와 시위에 사전허가제를 도입했는데 이 규정은 지금도 존속한다. 최근의 논쟁이 된 여러 시위 항쟁에서 이 법은 국가가 경찰력을 동원해 시위대를 축출할 때 주요 무기로 쓰였다('화광공동체' 및 '원린위안 도시개발 강제철거' 항목 참조). 동시에 국가의 권력 행사는 행정부문의 사회적 분업과 법조주의화로 인해 더욱 세련되게 변해서 비판이 어렵게 됐다. 오늘날 반민이 직면한 것은 더 완벽하고 숙련된 국가체제인 것이다. 정당성이라는 가면 아래서 권력을 행사하고 권리를 침탈한다. 이와 같은 배경에서 반민의 존재는 마귀의 정체를 비추는 요술 거울과 같다. 우리들로 하여금 인민 권리를 어떻게 확보해야 하는지 고민하게 하고 국가 권력의 위장을 폭로한다.

---

12 당국체제(黨國體制)는 소련에서 기원한 일당 독재체제다. 국민당의 경우, 1923년 쑨원-소련 협력 때 이 방식을 국민당에 적용했다.

칼럼 3.
개발권력에 맞서 거주권을 지키다
- 강제철거 반대운동의 실천과 난관

이 책에 수록된 장소 중 16곳이 강제철거 반대운동을 이미 경험했거나 혹은 아직 진행 중인 장소다. 이는 우리가 지금 눈길을 주는 이 도시가 부단하게 지워지고 다시 쓰여지는 한 장의 양피지와 같다는 걸 뜻한다. 하층민이 모여 살고 있는 판자촌 도시에 새로운 색을 입히고 깎아내면 도로, 공원, 경제특구, 호화주택이 그 자리에 등장한다. 그 속에, 선택받은 옛 도시의 단편들만이 산산이 흩어진 채로 새 도시의 풍경 위에서 남은 숨을 몰아쉬고 있다.

타이베이는 계속 '철거 중'

이렇게 스러져간 곳들 중에는 전후 정치 이민자와 불균형 발전 때문에 발생한 도시 이민자들이 스스로 지은 마을들이 있다. 국가 후견주의 치하에서 잠시나마 살 곳을 분양받을 수 있었던 군인, 공무원, 교직원, 그리고 그 가족들이 거주했던 마을들이다. 과거 30년 동안 이 공간

2013년 3월 27일,
법무부는 법원을 통해 화광 마을의 민간주택에 대한 첫 번째 강제철거를 강행했다.
_화광공동체 방문조사팀 (華光社區訪調小組) 제공

286

은 끊임없이 강제철거의 위험에 직면했다.

타이베이 강제철거의 역사는 '사유를 공유로'에서 '공공을 사유로' 바꿔가는 과정 그 자체였다. 1980년대부터 1990년대까지, 정부는 징수 혹은 무허가 건물 처리 등의 강제철거 방식으로 분산됐던 시내 구역과 개인이 사용 중인 토지를 국가 수중으로 집중시켰다. 공공시설 및 도로 건설을 기획하고 관련 정책을 시행하며 도시계획을 진행했다. 최근 도시재개발과 경제특구 설치 활성화는 시 구역 내 강제철거의 주요 동력이었다. 하지만 강제철거가 발생시킨 이익은 재벌과 자본의 경제적 이익의 집중적 사유로 이어졌다. 또한 공원 건설 붐 초기에 발생한 젠트리피케이션이 점차 그 위력을 발휘하면서 부동산 시세가 대폭 상승했다. 그럼에도 공공 이익의 재분배 시스템이 부재했기 때문에 '공공시설' 건설이 낳는 이익은 공공의 손으로 돌아가지 않았다.

정부가 집행한 강제철거 관련 입장과 처리방식도 계속 달라졌다. 임시 주택을 살펴보자. 양요우런(1998)은 정부 처리방식의 변화에 대해 다음과 같이 지적했다. 정부는 강제집행에서 어떠한 분양보상도 제공하지 않았고(1949~1962), 리모델링 공영주택[13] 제공과 밀접하게 결합된 '건설-철거'를 진행했으며(1963~1974), 일반 공영주택[14] 건설로 분양문제를 해결했다(1975~1983). 1983년 이후가 되면 임시 주거지 주민들의 대응은 소극적으로 변하고 창조력은 결핍됐다. 경제환경 개선과 교육을 경시하는 주변성 신화myths of marginality는 분양문제의 중요성을 소거시켰다.

---

13 리모델링 공영주택(整建國宅)은 1964년 내정부가 제안한 주택정책으로 기존의 임시 거주지를 철거하고 해당 토지를 시청 소유로 전환한 다음 공영주택을 건설해 제공하는 것이다.

14 1970년 오일 쇼크로 인해 타이완 국내 부동산 가격은 고공행진을 거듭한다. 이를 억제하기 위해 정부는 각종 부동산 투자 제한 정책을 시행하고, 10만 호에 달하는 일반 공영주택을 건설해 부동산 시장의 안정화를 꾀했다. 본문에서는 국가 근대화 이데올로기가 만들어낸 '불법 건축물'이란 단어의 사용을 거부한다. 이에 비교적 중성적 단어인 '임시 주택(informal housing)', '임시 주거지(informal settlement)'를 쓴다. 이 단어들은 민중들이 스스로 집을 짓고 이런 집들이 모여 형성된 마을을 의미한다. 그러나 주류 이데올로기를 드러내거나 정부 혹은 자본가의 말과 행동을 서술할 때는 여전히 '불법 건축물'이란 단어를 사용한다. "가난한 자는 경제의 주변인이 아니라 착취당하는 주체며, 사회의 주변인이 아니라 거절당하는 것이며, 문화의 주변인이 아니라 주홍글씨가 새겨지는 것이고, 정치의 주변인이 아니라 조종당하고 박해받는 것이다."(Janice, 1973)

재니스 펄먼Janice Perlman의 비판이 여전히 귓속을 맴돈다. 주변성 신화는 밀레니엄 전후, 타이완에서 더 강력한 효과를 발휘했다. 민주화를 거친 타이완은 이제 민주화 그 이후로 접어들었고, 이에 따라 국가는 정책을 추진할 때 더 많은 사회적 지지를 동원해냈다. 그래서 더욱 적극적으로 '공공이익' 논리와 결탁했고 동시에 주변성 신화를 널리 선전했다. 국가는 강제철거 당한 주민들을 신자유주의 이데올로기에 부합하지 않는 특수한 어떤 집단으로 규정한다. 심지어 정부는, 공법의 의무를 저버리고 사법私法적 페르소나를 뒤집어쓰고서는 사법司法을 도구로 삼아 본래 공공행정의 영역에 속한 도시 논쟁에 개입하고 처리했다. 우리는 타이베이의 각종 철거과정에서 도시의 풍경, 강제철거의 원인, 정부의 처리방식이 부단하게 변화하고 있음을 확인할 수 있다. 그러나 이 일련의 변화, 그 배후에서 불변하는 것은 바로 타이완에 깊게 드리운 자본주의 국가 체제의 '발전주의' 논리다. 줄곧 '국가중대발전'이란 명목으로 공사, 계획, 재정과 기술관료들이 결탁해 모든 것을 갈아엎었다. 소위 발전이란 경제성장만 추구하는 게 아니다. 부연하면 국가와 자본이 보다 긴밀해지는 것이다. 최근 BOT(민간투자건설) 및 공공건설에 대한 민간 투자 유치를 유도하는 개발전략은 더욱 발전하고 있다. 이로써 국가와 자본 간 관계는 보다 정밀하고 복잡하게 얽히는 셈이다.

왼쪽: 1997년 14, 15호 공원 건설 이전 캉러리의 모습. 낮은 판잣집들은 도시의 하층 이민자들이 감당할 수 있는 주택을 제공했다._황쑨취안(黃孫權) 제공
오른쪽: 오늘날의 린썬공원(14, 15호 공원)_위키백과

강제철거의 공공성은?

오늘날까지의 강제철거 반대 움직임을 검토할 땐 몇 가지 주요 논점을 확인해야 한다. 첫째는 '공공이익' 논란에 대한 것이다. 주택 철거 이후 공원건설, 공공시설건설, 강변정리, 기숙사 건설, 특구기획, 도시재개발 등을 밀어붙인 불도저에는 종종 '공공이익'이란 깃발이 꽂혀 있었다. 그러나 공공이익이란 단어는 사실상 비어 있는 기표empty signifier에 불과하다(Gunder and Hiller, 2009).

1990년대 이후, 공공이익은 도시 정비의 주요 도구가 됐다. '공공이익' 실현을 목표로 한 도시 재개발을 예로 살펴보자. 이 정책이 제시하는 '공공이익'은 정책 입안 및 추진 과정에서 각각의 행위자들에게 주요 목표로 설정된다. 그러나 정책 입안과 추진 과정에서 점차 일련의 '도시 재개발, 국제도시 경쟁, 경제발전을 연계한다'는 스토리텔링이 만들어진다(Hajer, 1995). 도시경쟁과 경제발전은 일심동체가 돼 '낡은 경관 및 조잡한 시가지 개선'을 요구하고 동시에 '생활 품질 개선'을 함께 추진해나간다.

이 '창작' 과정은 정부와 자본의 결탁을 강화시켰다. 또한 보편적으로 인식되는 '도시재개발 추진은 지속발전과 현대화, 국제도시의 대열에 들어갈 수 있는 티켓을 손에 쥐는 것', '도시재개발은 상생의 창조' 같은 상상을 만들어냈다. 이러한 스토리텔링은 '공공이익'의 논리 속에서 형성됐다. 정부, 자본 그리고 민중은 모두 '공공이익'이란 테제를 받

바오창옌은 강제철거 반대에서 마을 보존으로, 최종적으로는 공생하는 예술촌 마을이란 형태가 됐고 주민들에게 분양을 제공했다. 바오창옌 강제철거 반대운동의 성과는 강제철거 반대운동 역사에서 중요한 이정표다. 그러나 운동 과정에서 목격할 수 있었던 공동체 간 이질성, 전문가 역할 범위, 운동 방향 관련 논의는 보다 깊이 고민할 필요가 있다._위키백과

아들였다. 그러나 그 함의에 대한 진짜 이해는 결핍된 상태다. 도시재개발로 다양한 해당 집단에 발생한 젠트리피케이션과 배척, 거기에 대해선 더 논할 필요도 없을 것이다(장웨이슈張維修, 2012).

강제철거 반대운동에서, 의심할 수 없는 '공공이익'이라는 정당성을 두고 행위자들은 각기 다른 모습을 보였다. 심지어 각각의 목표와 이익은 상호충돌하고 경쟁했다. 그러므로 '공공이익'이란 명분을 드높일 때 그 함의에 대해 명확하게 이해하려는 노력을 기울이지 않는다면, 이는 사실 서로의 갈등을 잠시 감출 수 있는 천 조각 하나를 덮어두는 임시방편에 불과한 것이다. 또한 어떤 이들은 '공공이익'으로 '다수와 소수'의 대립을 유도해 각종 철거-개발계획 정당화에 이용하기도 했다.

행정권력, 법 집행의 손

그리고 타이완은 자유민주주주의 헌정국가다. '법치국'은 법에 의한 행정과 사법독립이 요구된다. 그럼에도 각각의 강제철거 사안에서 법에 의거한 행정은 종종 국가 폭력 행사에 앞장섰고 사법독립은 국가 혹은 자본이 사법의 손을 도구 삼아 계획을 추진할 수 있게 했다. 하지만 역설적으로 법치국가의 존재는 강제철거 반대운동에 동원과 논리의 자원을 제공하기도 한다.

단체들은 행정소송과 헌법해석을 통해 승소(가령 메이리만美麗灣 개발 사건이나, 타이중臺中 과학단지 토지 징수 사건)하거나 위헌결정(가령 법조 해석 709호 도시재개발 과정에 대한 심의)을 얻어내 행정 권력 남용에 저항했다. 2009년 타이완은 '경제, 사회 및 문화 권리' 및 '공민정치권리' 국제조약에 서명한다. 이는 민간단체의 주목을 받았고 이후 강제철거 반대운동을 위한 거주권과 협상권의 공간을 열어나갔다.

그러나 강제철거 반대 운동과 투쟁은 국가와 자본이 더 빈번하게 사법을 도구화해서 계획을 추진함에 따라 더욱 어려워졌다. 임시 거주지 철거의 경우, 다즈大直 지난산雞南山 마을, 지하철 연합빌딩 기지, 화광공동체, 샤오싱 공동체 등의 현장 모두에서, 정부는 임시 거주지 주민들에게

민사 소송을 걸고 주택 철거와 토지 반납, 부당이익 환급을 요구했다.

이런 논쟁에서 국가는 재산권을 옹호하는 입장에 서 있었을 뿐 아니라 주민의 토지 점용占用을 금지했다. 또한 재산권 강조를 명목으로 사람들의 거주와 이주 같은 기본권마저도 억눌렀다. 사법 관련논쟁에서 국가는 헌법과 비례원칙, 신뢰와 보호 같은 공법 원리의 규범에서 빠져 있었다. 국가권력을 절제할 수 있는 것은 아무것도 없었다. 공공 행정 추구의 목적과 공공 임무 이행이 그 특징인 국가의 행위가 '헌법 혹은 기본권 외'의 행위(쉬중리許宗力, 2003)로 변질했고, 이는 인민의 기본권을 침해할 수 있는 것이다.

민사소송과 법원의 강제집행에 따른 임시 거주지 철거는 표면적으로는 공유지 회수 과정으로 보인다. 하지만 실제로는 국가가 사법이라는 하얀 장갑을 착용하고, 국가 권력에 대한 헌법과 기본권의 제한을 교묘하게 회피해 자신의 촉수를 확장하는 것이다. 이는 주민들의 강제 철거 문제를 넘어 법치국가 타이완의 위기이기도 하다.

화광은 사람과 자연이 함께 조성한 사회집단이다.
또한 도시발전의 역사를 그대로 보여주는
마을이기도 하다._타이베이형무소군락보호연맹
(臺北刑務所群落護育聯盟) 제공

계획은 합리적인가?

마지막으로, 토지정책은 논쟁의 핵심적인 초점이다. 철거와 개발계획이 처리해나가는 것은 토지사용문제(누가, 왜, 어떤 방식으로 허가받는가)다. 그러므로 여기서 필수적인 질문은 전문적인 계획과 그 효율성의 발휘 메커니즘이 아니라 오히려 계획의 합리성 그 자체일 것이다.

일대가 국유지에 속해 있었던 화광공동체의 해묵은 논쟁을 예로 들어보자. 토지변경 및 개발 결정권은 전적으로 중앙정부가 주도한 것이다. 이는 '중앙정부의 토지 점거'(혹은 '재벌의 토지 점거') 현상을 초래했다. 중앙정부는 타이베이 시 범위 안에서 임의로 선을 긋고 지역도시계획 맥락과는 상관없는 정책을 시행했다. 금융전문 구역을 개발하고 사무빌딩과 국제호텔을 입주시켰다. 정부는 지방 자원을 전용轉用하여 자본가와 재벌에 우호적인 환경을 조성했지만 그 이익은 결코 일반 대중에게 돌아가지 않았다. 또한 정부는 지자체가 직면했던 여러 문제는 도외시했고 심지어 강제철거로 심각한 거주문제를 발생시키기도 했다.

이런 상황 때문에 강제철거 반대 조직은 계획의 합리성, 그 자체에 대해 의문을 가졌다. 이들은 중앙정부의 토지점거와 국토 활성화 방식이 도시계획 전반에 부합하지 않을 뿐만 아니라, 지역적 맥락과 실제 수요에 대한 고려, 합리성과 공익성이 모두 결핍했다고 지적했다. 시민 참여 기제의 부재와 밀실 타협 등의 문제는 더 언급할 필요도 없다.

먀오리(苗栗)의 다푸(大埔), 타이중 과학기술단지 3, 4기 등 농지징수 논쟁은 민간 단체의 징수반대 및 강제철거 반대의 목소리를 불렀다. 이들 단체는 관련 법령 수정에 지속적인 관심을 갖고, 행정 소송을 통해 행정기관의 징수 행위를 제약하려 시도했다. _중성숑(鐘聖雄) 제공

정재계가 억눌러버린 강제철거 반대운동

국가와 자본의 관계가 나날이 변화하고 시민 역량이 점차 다양한 의제와 영역에서 성장했다. 이에 따라 최근의 강제철거 논쟁에서 자력구제[15]와 운동조직은 계속해서 발전주의의 주류 논리에 도전하며 다양한 제안과 논리를 결합해나갔다.

첫 번째는 문화보존에 대한 호소다. 공간에서 사회생활이 전개된다. 종종 특정한 생활과 문화기억이 뒤엉켜 있기도 하다. 그래서 철거는 유형의 물리공간뿐 아니라 하나의 지역을 파괴하는 것이다. 그래서 강제철거 반대운동은 대안적 도시사, 서민생활사 등으로 전체적인 생활문화 보존을 꾀하며 고향을 파괴하려는 힘에 저항한다. 그렇지만 보존의 수준이 여전히 공간 그 자체 혹은 물질 정도에 머물러 있는 타이완에서, 문화보존전략은 종종 '사람에 대한 보호 vs 물질에 대한 보존' 같은 장력을 발생시키기 일쑤다. 정부는 늘 주민들을 희생시키는 보존을 선택했고 이는 '사람 없는 보존'이란 결과로 나타났다. 가령 보피랴오剝皮寮, 쓰쓰난춘四四南村에는 껍데기뿐인 공간만 남았고, 심지어 화광공동체의 보존 작업에서 정부는 '무허가 건물을 철거하고 일제시대 건축의 아름다움을 드러낸다'는 반응을 보이기도 했다.

다음으로 철거지역의 자연생태적 가치의 주장이다. 대개의 철거 구

15 운동조직의 자력구제는 권력이 제공하는 자원이나 지원에 의지하지 않고 자체역량과 사회의 자발적 참여로 운동을 전개하는 것이다.

2013년 4월 24일, 제2차 진화가 강제철거 과정에서 잔존한 벽과 대문. 창문에는 주민들이 직접 쓴 팻말이 걸려 있다. "나는 집이 없어요. 나는 빚이 있어요" 이는 사법에 의거해 집행된 철거가 만들어낸 부채의 순환이다.
_장리번(張立本) 제공

역은 오랜 시간 도시발진의 침입을 받지 않았다. 따라서 해당 구역 내 식물들은 쉬이 생장했고 여타 생물들도 서식할 수 있었다. 즉, 생태마을이 형성된 것이다. 때문에 강제철거 반대운동은 늘 나무보호 같은 실천들과 연동된다. 이들은 철거구역의 생태적 가치를 철거로 파괴하지 말라고 요구했다. 생태보존은 이미 어느 정도 주류적 가치였고 도시 안의 자연은 경관과 부동산 시세 등의 방면에서 모두 긍정적인 작용을 한다. 그래서 나무보호, 생태보존 등의 주장은 여론의 관심과 시민들의 수용을 이끌어내기 쉬웠다. 하지만 개발이 고려하는 보존이란 건 대개 정부와 개발자 간의 타협을 통해 특정종, 원생종, 지정 보호수 등에 대한 선택적 보호였을 뿐이다. 다른 것은 가차없이 베어졌다.

마지막은 주민들의 기본 거주권 요구다. 시민 거주권 문제는 1980년대의 민달팽이 운동부터 출발해 도시의 중요 의제로 부상했다. 이 의제의 대상에는 철거로 인해 강제 이주하는 주민 문제뿐 아니라 세입자 권익 보장 등도 포함된다. 거주권 쟁취 의제는 만인 중샤오동로 노숙사건[16] 이후 20여 년간 잠복해 있다가 최근에서야 다시 사회주택 문제와 결부됐다. 이들은 국가가 장기간 등한시했던 주택 정책 실패를 반드시 직시해야 하며, 적극적으로 구매가능한 주택Affordable housing을 제공해야 한다고 요구했다. 그러나 누구에게 거주권이 있는가라는 질문에 정부관료들은 곤란하기 그지없었다. '자원은 제한적이고, 모두가 배부를 수 없다'는 생각이 그들의 머릿속을 맴돌았다. 2013년 2월 당시 행정원장이자 자유주의 학자 장이화江宜樺는 '무허가 가구에게는 거주권이 없다'라는 말을 내뱉었다. '거주권은 보편적 인권'이라는 또렷한 주장은 그들이 이해하기엔 너무나 어려운 것 같다.

상술한 세 방향의 주장이 강조하는 가치는 모두 발전주의에 침해당한 것들이다. 발전주의에 대한 도전이 바로 이 지점에서 일어나고 있다. 이 세 입장이 어떻게 전투적인 위치를 견지하고 연대해서 발전주의를 공격할 것인가. 아마도 필수적으로 각기의 안건 및 제도의 차원에서 서로 협력하고 끊임없이 소통하며 연계해야만 할 것이다.

---

16 1989년 타이완의 비정상적인 부동산 가격 상승이 만든 주택문제에 대응하며 이른바 민달팽이 운동이 시작된다. 집 없는 자들을 위한 사회운동인 민달팽이 운동은 부동산 가격 안정, 빈부격차 해소 등을 주장했다. 그해 민달팽이들은 타이완에서 가장 땅값이 비쌌던 중샤오동로에 노숙하면서 항의했다. 바로 만인 중샤오동로 노숙 사건이다.

결론 – 강제철거의 계급정치를 목격하고
반민의 도시를 전망하다

강제철거 반대운동을 언급하면, 대개는 재산권이 없는 사람들이 재산권을 가진 사람들에게 저항하는 모습이 상상될 것이다. 그러나 중화상가, 얼충 둔치 토지 징수, 도시 재개발 등의 강제철거 논쟁에서 우리는 재산권을 가진 사람들도 재산권이 없는 사람들과 마찬가지로 강제철거의 운명을 맞게 된 것을 봤다. 얼핏 보기에는 대립하는 쌍방이지만, 불도저 앞에서는 양자 모두 그저 지푸라기에 불과하다. 권리는 약탈당한다.

바로 눈앞에서 벌어지는 국가의 재분배 과정은 공공과 개인의 자원 모두 소수의 자본가 수중에 집중되게 한다. 이로써 상술했던 재산권을 가진 자와 없는 자 간 대립의 허구성이 드러난다. 결국 철거-개발 논쟁은 사실상 자본가와 일반인의 저항이라는 계급정치이며, 국가는 계급을 충돌을 강화하면서 동시에 은폐하고 있다.

강제철거 반대운동이 지속되면서 정부의 처리방침도 계속 변화하지만 국가기구의 통치 논리는 크게 변하지 않았다. 발전(국가가 믿는 정의)과 법에 의거한 행정(국가가 믿는 공평)은 여전히 철거-개발 계획의 동력과 근거다. 이성적인 국가의 공간 관리는 끊임없이 사람들의 생활의 결과 일상을 파괴한다. 강제철거 반대운동은 삶의 대항체계가 구체적으로 발현하는 것이다. 이는 양자의 저항을 공간전쟁으로 바꿔버린다.

화광공동체의 캉저우남로 근방. 매일 새벽이면 아침 시장이 열린다. 인근 주민과 아침 일찍 중정기념당으로 운동하러 가는 시민들까지, 모두에게 가계 지출을 줄일 수 있는 좋은 선택지다. 강제철거는 철거당한 주민들뿐 아니라 우리들의 생활도 변화시켰다.
_차이민전(蔡敏眞) 제공

삶과 체계적 저항, 그리고 계급충돌은 서로 밀접한 관계를 지닌다. 국가는 공간전쟁에서 협조자의 역할을 자처하며 기존 사유재산권의 강조와 보장으로 자신을 드러낸다. 이를 경계로 재산권을 가진 자와 가지지 못한 자 등의 다른 사회집단을 구별하고, 또 쌍방을 대립시킨다. 그렇다면 이렇게 넓게 받아들여지는 사유재산권의 구조에서 어떻게 사람들의 사회생활을 보장할 것인가? 강제철거 반대 운동은 반민의 도시를 어떻게 전망하고 있는 것일까?

도시의 의미는 특정 사회 속에 있다. 역사 행위자 각각의 충돌 과정은 일반 도시가 목표로 하는 구조적 조작을 부여한다(Castells, 1994). 끊임없이 발생하는 강제철거의 배후에는 자본주의가 만들어내는 발전주의의 힘이 도사리고 있다. 지속적인 충돌로써, 또 거주권과 도시권 rights to the city을 활용해 사유재산권을 기반으로 한 조야한 도시상상에 저항해야 한다. 그래야만 도시에서 살아가는 사람들이 공동의 가치를 창출해낼 수 있을 것이다.

칼럼 4.
영원히 길 위에서 – 타이완 고적 보존을 반추하며

　　타이완 고적보존운동은 1970년대부터 시작돼 운동 주체 및 주장의
다양한 변화를 겪어왔다. 역사와 건축 영역을 중심으로 한 초기 고적
보존운동에서 각계 전문가들로부터 촉발된 타이완 본토 경향, 특수한
국제정세에서 집권세력이 주도한 재편과 제도화된 보존, 다시 아래에
서부터의 지역 공동체 참여와 나아가 공동체 항쟁 운동까지, 고적보존
논리는 각 영역에서 다채롭게 펼쳐졌다. 관련 주체들의 보존 논리에는
그들의 정치성이 반영돼 있다. 이건 '누구를 위한 보존인가', '왜 보존해
야 하는가' 같은 질문을 넘어서는, 사회와 역사의 큰 흐름 속에서 생성
된 반성적 사고와 실천의 과정인 것이다.

타이베이 완화의 보피랴오. 영화 〈맹갑〉이 이곳에서 촬영해 관광 명소가 됐다._수잉천(蘇映塵) 제공

전야 – 창조적 파괴를 내포한 사회

전후부터 1970년대 이전까지 체계적인 보존 논리는 없었다. 당시 정부는 타이완을 중국 대륙을 수복하기 전의 임시거처로만 여겼다. 중화민족의 문화와 역사를 연결하기 위해 타이완의 공간들에는 조국을 연상할 수 있는 이미지가 끊임없이 입혀졌다. 해당 지역의 공간성과 관련 역사 서술은 모두 무시당했다. 나아가 일제시대에 사용된 언어, 가요, 희극 등도 모두 정부의 통제를 받거나 금지됐다. 흥미로운 건 당시 외국인 관광객에게 중화문화를 보여주기 위해서 진행한 고적 보수 공사 과정에서 중국문화의 상징들을 그대로 베껴왔단 사실이다.

한편 샤주쥬夏鑄九는 당시를 급속 경제발전 추구란 사회적 구조에서 자본누적을 전제로 한 '역사기억상실증'의 시대로 봤다. 고적 훼손 바람은 자본누적에 방해되는 모든 공간 환경과 역사적 맥락이 파열되는 결과로 이어졌다. 그러므로 1970년 이전까지의 타이완 고적은 집정자가 민족 정체성의 이미지를 만들 때 쓰이는 매개에 불과했고, 공론장에서는 현지의 역사적 가치에 대한 토론이 금지됐다.

서민문화 – 중화문화에 대한 도전

고속경제성장으로 사회가 시나브로 공업화될 즈음, 도시화는 빠르게 확장됐고 기존의 도시 풍광은 파괴됐다. 이때부터 과거의 '중국전통문화'로 균형을 맞추려는 시도가 시작된다. 이들은 정부의 경제논리에 반대하고 지역적 맥락과 타이완 고유의 경험을 강조했다. 이런 시도들은 1960년대 풍토건축운동[17]에 영향을 받은 귀국 엘리트들로부터 시작됐다. 한바오더漢寶德 교수가 재직하던 둥하이대학 건축학과가 중심이 돼 타이완 지역 풍경 중시 및 관련 보존 운동을 탄생시켰다. 이외에도 당시 문헌위원회 주임이었던 린헝다오林衡道 선생이 장기간 고적에 대한 필드 조사를 실시했고, 이 기간 누적된 풍부한 자료는 보존운동

---

17 지역의 문화, 건설자재, 기후환경을 건축에 반영하는 것을 의미한다. 지역적 정서와 고유의 문화를 강조하며, 타이완에서는 중국적 건축에 대한 반대를 뜻하기도 한다.

의 기초가 될 수 있었다. 해외에서 귀국한 엘리트들과 현지 역사학자들은 전문저서와 활동을 통해 공동으로 타이완 향토 건축의 입지를 구축했다. 이런 경향이 향토문학, 지역적 맥락과 결합한 무용, 음악, 향토파화가 등 기타 문화영역으로 번져갔고 끊임없이 출현한 시기였다.

1978년 타이베이 시정부는 둔화남로를 건설할 때 예정부지에 위치한 린안타이林安泰 고택을 철거하려 했다. 이는 광범한 토론과 논쟁을 불렀다. 전문가들과 학자들은 당시 시장 린양강林洋港에게 연서하여 고택 보존을 확정하고자 했다. 하지만 정부는 도시계획에 입각해 고택 철거 후 이전하는 방식을 채택한다. 린안타이 고택은 현재의 빈장가濱江街로 옮겨졌다. 당시 보존운동은 원하는 방식으로 고적을 보존하진 못했지만, 이러한 노력으로 고적보존을 공공의제로 부각시킬 수 있었다. 이는 이후 문화자산보호법을 탄생시키는 데 일조하게 된다.

1970년대 고적보존운동을 주창한 건축학계, 문화계 및 지식인들은 서민의 기억과 지역의 역사를 주목하기 시작했다. 하지만 이와 같은 기억과 역사는 여전히 특정 역사건축의 미학적 형식을 벗어나지 못했고, 관련 미적 기준 역시 여전히 전문가들에 의해 판가름됐다. 공간보존에 대한 상상은 여전히 박제된 보존에 머물러 있었다. 이들이 강조한 것은 형식적인 미학 및 공간보존이었을 뿐 공간의 활성화나 재사용이 아니었다.

개보수 후의 보피랴오 거리. 영화 촬영장소가 되었다._수잉천 제공

제도화된 유산

1980년대, 역사보존은 정식으로 제도화가 진행됐다. 1981년에 정부가 설립한 문화건설위원회는 이듬해 문화자산보존법을 통과시키며 역사보존의 정의 및 표준을 정립했다. 이로써 고적보존의 제도적 틀을 구비했으나 단 정부가 구성하고 인가한 역사서사에 포함되어야만 고적으로 인정됐다. 정부는 이 제도화를, 기존 지식인과 본토의식을 재편성하고 국가의 새 통치 정체성을 수립하는 수단으로 삼으려 했다. 고적보존 관련 제도화 이후 고적보존 관련 공론을 주도하는 권력은 지식인에서 정부로 넘어가게 된다. 게다가 중앙정부에서 고적에 대한 심사 및 지정을 전담하면서 지방정부의 권한이 축소됐고, 중앙정부가 고적지정의 기준을 확실히 장악했다.

문화자산보존법 실시 초기 지정된 고적 중 절대다수는 사원이었다. 여기서 중앙정부가 고적을 어떻게 상상했는지를 알 수 있다. 정부 측의 주류 다수는 한인의 이민과 선조 관련 문화만이 보존할 가치가 있다고 여겼다.[18] 정부는 지식인들이 중화문화에 회의하며 새로이 제기했던 서민문화를 자신들의 입맛에 맞게 재구성했다. 제도화를 통해 국민 정체성을 재생산하려 했던 것이다. 이렇게 사회구성 과정에 에스닉 ethnic, 族群 상상의 보존이 숨겨졌고, 타이완의 다양한 주체는 보이지 않게 됐다. 또한 중앙의 일방적 지역 심사 방식은 지역의 진짜 생활을 가려버렸다.

---

18 타이완은 이민자 국가와 다름이 없다. 16세기 전후, 중국 동남부 일대에서 건너온 자들이 타이완에 정착했다. 바다를 삶의 터전으로 삼는 이들에게 바다의 수호신은 매우 중요했다. 타이완에 정착한 이들은 자신들의 신을 경배하는 사원을 지었다. 마을 하나에 사원이 하나씩 들어섰는데 이는 마을 공동체의 각종 의제를 논하는 사무실이자, 신앙 중심이며, 또 인근 마을과의 전쟁 때는 군영의 역할을 수행하기도 했다.

공동체 참여에서 공동체 항쟁으로

문화자산보존법 제정 이후, 법안의 역사고적 정의가 지나치게 좁고 따라서 보존범위를 확대해야 한다는 주장이 계속 제기됐다. 이들은 정부가 주도하는 고적의 기준에 대해 다시 검토해야 한다고 봤다. 일제시대 건축물들의 경우, 과거에는 역사가 짧고 수량이 부족하다고 여겼으나 현재는 타이완 근대화 과정의 대표성을 인정받아 재평가 중이다. 1990년대부터 일제시대 건축물과 원주민 관련 공간이 연달아 고적으로 지정되기 시작한다. 하지만 이 과정에서 통일·독립의식[19]은 여전히 경쟁했다. 일제시대 관청들을 보존하려는 정부의 노력은 과거 권력 계승을 상징하는 것이었다.

정리하면, 당시 발전한 보존논리는 역사와 공동체의 관계를 보다 더 강조했다. 그중 하나가 시민의식 배양을 주축으로 하는 '공동체 만들기' 개념이었다. 공동체 만들기는 마을의 전통적인 환경과 문화를 보존의 대상으로 봤다. 이는 문화자산보존법의 수정에 영향을 끼쳤고 1993년의 '공동체총체건설' 정책[20]을 촉진했다.

일부 사람들은 타이완대학교 건축·도농연구소의 샤주쥬 교수가 제창한 마을보존 개념에 의거해 "누구를 위해 보존해야 하는가? 왜 보존해야 하는가?"라는 반성으로 보존, 지역주민, 생활환경의 긴밀한 관계성을 강조했다. 보존의 공간적 요소는 결코 단일 건축 공간에 제한되어서는 안 된다. 보존은 전체 환경, 즉 '구역, 마을, 지평선, 이웃, 동네, 거리와 거리의 풍경, 건축물, 그리고 산재되어 있는 단편적 요소들의 보존'을 포함해야 한다. 역사보존은 마을보존에만 그치는 게 아니라 서민생활의 흔적, 역사기억과 그 지역공간의 사회적 관계가 모두 하나로 합쳐져 보존되어야 하는 것이다. 중요한 것은 공동체 참여의 능동적 역량 강화다. 역사보존은 공동체 참여와 행동을 요구하며, 이로써 정부의 논리와는 다른 지역 생활의 참모습들을 보존할 수 있다.

---

19 통일의식은 중국 대륙과의 통일을 강조하는 국민당 측의 논리기조이고, 독립의식은 타이완 고유의 독자성을 강조하는 민주진보당 측의 논리기조다.

20 1993년 12월, 정부가 시행한 '공동체총체건설' 정책은 공동체(지역사회) 문화 수립, 공동체(지역사회) 정체성 응집으로 지역사회 생명공동체 건설을 목표로 한다. 지역 경제 활성화와 지역 공공사무에 대한 적극적 참여를 유도하려 했다.

양측의 주장은 차이가 있다. 하지만 축적과 통합 과정에서 공동체 총체건설이 배양한 공공의식, 그리고 공동체 및 전문기획자들이 강조한 생활 기억과 지역공동체 참여는 모두 유형의 실체적인 공간에서 무형의 생활문화 보존 추진까지 이어졌다. 이는 보존 아젠다의 새로운 차원이었다. 공동체 건설뿐 아니라 보존 아젠다는 사회운동과 결합되어 여러 주장들을 성취하는 하나의 수단으로 발전했다. 가령 일제시대에 건설된 후 몇 차례의 폐업 위기에 몰렸던 젠궈 맥주공장은 노조와 문화계 인사의 협력을 통해 생산라인이 고적으로 지정됐다. 공장의 공간과 생산라인의 노동자 일터를 모두 지켜냈다. 젠궈 맥주공장은 타이베이 맥주문화공원으로 탈바꿈해 폐업의 운명을 비켜 갔다. 새로운 단계의 보존 가치는 지역 주민과 일대 환경이 공동으로 만들어낸 생활의 구체적 모습으로부터 온다.

비즈니스의 수단이 된 문화

그러나 공동체 건설, 보존 운동, 혹은 보존을 수단으로 하는 투쟁을 막론하고, 체제 안으로 편입되어 유산화된 공간으로 지정되는 것이 곧 승리를 의미하는 것일까? 공간의 유산화는 제도화를 의미할 뿐만 아니라, 유산공간이 여러 이익을 얻는 자들의 주도로 점차 상품화된다는 뜻이기도 하다. 영화를 촬영하는 장소가 되거나, 크리에이티브 마켓 거점으로 탈바꿈되고, 혹은 건설사가 고적지정으로 용적장려를 취득하기도 한다.

역사보존저항이 막을 내린 후, 보존 공간은 전용되거나 과거와 상관없는 기억이 새로이 덧입혀졌다. 나아가 자본 누적의 새로운 도구가 됐다. 이런 시점에서 우리는 역사보존을 어떤 시각으로 봐야 하는가? 보존 과정에서 발생할 상이한 가치들의 충돌을 어떻게 처리해나갈 것인가?

타이완 고적보존운동은 여러 발전 단계를 거쳤다. 초기 집권자의 주도로 중화문명 전통과의 연결지점을 만들려는 구상부터 지식인들이 추진한 균형적인 지역문화까지. 다시 아래에서부터 위로의 지역생활 조성과 보존 운동에 이르렀다. 또한 역사보존이 경제발전과 연결돼 자본 축적의 수단이 되고 말았다. 역사보존의 다양성은 가치논쟁, 권력집행, 항쟁의 과정 속에서 끊임없이 새롭게 정의되었다. 역사보존운동이 승리하는 종착역은 결코 고적으로 지정되는 그 순간이 아니다. 역사보존 자체는 최종적인 가치실현 과정에서의 전략적인 수단이므로 각기 다른 운동의 주체가 추구하는 종착역 또한 다양하고 상이하다. 그러므로 우리는 영원히 길 위에서 잠깐 쉬어 갈 뿐이다.

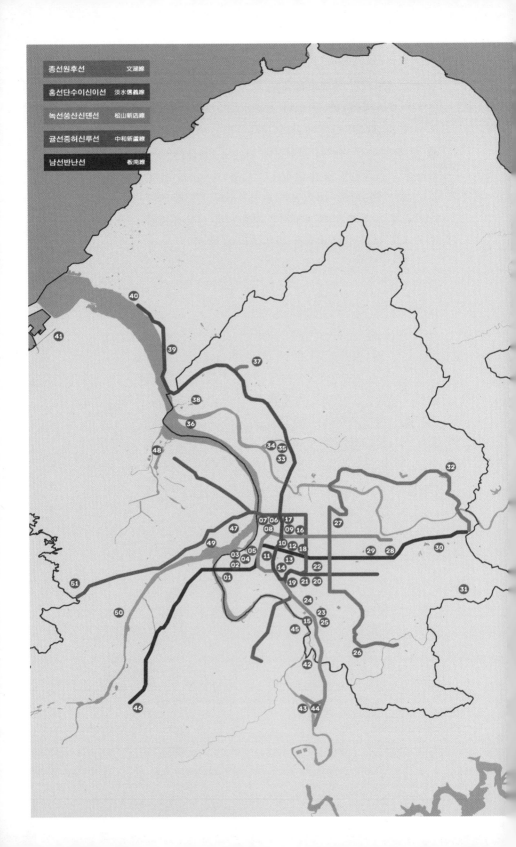

저자 소개

총책임편집자 왕즈훙(王志弘)
타이완 대학교 건축과 도농연구소(臺灣大學建築與城鄉研究所)에서 박사학위를 받고 현재 타이완 대학교 건축과 도농연구소 교수로 재직 중이다. 주 연구분야는 도시 및 문화 거버넌스, 환경 거버넌스, 이동과 사회 등을 연구하며 관련 국책 프로젝트를 진행했다. 도시와 인간이 어떻게 상호작용하는지에 대한 심층을 탐구하는 실천적 학자다. 공간과 삶, 삶의 공간, 이 두 날줄과 씨줄을 엮고 푸는 데 천착하며 살았다.

대표저서
『젠더화 흐름의 정치와 시학(원제: 性別化流動的政治與詩學)』, 台北 : 田園城市, 2000.
『타이완 모더니티 박물관 전시자원 연구(원제: 臺灣現代性博物館展示資源研究)』, 台北 : 國立臺灣博物館, 2010, 공저
『문화 거버넌스와 공간 정치(원제: 文化治理與空間政治)』, 台北 : 群學, 2011, 공저

국책 프로젝트
2015.8~2017.7 : 과학기술부 연구계획『현대적 도시의 기술 구성 : 타이베이 도회구역의 홍수와 배수 관리』
2014.8~2015.7 : 과학기술부 연구계획『동물의 도시를 그리다 : 타이베이 도회구역의 사람과 동물의 관계와 중개공간』
2012.8~2014.7 : 국과회(과기부 전신) 연구계획『환경 거버넌스, 기술 정치와 물질문화 : 타이베이 도회구역의 강변 환경 전환』
2011.8~2012.7 : 국과회 연구계획『젠트리피케이션의 갈망 : 산충(三重)의 도시이미지, 소비 패턴과 지역 전환』

아래 저자들은 모두 타이완 대학교 건축과 도시연구소 졸업생 혹은 대학원생들이다.

린구이웨이(林佳瑋)
타오위안(桃園) 시 산업총노조 비서장, 전국 공장폐쇄 노동자 연합항쟁에 참여

훙둥리(洪冬力)
샤오싱(紹興) 공동체 내 교육 프로그램 간사, 샤오싱 공동체 항쟁 및 공동체 구성 참여

쉬잉펑(徐瑩峰)
영상시각업계 종사

천리쥔(陳俐君)
반역이 하나의 미덕임을 뒤늦게 깨닫고 관련 활동 중

천정방(陳政邦)
도시와 사람을 고민하며 살고 있다.

천린(陳琳)
도도행동(跳島行動)과 샤오싱 교육 프로그램 간사. 샤오싱 공동체 항쟁 및 공동체 구성 참여

양이징(楊宜靜)
화광공동체 방문조사팀 및 민간계획대책팀 구성원. 도시기획자

차이정윈(蔡正芸)
타이완 도시들의 이야기를 추적하며 살아가는 사람

종한(鍾翰)
연극인

역자 소개

역자들은 모두 한국-대만 관련 문화콘텐츠를 생산하는 '窓 Project'의 구성원이다.

곽규환
경북대학교 사학과를 졸업하고 북한대학원대학교 석사과정을 수료했으며 중국 길림대학 중국근현대사 석사과정을 마쳤다. 현재 길림대학 공공외교학원 박사과정(국제관계 및 초국경문화연구)에 있으며 동아시아 국제관계·공간문화·사회 등을 연구한다. '窓 Project'를 기획했다. 한반도, 중화 문화권, 일본, 동남아를 잇는 매개·접점 공간에 주목하며 유랑 중이다.

한철민
경북대학교 사학과, 국립대만사범대학 역사학과 석사과정을 졸업했다. 현재 동북아시아 화교를 연구한다. '窓 Project'를 총괄하고 마이리얼트립 대만 여행 '징검다리' 가이드로도 활동하며 대만의 속살을 헤집었다. 책과 현장을 넘나들며 살고 있다.

이제만
경북대학교 사학과 졸업. 현재 대만사범대학 역사학과 석사 과정

장효주
경북대학교 사학과 졸업

허동근
경북대학교 사학과 졸업

저항의 도시, 타이베이를 걷다

초판 1쇄 발행 2017년 10월 30일

지은이 왕즈훙 외 9인
옮긴이 곽규환 한철민 외 3인
펴낸이 강수걸
기획 이수현
편집장 권경옥
편집 정선재 윤은미 박하늘바다 김향남
디자인 권문경 조은비
펴낸곳 산지니
등록 2005년 2월 7일 제333-3370000251002005000001호
주소 부산시 해운대구 수영강변대로 140 BCC 613호
전화 051-504-7070 | 팩스 051-507-7543
홈페이지 www.sanzinibook.com
전자우편 sanzini@sanzinibook.com
블로그 http://sanzinibook.tistory.com

ISBN 978-89-6545-445-8 03910

＊책값은 뒤표지에 있습니다.
＊이 도서의 국립중앙도서관 출판예정도서목록(CIP)은 서지정보유통지원시스템
  홈페이지(http://seoji.nl.go.kr)와 국가자료공동목록시스템(http://www.nl.go.
  kr/kolisnet)에서 이용하실 수 있습니다.(CIP제어번호: CIP2017026220)
＊이 도서는 중화민국문화부 후원으로 출판되었습니다(中華民國文化部贊助出版).
  This book sponsored by Ministry of Culture, Republic of China(Taiwan).